国防科学技术大学院士传记丛书

BIOGRAPHIES OF NUDT ACADEMICIANS

陈火旺传

Chen Huowang's Biography

孔　净　何玉诚　著

国防科技大学出版社

·长沙·

图书在版编目（CIP）数据

陈火旺传/孔诤，何玉诚著. —长沙：国防科技大学出版社，2017.6
（国防科学技术大学院士传记丛书）
ISBN 978－7－5673－0490－1

Ⅰ. ①陈…　Ⅱ. ①孔…②何…　Ⅲ. ①陈火旺（1936—2008）－传记
Ⅳ. ①K826.16

中国版本图书馆 CIP 数据核字（2017）第 151442 号

陈 火 旺 传
CHEN HUOWANG ZHUAN

国防科技大学出版社出版发行
电话：（0731）84572640　邮政编码：410073
责任编辑：曹 红　　责任校对：周伊冬
新华书店总店北京发行所经销
长沙市精宏印务有限公司印装
*
开本：710×1000　1/16　印张：19.75　插页：8　字数：260 千
2017 年 6 月第 1 版第 1 次印刷　印数：1－3000 册
ISBN 978－7－5673－0490－1
定价：78.00 元

国防科学技术大学院士传记丛书

中国工程院院士陈火旺教授

陈火旺着07式军装礼服照

陈火旺夫人吴明霞

陈火旺复旦大学毕业照

吴明霞复旦大学毕业照

1965年10月，陈火旺留学
英国伦敦国家物理研究所

陈火旺（左1）与孙仲秀（左2）
等留学生在伦敦格林威治天文台

1966年，陈火旺（后排左1）与中国留学生在伦敦马克思墓前合影

1970年冬天，陈火旺在KDF9 Algol60读书班讲课

陈火旺（右1）与慈云桂、胡守仁、王振青（右起）一起研究讨论

1984年，陈火旺（右4）在讨论“银河”亿次巨型机软件运行调试

陈火旺（前左1）与“银河”亿次巨型机国家鉴定组专家合影

陈火旺（前右4）参加并行处理系统及加速卡样机鉴定会

陈火旺（前右7）参加应用软件交流学会成立大会

陈火旺（前左6）组织承办第二届全国计算机研究生培养教育研讨会

陈火旺(前右1)参加第五届国际CASE会议

陈火旺(右1)随同慈云桂（右2）一起出国考察

陈火旺（2排右3）参加福建省高校“211”重点学科评审会

陈火旺(前左3)与周兴铭院士（前左4）参加武汉大学
软件工程国家重点实验室学术委员会年会

陈火旺在指导学生

陈火旺(右3)、齐治昌（左3）在厦门大学评审硕士学位论文

陈火旺（左3）、齐治昌（右2）、王兵山（左2））在博士论文答辩会上

陈火旺（右3）参加北京航空航天大学博士学位论文答辩会

陈火旺为浙江师范大学计算机学院题词“数字写意，网上创业”

陈火旺在家陪同吴明霞弹钢琴

陈火旺、吴明霞和
儿子陈立、陈予合影

前　言

PREFACE

院士是学术界的最高荣誉称号，对人类文明进步和科学技术发展做出了巨大贡献，享有极高社会声誉。院士制度是科学和工程技术不断发展、科技体制化的产物，在国家的科技发展与创新中扮演重要角色，直接影响着一个国家科技体制的运行，反映了国家科学体制化程度，在一定程度上体现着一个国家的科技竞争力。

中国科学院、中国工程院是我国科学技术界和工程技术界最高学术机构，是国家科学技术思想库。长期以来，我国院士制度在推动科技界出思想、出谋略、出成果、出人才方面发挥了重大作用。中国科学院院士、中国工程院院士是我国科学技术界、工程技术界的杰出代表，是国家的财富、人民的骄傲、民族的光荣。广大院士胸怀报国为民的理想追求，发扬不懈创新的科学精神，秉持淡泊名利的品德风范，聚焦国家战略需求，勇攀科学技术高峰，创造了举世瞩目的成就，为提高我国自主创新能力、增强我国综合国力，为推动科技进步、经济发展、人民生活水平提高、国防和军队建设做出了重大贡献。

国防科学技术大学肩负着为全军培养高级科学和工程技术人才与指挥人才、培养军队高级领导干部、从事先进武器装备和国防关键技术研究的使命任务。从“哈军工”一路走来，始终牢记党和人民的重托、不辱使命，着眼国家和军队重大战略需求，大力推进学科体系建设发展，形成了以工为主、理工结合，理、工、军、管、文协调发展的学科门类，构建了覆盖国防科技主要领域的综合学科体系，多门学科排名在国内外居于前列。大力推进人才培养，形成了本科教育、研究生教育和继续教育并重、学历教育和各类培训协调发展的高层次、多类型人才培养体系，为国家和军队培养输送了一批又一批高素质人才，许多人成为治党治国治军的杰出人才，勇攀高峰的科技帅才。大力推进国防科技自主创新，形成了以武器装备科研为主线，武器装备型号研制、国防关键技术攻关、基础研究相衔接，自然科学、军事科学、社会科学相结合的科研格局，在信息、航天、精密制造、新材料等领域处于国际领先水平，在一些攸关国家安全发展战略方向和国防科技尖端领域，创造了许多第一，填补了一个又一个空白，刷新了一项又一项记录，取得了以“银河”“天河”系列高性能计算机，“北斗”卫星导航系统关键设备、激光技术、磁悬浮技术等为代表的一大批自主创新成果。学校已成为高级工程技术人才和指挥人才培养的重要源头，军队信息化建设培训的重要基地，军事科技创新的重要力量和国家科技创新体系的重要组成部分。

名师荟萃方能钟灵毓秀、桃李芬芳，宗匠陶钧方能春华秋实、穰穰满家，群才缉熙方能砥砺前行、成就一流。学校在办学治校历程中，坚持以崇高使命、伟大事业、创新实践，凝聚人才、培育人才、成就人才，造就了一批世界水平的科学家、科技领军人才和具有国际竞争力的科技创新团队、高水平教学团队。截至2015年12月，在学校工作过的专家教授和毕业学员，有51人成为两院院士，其中12人一直在学校工作。他们热爱祖国、服务人民、忠诚于党，弘毅明德、竭忠尽智，表现出崇高的道德情操；他们锐意进取、勇于探索，敢为人先、矢志攻关，表现出坚忍的意志品格；他们严谨笃学、孜孜不倦，学为人师、行为世范，表现出高尚的师德风范。他们走过的征程充满豪情，铸就的辉煌彪炳史册，蕴含的精神催人奋进，始终激励、推动着学校在创建我军特色世界一流大学的伟大征程上，披荆斩棘、乘风破浪、奋勇前行，不断创造无愧于时代的新业绩，不断铸就强军兴国的新辉煌。

加快建设具有我军特色的世界一流大学，努力办成高素质新型军事人才培养高地、国防科技自主创新高地，为实现中国梦强军梦提供强有力的人才和科技支持，学校肩负的使命更加重大而光荣，面临的机遇和挑战前所未有。当今世界，新一轮科技革命蓄势待发，物质结构、宇宙演化、生命起源、意识本质等一些重大科学问题的原创性突破正在开辟新前沿新方向，一些重大颠覆性技术创新正在创造新产业新业态，信息技术、生物技术、制造技术、新材料技术、新能源技术广泛渗透到几乎所有领域，大数据、云计算、移动互联网等新一代信息技术同机器人和智能制造技术相互融合步伐加快，使社会生产和消费从工业化向自动化、智能化转变，社会生产力和劳动生产率将再次大飞跃。随着全球新一轮科技革命、产业革命加速演进，世界新军事革命迅猛发展，国力竞争和军事竞争格局正在发生历史性变化，智能无人作战系统大量走上战场，催生全新的装备体系和颠覆性作战样式，推动信息化军事革命步入智能作战的高级阶段。伟大的时代、伟大的事业，呼唤更多优秀人才、呼唤加快科技创新。实现“两个一百年”奋斗目标，实现中华民族伟大复兴的中国梦强军梦，需要产生更多的世界级科技大师、领军人才、尖子人才，更加发挥好领军作用，勇担重任，勇攀高峰，当好排头兵。我们必须以舍我其谁的使命担当、时不我待的紧迫感、只争朝夕的劲头，加快凝聚优秀人才、培育顶尖人才、造就高端人才，坚定创新自信志向，紧贴国家和军队重大战略需求，面向部队现代化建设，瞄着打赢未来战争，在独创独有上下功夫，勇于挑战最前沿的科学问题，掌握战略主动、抢占制高点，力争在重要领域实现跨越发展，为实现我国科技由跟跑并跑向并跑领跑转变，建设世界科技强国，建设世界一流军队，多做贡献、做大贡献、再立新功。

为大力弘扬院士心系祖国、自觉奉献的爱国精神，求真务实、勇于创新的科学精神，不畏艰险、勇攀高峰的探索精神，团结协作、淡泊名利的团队精神，生动反映院士的理想情操、师德风范、人格魅力，全面宣传院士的育人成就、学术造诣、科研贡献，学校决定编撰“国防科学技术大学院士传记丛书”，为学校每位院士撰写一部传记。2011 年，成立了“国防科学技术大学院士传记丛书”编审委员会，编委会由校长、政委任主任，副校长、副政委任副主任，机关各部门负责人、院士所在学院院长、政委任委员，负责组织领导院士传记丛书的各项工作。

院士传记丛书的每部传记，主要由前言、导语、插图、主传、附录、后记等部件组成，采用纪传体体例，以翔实准确的史料，多侧面、多角度系统记述院士的奋斗历程、光辉业绩和感人事迹，力求做到真实、客观、全面、生动。必将为传承“哈军工”传统，弘扬“银河”精神，践行校训和培育良好校风，发展强军强校和创新文化，深入研究科技领军人才成长规律，推进人才强校战略，加快拔尖创新人才建设，实现“一个目标”办成“两个高地”，获取有益借鉴启示和提供强大精神动力。

国防科学技术大学

院士传记丛书编审委员会

目　录

CONTENTS

导　语

随着计算机的出现，在全世界引发了一场深刻的新技术革命。二十世纪五十年代，电子学、自动学、半导体和计算机技术，被称为现代科学技术的先锋。1956 年 8 月，我国制定的《1956—1967 年科学技术发展远景规划纲要（草案)》，果断将当时在国际上兴起不久的计算机技术列入其中，随后又将微电子、半导体、计算机、自动化四项关键技术作为紧急措施优先安排，由此开启了发展中国计算机技术的新纪元。

在党中央、国务院的有力领导下，经过老一代科学家的精心筹划和推动，从 1956 年开始，在北京大学、清华大学和中国科学院等高校以及科研机构开设计算机和计算数学训练班，建立计算机专业和计算数学专业，短短的四五年时间就培训出了近千名计算机人才，其中许多人从此终身从事计算机事业。陈火旺就是当年其中的一员，后来成为我国著名计算机科学家、中国工程院院士。在互联网、物联网和人工智能、移动终端、云计算、大数据等新一代信息技术风起云涌的当今时代，饱含着他们的艰辛和探索，浸透着他们的心血和智慧，他们的卓越贡献彪炳史册。

陈火旺是国防科学技术大学计算机学院专业技术一级、文职特级教授、博士生导师。历任复旦大学数学系教师，国防科技大学计算机研究所软件研究室主任、副所长，国防科技大学研究生院副院长。他还兼任多个学术职务，是国务院学位委员会学科评议组成员，总装备部科技委兼职委员，中国计算机学会计算机科学理论专业委员会主任、名誉主任，全国高等院校计算机专业教学指导委员会主任委员，国家“863”计划信息领域第一届专家委员会委员，湖南省计算机学会理事长，武汉大学软件工程国家重点实验室学术委员会主任等职务。

陈火旺是我国计算机软件事业的开拓者之一，“银河－Ⅰ”巨型计算机的重要组织者、参与者，孕育“银河精神”的重要亲历者，中国理论计算机科学事业的先行者，计算机学科建设发展的推动者，计算机软件人才培养的领军人物。他把一生献给了国防科技和国防教育事业，为我国计算机学科发展、软件技术创新和超级计算技术发展做出了历史性贡献。

陈火旺传记按照时间顺序，以经历的重要时期、重要阶段，参与的重大活动、重要事件，完成的重大工程、重大任务来确定章节和内容。力求以翔实准确的史料，挖掘人所不知、人所罕知以及故事背后的故事，多侧面、多角度、全方位记述他的一生。在客观叙述其历史地位、历史功绩和理想信念、师德风范、人格魅力以及精神风貌的同时，还注重反映他待人和善、为人豪爽、性情耿直、坚持原则的鲜明性格特征，力求呈现他一生闪光中的绚烂、平凡中的真实。

1936年1月19日，陈火旺出生于福建省安溪县长坑乡玉南村，是闽南山村农民的后代。新中国成立前，他家祖祖辈辈是农民，家境贫穷，但受安溪深厚历史文化的影响熏陶，父辈重视下一代的教育，父母期望子女有知识有文化有出息。加之他从小天资聪颖、勤奋好学，使他在少年时期受到了良好的教育。新中国成立后，广大农民翻身得解放，为他完成中学学业考上大学提供了条件。

陈火旺的求学历程，可分为新中国成立前和成立后两个时期，中小学教育、大学教育、进修培训、出国留学四个阶段。二十世纪四十年代，他在新中国成立前读完小学、初中。1942 年 9 月，陈火旺已经 6 岁半，到了上学的年龄，父母把他送入安溪县湖头镇横山小学读书。1945 年 9 月，转到慈山小学上学，至 1947 年 7 月，以优异成绩小学毕业。

1947 年 9 月至 1950 年 7 月，就读安溪俊民中学（原爱黄中学），苦读三年圆满完成初中学业。1950 年 7 月，他独自一人到泉州参加高中考试，以优异成绩考上历史悠久的泉州培元中学。1950 年 9 月到 1951 年 2 月，在培元中学读了一个学期。1951 年 2 月至 1951 年 6 月，休学在家，到安溪横山小学当义务教师。1951 年 7 月至 1951 年 8 月，到福建晋江专区中学补习课程。1951 年 9 月，又回到培元中学。1951 年培元中学改为公办，更名为泉州第二中学。在泉州二中读完高中二、三年级，到 1953 年 7 月毕业。他在深厚传统文化的熏陶下，在教师的精心培育教诲下，少年志存高远，刻苦学习、奋发向上，成为品学兼优的好学生，为日后深造发展，奠定了坚实的文化知识基础。

1953 年 9 月，陈火旺从泉州第二中学以优异成绩考入复旦大学数学系学习，至 1956 年 7 月学习三年，提前一年本科毕业。1956 年 4 月 13 日，由中共复旦大学党委批准，加入中国共产党。复旦大学数学系汇聚了苏步青、陈建功、杨武之等国内数学名师，微分几何学派创立者苏步青教授讲“微分几何”，著名数学家陈建功先生教“函数论”，著名教育家杨武之教“高等代数”，他有幸聆听名师大家的授课和教诲。复旦大学严格系统的数学学习，不仅使他掌握了数学科学知识，更重要的是培养了逻辑思维能力，学会了分析问题、解决问题的科学方法，对后来从事计算机软件研究，起到了至关重要的作用。

陈火旺参加过两次进修培训。第一次培训是 1956 年 7 月至 1958 年 2 月，到北京大学进修数理逻辑。当时，复旦大学为了培育发展新兴学科，选拔一批年青教师到其他名校进行培训进修。他在北京大学进修期间，得到金岳霖、晏成书、王宪钧、胡世华、吴允曾等数理逻辑领域大家的教诲。1957 年正是中国向科学进军的高潮，由于数理逻辑与计算机科学关系密切，陈火旺和哲学系的研究生、进修生，学习兴致很高，经常与宋文淦、周巢尘、陶仁骥、诸葛殷等同学在一起讨论。在燕园一年多的生活、学习，经过与老师、同学的交往交流，深受北大精神和学风的熏陶感染，所学所感所悟，受益匪浅、终身受用。参加这期数理逻辑班学习的学生，许多人为我国计算机科学发展做出了突出贡献，有的成为中国计算机软件领域的领军人物。

第二次是参加出国前的英语培训和出国进修。1964 年上半年，陈火旺经数学系考核推荐，被学校确定为留学人选，7 月 2 日，他填写了出国学习人员审查登记表，学习专业是计算机程序设计，目的地是苏联。7 月 31 日，经中共上海市委组织部审查，同意出国。但是，留学国家不是苏联而是英国。1964 年 10 月至 1965 年 6 月，作为留学预备人员，在上海外语学院接受出国前英语培训。他在大学学的是俄语，后来改学英语，遇到了难以想象的困难。然而，他以坚韧的毅力，坚定的决心，克服重重困难，用短短两个学期的时间，基本具备了英语听、说、读、写的能力，为出国留学和开展研究创造了条件。

陈火旺是新中国成立后、改革开放前，被选派到西方国家的留学生。1965 年 9 月至 1967 年 2 月，他前往英国国家物理研究所（National Physics Laboratory）进修，学习计算机软件。进修一年多时间，陈火旺收获非常大。学习掌握了当时世界最先进的计算机软件技术，对计算机科学理论和技术发展趋势有更加深入的了解，清醒地看到了中国计算机科学技术与世界的差距，不仅增长了知识，更是开阔了眼界，明确了赶超世界先进水平的方向。

陈火旺的工作经历，主要是在两个单位或者说分为两个时期。一个是复旦大学时期，学习工作了 17 年；另一个是国防科技大学时期，工作生活了 38 年。1953 年 9 月，考入复旦大学数学系学习 3 年，提前一年本科毕业留校在数学系任教，接着在北京大学进修近 2 年。从 1958 年 2 月回复旦大学，到 1970 年 10 月离开，在复旦大学工作了 12 年。在这个时期，1960 年 2 月，任复旦大学数学系计算数学专业党支部书记，至 1964 年 10 月。1962 年 7 月，任复旦大学数学系党总支委员，至 1964 年 10 月。1961 年至 1964 年上半年，任复旦大学数学系助教，主要讲授数理逻辑与控制论、可计算函数等课程。

1967 年春至 1968 年底，陈火旺被借调上海华东计算技术研究所帮助工作。1969 年 7 月至 1970 年 8 月，他参加了复旦大学 905 工程。该工程由解放军总参谋部提出经国务院下达，复旦大学组织了数学系、物理系和科仪厂的骨干，成立了包括陈火旺、徐研人、周新、蒋知本、谢铭培等 20 多位教师的课题组。这是他从事计算机软件研究的开始，从此，他把毕生精力献给了我国软件事业。

1970 年 8 月，在慈云桂教授的推荐下，陈火旺从上海复旦大学调到"哈军工"，他的夫人吴明霞也从北京中科院电子研究所调到同一单位。年底，由于哈尔滨工程学院南迁长沙，陈火旺和吴明霞没有去哈尔滨，直接到改名后的长沙工学院报到，任电子计算机系助教，然后一直在国防科技大学工作。1978 年 10 月任国防科技大学计算机系副教授，1982 年任国防科技大学计算机系兼研究所副主任、教授，1984 年开始担任博士生导师，1987 年 6 月任国防科技大学研究生院副院长，1990 年晋升少将军衔，1997 年当选中国工程院院士。

陈火旺作为我国计算机软件事业的奠基人之一，以勇攀世界科技高峰的雄心壮志，敢于创新的雄才大略，无私奉献的崇高精神，始终围绕国家和军队重大需求，致力开创中国软件事业，竭诚奉献“银河”巨型机研制，着力开展理论和技术创新，其学术造诣、科研成就，为推进我国计算机软件技术达到世界先进水平，产生了重大而又深远的影响。

1967 年至 1968 年，陈火旺主持了我国第一个符号宏汇编器的设计与实现，所提出的递归结构式的符号宏指令产生技术被许多单位所引用；1971 年，主持和领导了全国 Fortran 编译程序的会战，负责编译器的总体设计；1974 年，研制成功我国第一个 Fortran 编译系统，开创了我国国产机装备 Fortran 语言的新时期；1973 年至 1979 年，负责我国洲际导弹发射试验工程中心计算机 151 语言系统的研制，担任符号宏汇编系统和 Fortran Ⅳ编译系统设计师，提出了因子分解式全局优化技术，是国内第一个具备全局优化的编译系统；1978 年至 1984 年，担任了我国第一台巨型机“银河－Ⅰ”的软件总体组组长，负责软件系统的总体设计，提出了一整套用软件工程方法研制大型软件的方案和规划，直接主持了向量 Fortran 语言和向量识别器的设计与实现，为向量识别器的研制奠定了基础；率先在国内倡导和开展面向对象方法的研究，主持设计了国内第一个面向对象集成化软件开发环境 GWOOSE，获国防科工委科技进步一等奖；主持研制成功的英汉机器翻译系统 Matrix，把中国的英汉翻译技术提高到国际水平；主持研制的非单调推理系统 GKD－NMRS，把 PROLOG 从单调发展到非单调，达到国际先进水平，获国防科工委科技进步一等奖；针对军用软件中的正确性、可靠性和安全性，大力倡导高可信软件理论、技术和方法的研究。先后主持完成了国家自然科学基金、国家“863 计划”等项目 10 余项，在计算机软件和理论方面有重要影响。他先后获全国科学大会奖 1 项、国防科技成果特等奖 1 项、国防科工委科技进步一等奖 2 项。在《Journal of Logic and Computation》和《中国科学》等国内外刊物和学术会议上发表论文 100 余篇。

陈火旺 1985 年荣立二等功，1990 年获国家“有突出贡献中青年专家”称号，1991 年起享受国务院政府特殊津贴，1996 年被评为湖南省“科技之星”，1998 年获“何梁何利基金科学与进步奖”。

陈火旺毕生致力于国家计算机科学发展，精心培育计算机人才，为我国计算机软件与理论学科的建立和发展，为国家和军队人才培养做出了卓越贡献。

从二十世纪八十年代初开始，陈火旺任国家“863 计划”信息领域第一届专家委员会委员，长期从事国务院学科评议组工作，担任中国计算机学会计算机科学理论专业委员会主任委员和全国高等院校计算机教学指导委员会主任委员，创立中国计算机学会理论计算机科学专业委员会，主持建设武汉大学软件工程国家重点实验室，鼎力相助厦门大学、黄河大学、浙江师范大学等高校，发展计算机学科专业、开展科学研究和人才培养。着眼重大工程攻关、理论探索，不遗余力推进计算机学科建设、计算机研究生教育体系的建立完善，为我国计算机教育事业竭诚奉献、呕心沥血，为国家和军队培育计算机人才。

陈火旺治学严谨、造诣深厚，学为人师、行为世范，是深受敬重的一代名师。1989 年 9 月，排名第一的“坚持教学科研生产三结合，促进计算机学科建设”教学成果，被评为全国第一届优秀教学成果特等奖。共培养博士后 16 名、博士研究生 50 余名、硕士研究生 100 余名，多人成为国内外知名学术带头人、著名大学教授和博士生导师，在国际学术界产生重要影响。他编译著作 4 部，其中《程序设计语言编译原理》获国家级高等学校优秀教材奖，被重印十几次，是国内迄今为止影响最为广泛的教材之一，哺育和造就了我国改革开放以来的软件精英。

陈火旺是新中国培养和成长起来的优秀知识分子、杰出科技工作者，是党和人民滋养哺育了他，伟大的事业为他提供了施展聪明才智的舞台，伟大的时代成就了他的精彩人生。他一生热爱党、热爱祖国、热爱人民、热爱社会主义，坚定崇高理想信念，坚持以党的事业为重，勇于担当、勇攀高峰，敢于创新、敢于超越，忘我工作、无私奉献，为国防科技、国防教育事业和中国计算机事业的发展，殚精竭虑、倾注了毕生精力。他的高尚品格、崇高精神、大家风范和辉煌成就，是一座永远矗立的丰碑，必将激励一代又一代青年知识分子和科技工作者，在实现中国梦强军梦的伟大历史征程中，为推进科技强国、科技强军战略奋力前行。

第一章 *Chapter 1*

闽南山村贫苦农家后代

闽南这方神奇的土地，群星灿烂，人才辈出，闽南人遍布世界 130 多个国家和地区。闽南文化蕴含的开放性、包容性、思辩性，表现出的自强自立、爱拼才会赢的精神，成为闽南子弟的精神家园。陈火旺出生于福建省安溪县长坑乡玉南村，是闽南山村农民的后代。受安溪深厚历史文化的影响熏陶，父辈重视下一代的教育，期望子女有知识有文化有出息。他天资聪颖、勤奋好学，少年时代受到了良好的教育。在陈火旺的灵魂里，深深烙下闽南人的印记，处处体现闽南人的品质。

1. 出生福建安溪历史文化之乡

安溪县，古称清溪，位于福建省东南沿海，在厦门、漳州、泉州闽南金三角西北部，隶属泉州市，县人民政府驻凤城镇。全县总面积 3057.28 平方千米，辖 24 个乡镇 460 个村居，有汉族、畲族等多个民族，通行普通话与闽南语，以茶业闻名全国，是中国古老的茶区，号称中国茶都。

安溪在五代南唐置清溪县，宋改为安溪县。唐咸通五年（公元 864 年），析南安县西北部两乡始置小溪场。后周显德二年（公元 955 年）升场为县，设清溪县，取境内溪水清澈之意命名。宋宣和三年（公元 1121 年），改名安溪县，因与浙江睦州青溪（今浙江淳安方腊起义地）同音，吏恶其名，故改称安溪，取溪水安流才能太平之意。历属清源军、平海军、泉州、泉州路、泉州府，厦门道。1949 年 9 月 3 日解放，先后隶属泉州专区、晋江专区、泉州市。

在漫长的历史中，安溪被称为“龙凤名区”，是全国著名的侨乡和台胞祖籍地；中国特种茶类乌龙茶的故乡，驰名中外极品名茶铁观音的发源地；福建闽南地区最主要的革命根据地之一。1985 年国务院确定为首批对外开放县。

关于安溪极品名茶铁观音的来历流传着不少传说。一种传说是，古时有一位诚心敬奉观世音菩萨的人，他每天清晨必在观音菩萨像前敬奉一盏清茶。有一次他在敬茶时，观音菩萨显灵，指点他某处山岩有一株神茶，可以采撷。于是他跋涉攀登到山岩上，果然找到了这株神茶，只见茶树的叶片闪烁着铁色幽光。于是，他小心翼翼地将这株茶树移植于家中，精心养护，插枝繁衍，这就是铁观音茶树之祖。

另一种传说是，清朝乾隆年间，安溪松林头乡有一位叫魏欣的樵夫，有一次砍柴时，在观音庙旁山岩间隙，偶然发现了一株奇异的茶树，叶片在阳光下闪烁着乌润砂绿铁色之光。于是他便将这株茶树挖出，带回家中，用插枝法在自己的院内培植起来，采摘其叶制作茶，称此茶为铁观音。

还有一些传说与以上两种传说类似。这些传说的共同点是，茶树都与观音菩萨有关，故而茶名之中有“观音”二字。而之所以冠以“铁”字，又有两种解释：一种说法是由于茶树叶片在太阳下闪烁着“铁色”之光，另一种说法是茶经过发酵后，“茶色如铁”。

陈火旺出生于安溪县长坑乡玉南村。当时安溪全县辖 13 个镇、11 个乡，长坑乡是由民国二十九年（1940 年）设置的西南镇、福珊乡演变而来的，民国三十五年（1946 年）西南镇改为长卿镇，但是仍然保留福珊乡设置。长坑地理条件优越，自然资源十分丰富。长坑茶叶久负盛名，国家级茶树良种大叶乌龙就发源于此，产茶历史悠久。境内峰峦叠起、云雾缭绕，空气、土壤、水质不受污染，茶叶品质优良，是发展绿色茶叶食品的理想之地。

作为安溪乌龙茶的主产区，长坑铁观音一直是安溪县国家金奖产品“凤山牌”铁观音的主要原料，受到国内外茶商的赞誉。除了茶叶外，长坑乡农业还有众多的名优特产。

陈火旺生在茶乡、长在茶乡，一生喜爱饮茶，更深谙茶道人生。他常常从杯中蒸气袅袅、茶叶浮沉中，思索人生之意。在他看来，茶要炒制，做人要修炼；茶要下沉，做人要谦和；茶失色于水，做人需融合于众；茶有清香，做人需诚敬；茶释其味，做人要奉献；茶要品味，做人需修德。

长坑山明水秀，胜景天成，并保存了众多的文物古迹。著名的旅游景点为狮峰山达摩岩寺。达摩岩寺位于长坑乡西北隅的狮峰上，始建于宋朝，历代屡有修葺，现存建筑仍体现宋代风格，采用重檐歇山式，精致奇巧。据传，达摩又称达磨，本名著提多罗，是南天竺香至国王的第三子。南北朝期间，达摩渡海先到广州，后又到了河南嵩山少林寺，教习少林武功著称于世。后来面壁九年，顿悟成佛之法，被誉为禅学，其学派为禅宗，对中国佛教的影响至深。宋代崇达摩祖师为时髦之举，达摩弟子普惠大师率众于长坑乡狮峰山上设坛，开始名为狮峰寺，后人为纪念达摩弟子，改名为达摩岩寺。

长坑茶香钟神秀，地灵毓人杰。唐宋以来，长坑就成为安溪著名的手工业生产基地，产品远销到东南亚及非洲等地。这块飘香的土地上人才辈出，不仅养育了清代名臣李光地，还有为官廉洁、学问文章著称于世的清朝进士官献瑶，捐赠巨款支持孙中山进行革命的侨商官光厚，国际知名电脑专家苏聪颖，美国医学生化专家陈志坚等文人志士，台塑大王王永庆、王永大兄弟也是祖籍长坑。

一方山水养一方人。安溪长坑的山山水水滋养了陈火旺，这方土地的历史文化，深深地融入他的血脉。可以说，这里的人杰地灵，涵养了他的精气神。

2. 取名“火旺”承冀父母期望

农历乙亥年腊月廿五日卯时，公历1936年1月19日，离中国的传统春节只有几天了，陈火旺在福建省安溪县长坑乡玉南村一个贫苦的农家降生。陈火旺的出生，给陈家带来了如节日般的喜庆，全家上下一片喜气洋洋。陈火旺是陈水偏和王宇夫妇的第一个儿子，他们为刚刚出生的儿子起名为“火旺”，期望他将来的日子过得红红火火，生命之火越烧越旺。

陈火旺属于福建南陈南斗一脉后代，其家族派系源流得从陈姓来由说起。陈姓出自姚姓和妫姓，舜帝姚重华的后裔。舜，也称虞舜，姚姓。据《通志氏族略》记载：周武王灭纣，建立周朝以后，找到舜的后人胡公满，封他在陈（今河南省淮阳县）这个地方，建立了“陈国”。子孙有以国为姓的，即成为陈姓的由来。陈胡公满传至十世孙陈完，陈国内乱，陈厉公的儿子陈完怕株连自己，出奔到齐国，以故国为氏，称陈氏，后改田氏。到十代孙田和时，废齐康公而自立为齐太公，并受到周王朝和诸侯列国的承认。这就是历史上著名的“田代齐姜”。姚、虞、胡、陈、田姓都为帝舜之后，有五姓联宗之亲。

陈姓传至东汉桓帝时，有一个叫陈寔的祖先，字仲弓，为太丘长，谥号文范先生。太丘是汉代的一个小县，在今天河南永城市西北，长官为太丘长。陈寔（公元104—187年），颍川许，今河南许昌长葛市古桥乡陈故村人，东汉时期官员、名士。少为县吏都亭刺佐，后为督邮，复位郡西门亭长，四为郡功曹，五辟豫州，六辟三府，再辟大将军府。后世称其为“太丘长”，与两个儿子，长子名陈纪，字元方，次子名陈谌，字季方，与父亲以清高有德行闻名于世，时号“三君”，又同邑钟皓、荀淑、韩韶等以清高有德行闻名于世，合称“颍川四长”。

陈火旺家族的祖先校尉公，在后周现德三年的时候，从河南光州固始县和王番知到福建，传至漳州南院，出了很多显赫的名人世家，有一门八俊士、两世四名臣。

始祖公阴公，在宋孝宗宗光年间，兄弟八人遭陈之乱，从永春岵峰分散到各省县，经历安溪湖山后溪等地开始在南斗生活。

南陈族谱附记了陈姓分散的一个故事。南陈是漳州南院的一个支派，民国二十七年戊寅冬，老祖宗说南斗派的祖先确实是陈邕，唐中宗神龙年间（公元 705—706 年）进士，曾任太子李隆基的老师，受封为太傅。开元二十四年（公元 736 年）因与宰相李林甫不合，被贬到福建，先居福州，后迁到兴华，最后迁到漳州，陈邕到达福建后开了其家族在闽南创建寺院的序幕。相传，陈邕到漳州后在南门外建立府邸，规模宏大，与王宫都能媲美。漳州府尹向朝廷告发，朝廷派御林军五百南下查办，陈家父子兄弟惊慌失措，陈家的一个女儿建议把宅院改为寺庙，称为厦名南院，聘请雕塑工匠多人，一夜之间塑成十八手观音和很多佛像放在院中。这位陈家的女子祖先愿意剃度为尼，等到御林军和漳州府尹来到，看到的却是一座大寺院和一个尼姑，据实禀报朝廷，陈家免于获罪。现今漳州南院还有那位女子祖先的墓址遗迹。

从此，陈家祖先兄弟各自带着自己的子嗣都分居到各个县去了，南斗派的祖先校尉公就是这些兄弟之一，所以也称为南陈。南斗派的后人，至今还到漳州南院去纪念祖先。

福建省安溪县长坑乡玉南村，陈火旺出生地的老宅

陈火旺家谱记载，陈火旺父亲陈水偏为第二十二世，第二十一世永阁公次子，字锺廷，号金泽，生民国壬子年（公元 1912 年）四月初九日丑时，卒于 1976 年（农历丙辰年）二月初四日巳时，享年 65 岁。陈火旺的母亲王宇，长沅乡杉树仔村王氏女儿，农民，家境清贫，生民国丙辰年（公元 1916 年）七月二十六日申时，卒于 2008 年 8 月 4 日，享年 93 岁。生子火旺、财国（湖头继出），开明（纳）。

陈火旺的弟弟陈开明，又名陈凯明。祖父陈永阁，祖母王乃。伯父陈水轻，叔父陈老豆，姑母陈玉爱，舅父王学。陈火旺有五位同堂兄弟姐妹，堂兄陈桂中，堂弟陈桂吉、陈木的、陈新法，堂妹陈红桃。

在陈火旺三岁的时候，父亲与伯父、叔父分家了。陈火旺的一家有四口人，包括父亲、母亲、他本人和弟弟。祖母不定期轮流在三个儿子家里生活。

陈火旺很小就离开了长坑玉南村，加上后来他远离安溪到泉州读书，对家庭的社会关系，尤其是亲戚的情况不甚了解，甚至有一部分亲戚都不认识。只是听母亲有时讲述，对姑、姨、舅的情况了解一点，其余的都不太清楚。在他读初中的时候，见过几个亲友，但情况也还是不大了解。

母亲王宇告诉陈火旺，他有三个姨母，但他只认得一个，另两个姨母的情况都不了解。在新中国成立前她们都很贫穷，无田无地，有的曾经流离失所。他有三个姑母，他也只认识一位，有一个曾经见过面，还有一个根本就没有见过。三个姑母家，只有一家的生活较好。

母亲王宇虽然大字不识一个，却是一位非常精明的人，有一定的经营头脑。安溪县长坑乡王氏家族，具有擅做生意的传统。著名企业家、台塑集团创办人、台湾“经营之神”王永庆，其祖籍就是长坑乡。王永庆的祖辈，是清道光年间从安溪县长坑乡移居至台北县新店直潭的。王氏族谱上，有包括王永庆在内的多名台湾名人的祖先，并注明了从哪一代何时迁往台湾。

陈火旺母亲性格豪爽慷慨，热情好客，做事利落。她有过人的心算能力，早年到镇上供销社买布，尺寸分毫，营业员用算盘还没有算出来，她就早已算好了，扔下钱说，差了分毫来找我就是。也许，来自母亲的遗传，使陈火旺具有较高的数学天赋。

陈火旺的父亲主要靠打铁维持家庭生计，用的工具和工艺很原始，在鼓风炉旁边架一个风箱，要不停地把拉杆拉出来又推进去送风，风一吹，火就旺起来了，铁在炉子里面烧，烧得红红的后，用钳子夹出来，用锤子反复敲打，慢慢地打成各种铁器，这是一种比较原始的生产工艺。打出的铁器，主要由母亲来出售。

二十世纪三十年代后期，陈火旺的家本来住在安溪长坑区南斗乡玉南村，因三次遭土匪抢劫和家境困难所迫，后逃难到湖头街和湖头横山乡。那时家里贫穷，也没有什么财产，搬家就是扁担一挑就走了。到湖头街三四个月后，他家生活逐渐好转起来了。但是好景不长，父亲被国民党抓去当壮丁六个月之久，母亲只有变卖全部家当，把父亲赎回来。父亲回家后不久，又迁居湖头横山乡。在此地住了 11 年后，全国解放了，他家又再次迁回到湖头街，参加了合作社。他家房屋在湖头中山街，门牌 15 号。

陈火旺的家在搬到湖头横山乡时，家境异常困窘，因为是外乡人，苛捐杂税重重，生活非常艰难。

几年后，横山乡换了个保长，是当地有钱有势力的人，叫苏东俤。陈火旺的父母为了生活下去，就拿一些自产的铁器工具及家畜送给这个新保长。此后，这个狡猾的保长，不管自家的什么家当都要人给他制好，就连他盖房屋时用的铁钉也是要陈火旺的父亲制作的。他父亲这样做了，家里的苛捐杂税确实少了一些，但主要还是怕再被抓去当壮丁。他父亲也一直私下里认为，能够在横山乡长期住下来，与靠这个保长的“照顾”是分不开的，感到这个保长是个“好心肠”的人。

土改时，他父亲对斗地主劲头很大，家乡斗争其他地主时，他都非常积极。但斗到苏东俤这个保长时的劲头就消退了。

1960 年 3 月 2 日，陈火旺撰写的个人履历中，讲到父亲在这件事上可能存在一些思想认识问题，说明父亲对地主的痛恨是不够的，特别因为后来生活较之前有所好转时，对这个保长的痛恨不够坚定。认为父亲对地主阶级是痛恨的，但是在斗争地主时做得不够好。尤其是这个保长的狡猾迷惑了他，因为后来家庭生活好转，对保长的剥削本质认识不足，因此痛恨不起来。而他对有直接威胁的地主，或为非作恶的地主是痛恨的。后来，把这个保长的一些赤裸裸的罪恶事实摆在人们面前，他父亲才认识到这个保长与其他地主没有区别，只是被其狡猾所迷惑了。从此，他父亲的觉悟有得以提高。

陈火旺与母亲王宇及弟弟陈开明全家，在安溪湖头镇船巷故居前合影

新中国成立前，陈火旺的家境很贫穷，当时只有两间土房，一套铁匠工器，一家人主要依靠父亲打铁为生。新中国成立后，陈火

旺家分得二亩左右的土地，房屋四间，父亲参加了合作社，以计工分算收入，经济来源就是靠打铁的收入及母亲在街上出售自产的铁器具。从此，他家的日子慢慢好起来，生活大为改善。

1951 年春，他休学在家时，看到家里储存一些粮食，年末的时候，还借了一些谷子出去，折合有十五担左右。就在这个时候，他母亲不顾父亲的反对，坚持要收养一个男孩，最终在伯父、叔叔、主要是祖父的支持下，收养了一个小男孩，取名开明（又名凯明）。她母亲之所以执意要这样做，主要有两个原因：一是在家庭经济条件好转之时，就有了“财丁两旺”的想法；另一个原因，是因为母亲后悔当年把小儿子财国送给了别人家，所以，她一定要收养一个男孩，补上当年送出去儿子的空缺。

对于陈火旺的这两个弟弟，究竟是送养、收养还是买卖，这与当地的风俗有关系。在新中国成立前，当地有个这样的习俗，怕自己家的小孩养不好，就放到别的家庭去养。同样的原因，别人家的小孩也会放到另外的家庭寄养，这样互相过继来过继去。另外，还有一个说法，一些家庭的孩子多了，养不起时就卖掉一个；等条件好一点时又买回一个。由于陈火旺当时的年纪不大，他家究竟是哪一种情况，他也不是很清楚。

陈火旺的亲弟弟财国送给别人家后，与陈家就没有来往了。收养的弟弟开明一直在陈家，成为陈家的人，在成家立业后，肩负着赡养父母、守家护家的责任。

3. 聪颖少年勤奋好学

1942 年 9 月，陈火旺已经到了六岁半的上学年龄，父母把他送入安溪县湖头镇横山小学读书，到 1945 年 7 月，在横山小学从一年级读到三年级。1945 年 9 月，转到慈山小学上学，至 1947 年 7 月，以优异成绩小学毕业。

横山小学是福建省安溪县湖头镇横山村的一所小学。横山村，古称湖山，因地处湖头之中小山下故名，后称恒产，恒产与横山谐音，后又改为横山。明、清属修仁乡感化里，民国三十五年设清溪镇横山保，1952 年属第四区横山乡，1958 年属湖头公社称横山大队，1984 年改为湖头镇横山村。

慈山学校坐落在福建省泉州市安溪县湖头镇，学校创办于 1923 年，原名慈山小学，新中国成立后又两度更名为劲松小学和湖头中心小学。1985 年，旅居印度尼西亚的李尚大、李昆仲捐资重建。学校依山而建，校园布局新颖合理，校舍设计独特，绿树白楼、错落有致，鸟语花香、曲径通幽，犹如一座花园。现在的校园占地 400 亩，总建筑面积达 6 万多平方米，分为教学区、生活区、运动区，既相对独立又连成一个整体，拥有教学楼、综合楼、科技实验楼、教师宿舍楼、学生宿舍楼、食堂等一系列楼群，另外辟有 400 米标准跑道的运动场、风雨体育馆及两个小操场，教学设备齐全，藏书近 5 万册。

慈山小学（2015 年）

自古以来，湖头镇就是闽南重要的交通枢纽和商品集散地，有“小泉州”之称。但湖头古镇的魅力并不在于只是一个地理标志，更重要的它是清朝一代名相李光地的故乡，成为福建省著名的历史文化名镇。

在湖头镇境内，遗留着以李光地故居（新衙旧衙）、贤良祠、景新堂、问房大厝、五房小宗和李氏家庙等为主，一共 60 多座明清古建筑群。这些建筑群既属于名人故居，又是传统民居，体现了闽南建筑特色和当地民风民俗，是饱含历史文化信息的古民居博物馆。明清时期，湖头曾出现“四世十进士七翰林”的科举盛况，先后出了一位宰相，4 位总兵，99 位举人，入仕 100 多人。

李光地（1642—1718），字晋卿，号厚庵，别号榕村。安溪县感化里（今湖头镇）人，5 岁入读私塾，13 岁读遍儒家经典，19 岁写《四书解》，20 岁写《周易解》，24 岁辑《历象要义》。康熙九年（1670 年），李光地考中进士，殿试排名第五，不久后任职翰林院编修，从此开启了仕宦生涯，最后官至文渊阁大学士，等同于相国，人称“安溪李相国”。雍正元年（1723 年），已故李光地再次获赠“太子太傅”荣誉头衔。

陈火旺是听着李光地的故事长大的，从小就一直敬仰李光地。李光地的政绩、官德、人品和治学精神，在陈火旺心中打下深深烙印，对他的人生无不产生着深刻的影响。

李光地是清朝初年杰出的政治家和思想家。作为政治家，李光地在平息三藩之乱、统一台湾、治理水患、澄清吏治、奖掖学术和选拔人才等方面，对巩固统一的多民族国家，促进经济发展和文化繁荣，做出了实实在在的贡献。作为思想家，李光地的经学成就、理学思想和民本主义的政治思想，在清初思想史上具有重要地位，也为他赢得理学名臣的美誉。除了儒家经传以外，李光地还兼通诸子百家、历数、兵法、水利、律吕、音韵等学术领域。李光地一生著述甚多，其中，清道光九年李惟迪辑《榕村全书》一百七十六卷，除《榕村语录续编》二十卷未收入外，包含了李光地绝大部分著作。

李光地一生为官清廉，即便官至宰辅，也没有为自己大兴土木。现在的旧衙和新衙故居，都不是李光地修建的。旧衙大厝位于湖头镇湖三村，是拉哈达将军营造的。康熙十七年（1678 年），郑经派兵围困泉州，李光地献计帮助拉哈达解围。为了报答李光地，拉哈达想给他建一座大宅，但知道李光地不会接受，于是谎称是给自己建的，等建好后回到北方，就硬是送给了李光地。新衙大厝位于湖头镇湖二村，是李光地夫人偷偷兴建的。可是，李光地终其一生都没入住过新衙。

在做人、做事、做官上，李光地都严格要求自己，对家人、族人和乡人也同样如此。李光地通过《家训·喻儿》，劝诫后辈在治学过程中，不能只停留在阅览和诵读上，要多动手抄写，同时要注重总结要领，究出文章的核心思想，这样才能学得深、记得牢。在《诫家后文》中，李光地告诫子孙：家族和个人的兴衰存亡都取决于自己，做人要学会收敛约束，和顺谦卑，才能从根本上得以保全。

除了家训族规之外，李光地还订立村规民约，包括《同里公约》《丁酉还朝临行公约》等，明确指出盗窃、奸淫、赌博、盗耕牛私宰和放火焚山，都是严重影响生产和生活安定的大事，告诫乡人不能触犯，违者将被送官府按律查办。李光地以身作则，凭借家训族规、村规民约，不仅约束了族人，改善了乡里的社会习气，还对周边地区产生了影响。根据李光地的建议，泉州知府刘侃知、安溪知县曾之传设立府学，建造朱子祠，教化民众，提高文化素质，革新了当地民俗。

李光地刻苦求学、勤奋务实、博闻专勤，自述其“天资极钝”，而后能成大器，靠的都是勤奋与刻苦。李光地读书讲究朝诵夕读、随章札记、提纲挈领、融会贯通。他主张读书治学要务实，要有真本领，要干实事。他强调：“吾文大纲有三：一曰存实心；二曰明实理；三曰行实事。”李光地的治学思想和精神，对后世的影响极为深远。

李光地已离世近 300 年，而他的一言一行和历史事迹仍然留传至今，并成了一种精神文化。在新衙大厝的厅堂里，高高悬挂着 4 幅李光地的亲笔诗作，其中一首这样写道：“家传一首冰壶赋，庭茁千寻玉树枝。”这些诗作是李光地一生清廉为官、勤政爱民的真实写照。李光地所倡导和践行的精神文化，在安溪湖头传扬不息。

陈火旺一直把李光地作为楷模，决心要像他一样，心如明镜、志向高远、奋力拼搏，为国家多做贡献。

由于家里贫穷，陈火旺的父母大字不识几个。但是，他们生活在安溪这个具有深厚文化底蕴的环境中，深知文化知识对一个人的重要，从内心深处想要儿子成为有文化的人，家里再穷也要送儿子上学。

陈火旺小时候爱好学习，他要读书，又没有条件，家里没有人能教他，他就经常搬个小凳子坐在家门前的路边等候，看到戴礼帽、穿长衫、像读书人样子的过路人，就拉住别人不停地问这问那。他这种对知识的渴望，显现出先哲之遗风，不愧宰相故里之学子。

陈火旺无论是在横山小学，还是在慈山小学读书，学习非常勤奋刻苦，成绩特别好，每个学期都被评为好学生，经常受到学校的奖励。学校的奖品是铅笔，当时所谓的铅笔其实就是一根碳棒，他就用铁丝把碳棒缠起来，用来写字做作业。

陈火旺上小学的时候，有位老师叫苏志超，这位老师与陈火旺年龄相差不大，后来就成了同辈的朋友。苏志超读书是在集美水产学校，搞过地下革命工作，后来到上海做海员工作。他是农民出身，在上海参加地下斗争，由于国民党对地下革命力量进行清剿，被迫回到家乡。在家乡一边教书一边搞革命工作，后来又跑到外地去了，从此，脱离了组织关系。

新中国成立后，苏志超又回到湖头当了一名小学教师，不久就调干到福州大学，后来到集美侨校当中学教师。在新中国成立前夕，他对陈火旺的影响相当大，使陈火旺懂得了许多革命道理，树立了远大人生理想志向。

4. 与大学同窗吴明霞喜结伉俪

陈火旺与吴明霞的结合，可以说是缘分。他们的这种缘分，不是一见钟情，也没有花前月下。同窗三年没有谈恋爱，分开后却走到了一起。

吴明霞于 1935 年 12 月出生在苏州，1953 年 7 月，苏州市一中高中毕业。1953 年 9 月，陈火旺与吴明霞同时考入复旦大学数学系，是一个系的同学。但他们在大学读书的时候，仅仅只是一般同学关系。

1956 年 7 月，陈火旺提前毕业留校当老师，被派到北京大学进修数理逻辑，到 1958 年 2 月结束，有近两年时间在北京。1957 年 9 月，吴明霞从复旦大学毕业后，分配到北京中科院电子研究所工作。陈火旺和吴明霞作为复旦大学的同学，又来到同一座城市学习工作。缘分无须等待，他们通过一段交往，就建立了恋爱关系。

茫茫人海，浮华世界，多少人能真正寻觅到自己最完美的归属，又有多少人在擦肩中错失了美好的机缘。而他们就抓住了属于自己的这个缘分，由相逢、相知到相亲、相爱，相濡以沫、厮守一生。

1960 年 1 月，陈火旺与吴明霞喜结良缘，组成幸福家庭。结婚时非常简单，没有举办什么仪式。婚后，一个在北京，一个在上海，过着牛郎织女的生活。

吴明霞的父亲吴彦，字砚士，号石渔，当代著名山水画家。1910年出生于苏州，1932年毕业于沧浪亭苏州美专。1960年入苏州市国画馆任第一批专职画师，“文革”后转入图书馆工作。他擅长国画，专攻山水，传统功力甚深，又善书法。他热爱艺术，一生坚持画画，100岁时还出过画册，101岁去世。母亲马曼，家庭妇女，1992年去世，享年82岁。家里有6个子女，5个女孩1个男孩。大女儿吴翠霞、二女儿吴静霞、三女儿吴侣霞、四女儿吴明霞、五女儿吴美霞，小儿子吴敦。

苏州，又谓吴门，在历史上一直被誉为“书画之城”“园林之城”，特别是明代出了以沈周、文徵明、唐寅、仇英为代表的“吴门画派”，其画风直接影响了明清山水画的审美倾向，给中国画史写上了浓重的一笔。

吴石渔先生，在二十世纪三十年代是苏州美专国画系的高才生，也是当年山水画大家、苏州美专主席校董吴子深夫子和朱竹云先生的得意高足，得传六法精粹暨画学理论，以取法文、唐入手，上追宋元，下涉明清诸家，无不钻研。并深入造化，历游江、浙、皖南名山胜迹，开阔视野，宽旷胸怀，乃以传统笔法，抒发新意，风格别具，韵味无穷。故年仅而立，即脱颖而出，名重一时矣。先生所作山水，清新俊逸，笔墨华滋，叠嶂重峦，烟云缥缈，浓墨淡彩，自成面目，所谓入石而化矣。

新中国成立前，吴明霞的家曾经是苏州城大地主，在她爷爷辈开始破落，日趋走向衰败。在抗日战争时期，面对民族危亡，她家还为前线将士捐钱捐物，表现出崇高的民族大义和爱国情怀。

陈火旺的履历表中，填写了爱人吴明霞的家庭经济状况。表中是这样写的：土地改革前，全家十多间房屋，土地亩数不知，佣人一人，靠地租、房租收入生活，家庭生活情况好。土地改革后，靠父亲工资和房租生活，家庭生活情况一般。

由于父亲是画家，吴明霞的家里收藏了很多名人的字画。在“文革”抄家时，许多家传墨宝，有的被没收了，有的丢失了。后来，其父向国家捐献了一些文物字画，有些还收藏在上海博物馆。

经过新中国成立前的战乱和“文化大革命”，吴明霞的家庭经历了不少磨难，生活得比较艰难。她父母就是在这种环境中，把他们姐弟养大成人的。

吴明霞出自书香门第之家，父母很重视子女的教育，强调一定要有一技之长，根据他们的兴趣爱好，让其自由发展。勤奋好学是他们家的传统，在清末的时候，父辈上一代里面出了好几个秀才。家庭里面一直重视学习，热爱传统文化，他们小时候就受到良好氛围的熏陶，在父亲的影响下练习写字、画画。父亲对他们的要求也不是严格，但有一种无形的压力，都知道一定要好好学习，在学校里面学习成绩一定要好，这是一个标准。自强自立是他们家的家训，全家都有这么一个信念。

吴明霞正是凭着自强自立的坚定信念，从小热爱学习、刻苦钻研，在小学、中学的成绩一直名列前茅。由于学习成绩优异，考进复旦大学也就是理所当然的事情了。

吴明霞全家和睦，姐妹兄弟相互照顾，老大工作了给家里一些贴补，老二继续上学，老二工作了，又给家里一些贴补，老三继续上学。他们家就这样通过大的接济小的，不断克服孩子多、负担重的困难，得以保证每个小孩顺利完成学业。不管家境好歹，都很积极向上，生活也很俭朴，不讲究穿着打扮。吴明霞和弟弟妹妹一直非常感谢父母亲的艰辛培育，感谢姐姐们的努力和关照。

吴明霞在家排行第四，是四姐，人很聪明，从小学习就很优秀，学习成绩是姐妹兄弟中间最好的，她脑子很清醒，逻辑性很强，讲话非常简洁，数学成绩也很好。她轻易不发表自己的意见，就是倾听，等你说完了，她最后讲一讲自己的看法。她可以说是一个很内向的人，做事很严谨，沉着冷静。

她工作了以后，生活上还是非常简朴。每次回苏州探亲，都是穿着军装，很少穿其他的衣服，她也没有多少衣服，更没有什么好衣服，一直保持勤俭朴素的习惯。

吴明霞的小弟吴敦，也是苏州一中的学生，每天和四姐一起上学，路上会有一些简单的交谈，谈的都是学习上的事，学习方面的交流。每天放学回家就是学习、做功课，也没有什么娱乐活动，从来不会跑出去玩耍。参加工作后，姐弟们分散在各地，见面的机会就很少了，有时一个回来，而另一个又没回来，只有过年的时候回家，才能团聚在一起。吴明霞到长沙工作以后，很少回家探亲，有时到上海出差开会，顺路回家里看看，就又匆匆忙忙赶回工作地了。

百善孝为先，陈火旺和吴明霞在这方面做得非常好，他们对老人很孝敬。吴明霞过世以后的中秋节，陈火旺专门给岳父寄了五千元钱。他还想着 90 多岁的老岳父，让一家人非常感动。人不在于钱，在于这份感情。后来，陈火旺身体也欠佳了，过年过节的时候，他总是要打个电话问候大家。吴敦他们在接电话中，也能感觉到他讲话时中气不足、断断续续，他向父亲问好，与大家交谈几句。这反映陈火旺的品格，对老人的一种孝敬。

陈火旺和吴明霞对下一代非常关心，每次一回到苏州，姐弟的孩子们就围着他们转，他俩不是属于那种善于言辞、谈笑风生的人，但是孩子们都喜欢与他们交流。他俩总是给孩子们很多正面的教育，在孩子们的心目中，姑父姑母、姨夫姨母是非常值得崇拜的人。

小弟吴敦的孩子高中毕业的时候，非常想学计算机，吴敦不太支持。并告诉孩子说，你看你姑妈搞计算机多么辛苦，每天在实验室，有时想到一个问题半夜就往实验室里跑，连家都顾不了，就是这样过日子的。后来孩子还是选择了计算机专业，毕业后做计算机的金融应用工作。陈火旺鼓励他说，这是一个很好的方向，也是我想让我的学生研究的方向，你要在这个方向上好好努力，今后，我还可以与你合作。

不管是不是自己的孩子，陈火旺夫妇都很爱护，能在思想上、业务上给他们以指导。有一年暑假的时候，他们邀请姐弟的小孩来长沙，在长沙玩，到张家界去玩，让陈立、陈予都陪着。尽管夫妇俩工作很忙，但他们还是尽自己的努力来维系这份亲情。

由于他们工作太忙了，对自己的孩子都没有办法抽出时间来关照，功课落下来了，也没有时间给两个儿子进行补课。吴明霞想帮一下孩子，陈火旺就责怪她，你这个任务完成了没有，你不要分心，以工作为重。那个时候是在研制“银河－Ⅰ”，吴明霞只能把辅导孩子的事搁在一边，看看孩子们功课一下子又下来了。陈火旺要求非常苛刻，吴明霞既要研制计算机，又要照顾孩子，她看到孩子功课不是太好也着急，但又不能分心。在小家和大家之间发生冲突时，往往是牺牲自己奉献事业。这是一种事业心责任感，全身心扑在工作上，连自己的孩子也顾不上。

吴明霞经常在家人面前说，陈火旺是火车头，我和两个孩子是枕木，牺牲我们成全了他。

吴明霞被确诊患肺癌后，吴敦陪同到上海看病。陈火旺说，吴明霞的病，可能是由自己长年抽烟造成的。还问吴敦是不是这样，其实他有些自责了。

吴敦安慰姐夫说，有点关系但不是主要原因。吴敦是一名医生，怎么不知道被动吸烟的危害呢。吴敦感到，他的父亲以前也抽烟，但从60岁开始戒烟，戒了以后活了101岁。如果陈火旺也戒的话，可能姐姐不会患上肺癌，姐夫也还可以为国家多做贡献。

妹妹吴美霞对姐姐吴明霞的许多往事，至今记忆犹新、历历在目。姐姐是在苏州尚德小学读的小学，中学是在苏州市一中上的，这是当地最好的学校，她就是从一中考入复旦大学的。她在大学里学习也很刻苦，4年时间没有去南京路玩过一次，都在学习。那时家里条件不大好，由于家里子女多，父母照顾不过来，她上大学时仅有一件列宁装外套，是双排扣、翻领子的那种款式，星期天洗一洗，星期一再穿上，学习、生活很艰苦。她上大学、参加工作后，大致每个月要给家里写一封信，主要是写给父母的，信中除谈一些学习、工作和生活情况外，还要问一问家里的情况，向全家人问好。

陈火旺和吴明霞生育了两个儿子。长子陈立，1965年4月16日出生。当时，吴明霞还在中科院电子研究所工作，是回到苏州家里生的。坐月子时全部由母亲照顾。次子陈予，1971年5月27日出生，这时，他们已经调到长沙工学院工作，住在长沙市马坡岭。

在陈立、陈予兄弟俩的心目中，虽然物质条件不算优越，但是一直在快乐中长大，家庭和和美美，幸福温馨。爸爸妈妈是一心一意干事业、忘我工作的人。

1965年4月，陈立在苏州出生后不久，陈火旺就到英国进修去了，陈立跟妈妈生活在北京中关村的中科院电子研究所。吴明霞一个人，一边要拉扯着幼小的儿子，一边要干好工作，生活的艰难不言而喻。

1969年，中苏关系恶化，受当时政府机关要疏散的影响，有一些单位的工作人员开始把小孩、老人由北京送往外地，吴明霞也把陈立送回福建安溪由奶奶带。陈立在老家生活了一年，等回到父母身边的时候，父母已经在长沙工作了。

陈立从福建安溪到长沙后，一家人住在长沙市东郊马坡岭湖南省农业机械化学校。从此，一家人结束了天各一方的生活，终于团聚了。

陈立对父母亲的印象，是到长沙后才有的，当时父母正在搞“718 工程”，后来他就在马坡岭小学上了三年学。那时，由于大人上班地点和家庭住址都在马坡岭，学校离家也近，长沙工学院计算机系的教职工子弟基本上都在附近的这所马坡岭学校上小学，这是一所地方开办的小学。到 1973 年、1974 年，计算机系搬家迁到学院本部，子弟们才随着转到学院附小、附中上学。

马坡岭的环境比较差，工作生活条件很艰苦。这是长沙工学院计算机系南迁后先借用“文革”期间停办的湖南省农业机械化学校校舍的过渡时期。当时，几家住一间大教室，用三合板隔开，一家一间。卫生间要走出楼很远的地方，楼里有公共的水房，没有厨房，所有锅、灶等厨具都放在公共楼道里。当时也没有厨房的概念，生炉子就在楼道里，是烧煤的炉子。做饭时能闻到香味，一家做什么菜整个楼道里都知道。要洗澡了，就是用炉子烧一锅热水，倒入塑料大盆里面洗，根本就没有什么澡堂、浴室。有大盆子的人家也不多，总是相互借着用。

湖南省农业机械化学校只有二十几套住房，都给那些年龄大一点的老师住了。年轻的同志，只能住隔板房。一个大教室隔成三间，小教室就隔成两间。陈火旺来的时候，住房没有了，就安排在实验楼二楼的一个大教室住下。李思昆住在实验楼一楼。陈火旺有两个孩子，李思昆家有一个孩子，一走出楼门口就能见面。吴泉源与陈火旺家都在二楼，相隔十几米。那时候，因为陈火旺家相对比较大，李思昆、吴泉源、谈正信等许多人经常到他家串门，家属之间也很熟悉，家庭上的生活来往比较多，大家都是好邻居。

1981 年，陈立上了计算机系举办的软件班。当时，学校为了解决子女问题办了好多届的班，一般是每隔几年办一次这样的班，每一期的名称都不一样。软件班只办了一期，后来还办了夜大班。学校那时办的班比较成功，培养的学生成绩都比较好，一些在学校工作的子弟，也是这个时候毕业的。后来，软件班移交给总参通信兵部了，学员作为大专毕业进行分配，大多数去了各大兵工厂，像武汉的 6907、重庆北碚的 6909 等单位。

1984 年 6 月，陈立从软件班毕业后，分配到昆明陆军学院工作了五年，1989 年转业到长沙市电子研究所。这是长沙市电子局的一个直属单位，办公地点在长沙市袁家岭天心电子大厦。原来是事业单位，在改革开放早期效益很好，所长就主动跟局里面说不要“皇粮”，把事业编取消，所有人都下海经商了。陈立转业回长沙，仅仅在电子研究所工作了两年，1991 年就辞职下海经商了，一直在商场打拼，算是事业有成。

在陈立的记忆中，其实父母回不回到家里都是一个样，因为做软件的人不需要什么机器设备，人回到家了，脑子还在想着工作上的事，相当于在家里也是在工作。父母一直是这样把精力都放在工作上，对子女的教育、照顾比较少。

陈火旺就是在家里，也是时刻保持工作的状态，经常思考问题，有了一个好的想法都是随时记下来。他的生活能力只限于烧开水，洗澡时候连自己的衣服都找不到是常有的事，做饭菜更是不会，也根本不可能。在家里包饺子是陈立和妈妈干的，由于陈予还小。陈火旺一般只干煮饺子一件事，这是类似烧开水的活。

1974 年，陈火旺家搬到上大垅长沙工学院院内，住在 14 栋，家里只有两间房，没有客厅，陈立和弟弟睡上下铺，父亲的办公桌就在他们的床前面，睡一觉醒来看他在那个地方，半夜起来上厕所他还是在那个地方，在家也是伏案工作。

陈火旺经常晚上在家工作熬夜，主要靠吸烟、喝酒来提神，家里窗台上摆满了一排排的酒瓶子。

陈立小时候做得最多的家务事，就是经常为父亲买烟买酒。父亲给几毛钱，要么让他去买瓶酒，要么让他去买包烟，经常干跑腿的事。那个时候的烟，有大庆、大寨、湘烟、常德、银象等牌子，还有画两支鸟的，最早的是飞虹牌。当年，主要是到小卖铺买大坛的散装酒，后来，就开始喝好一点的酒，那个时候德山大曲算是好酒了。

陈火旺出版了一本《程序设计语言编译原理》的书，有400元的稿费，那个年代这些钱算是不少了，相当于大半年的工资。

有人跟他开玩笑说，老陈，你发财了。陈火旺说，发什么财啊，这些还不够写这本书时的烟酒钱。

其实，早在1986年，陈火旺就开始戒烟了。但他吸烟比较早，大概十一二岁就开始吸了，所以戒起来还是比较难的。陈立听妈妈讲，由于陈火旺家乡那个地方太穷了，干地瓜不够吃，喝地瓜粥也都不能喝饱。小孩子饿了怎么办呢，大人就把烟一递，让小孩子吸口烟吧，吸烟也许能减轻饥饿感。

待陈火旺晚年生病住院时，保健医生对陈立说，你父亲的身体确实不是很好。但对于他住进医院就出不来了，谁都没有心理准备。导致他去世的病，叫慢性阻塞肺气肿。“慢阻肺”是2000年被国际卫生组织确定的名称，支气管炎、哮喘只是这个病的临床症状。现在有个检测标准，给个东西让你吹，有仪器在旁边，当数值达不到某个标准时，就可定为“慢阻肺”。一般得了这个病的人，生命超不过五年，但他超过了十年，体现了与疾病抗争的顽强毅力。

学校对知识分子的医疗保障做得非常不错，用的药都是疗效很好的药，通过不断地用药来扶助他，这种药向这边扶，那种药向那边扶，越扶活得年龄越长，当最后身体顶不住的时候，就一定会垮掉的。陈立听医生这么一说，就更加理解了这种病的严重性。

1976 年 3 月 4 日，陈火旺的父亲陈水偏去世，享年 65 岁。这个时候，他正在湘西参加农业学大寨工作队。长沙工学院的老师，大多数被派到沅陵，参加农业学大寨，主要是从事农村劳动。他请了假回到安溪，处理完父亲的丧事，一路风尘仆仆又赶回到了湘西。

那时，参加农业学大寨工作队的老师回来后，给全校人员做报告，说当地农村很穷，许多老百姓一家只有一条裤子，谁出门就谁穿。冬天比较冷，很多人只穿条单裤子。在干活时候，有时把放在地上的草帽拿起来，会发现下面盘着一条蛇，吓人一大跳。

工作队从事的工作是到山上砍树，把砍下的树扎成木排，顺着河水放下来。扎的木排万一碰到石头散了，人就会落水没命了，这是非常危险的活。在那么艰苦的环境下，陈火旺还天天学英语，还想着编程，想着 151 语言系统。他去的时候带了一些纸，那里的农民一辈子都没有见过这么白的纸，认为是好东西，被农民拿去了不少。

在陈立的记忆里，安溪老家的状况，也就是一个“穷”字。福建山区的冬天很冷，但是家里没有棉被、棉褥，冬天睡的是凉席，陈立从安溪回到长沙时，还穿着拖鞋。猪和人是共用一个灶台，用木头隔开，做饭时切红薯，一看红薯坏了，“咔”一刀削到猪圈这一边，好的“咔”一刀掉到锅里。一边猪吃，一边人吃。做饭烧的是柴草，早上生火都是针状的松树叶，一生起火来满屋间都是浓烟，甚至达到对面都看不见人的程度。地瓜都不能吃饱，长年喝地瓜汤，吃大米饭则是一种难得的奢侈了。

陈立从北京到安溪老家去的时候，说的是一口标准的普通话，到那里待了一年，回到长沙时普通话听不懂了，也不会说，只会讲闽南话，与妈妈的沟通还需要爸爸做翻译，又过了一年才能听懂普通话。陈立对长沙话就根本听不懂，那时正上小学一年级，小时候拼音不好，实际原因是根本不知道老师在讲什么。长沙的小学老师讲的长沙普通话，而他当时只能听懂闽南话。

1971 年 5 月，陈予在长沙马坡岭出生。童年是在湖南省农业机械化学校院子度过的。后来随计算机研究所迁回校内，在学校的附小、附中上学，1989 年高中毕业，然后就走上了社会。完全凭着自己的能力，闯出了一片干事创业的天地，成为社会有用之人。

陈予说，小的时候都是哥哥做饭，做好了到处找我，喊我回家吃饭，父母亲是不管的。兄弟俩都是小孩，陈立下午要去打球，在打球前先做好饭，打完球找陈予回家吃。他们小时候，学校正在搞“银河”机，父母都是搞技术的，母亲除了上白天正常班后还有一个小夜班，白天班是上午 8 点到下午 6 点，小夜班是晚上 7 点到 12 点，母亲每天要从早上 8 点干到晚上 12 点。

母亲除了干好本职工作，还要照顾小孩，她上完班后有时会回来，后来“银河”机到了调试阶段进行验收的时候，基本上都不回来了。实际上，父亲是经常加班，大夜班、小夜班都通宵地干，休息的时候就在机房或办公室里面稍歇一会儿。

陈予当时虽然年幼，但对那个年代的艰苦，孩提时代的生活，印象特别深刻。

陈予家住的那栋楼，有很多是计算机系的教员，小孩的状态和陈予兄弟也差不多。父母都不在家，子女没人管，晚上玩到十一二点，都没有人招呼回家。偶尔回来一个大人，不管是谁家的家长，就在院子里开始找小孩，一轰全都散了，每个家长都起到这样的作用。就像一只老母鸡赶着一群小鸡回家。小孩在一起玩时，只要一说看到你妈了或看到你爸了，就赶紧往家里跑。

父母对孩子疏于管教，小的时候没有过多的感受，只是在长大了，自己做父母了，才能体会到对子女管教的重要作用。

在陈予看来，父母工作的环境、氛围都很单纯，大家都自觉以事业为重、以工作大局为重，不去计较做一件事情有多少钱。那个时候也没有说要为自己的位子争一下，不光是自己的父母，同学的父母也一样。他们都像玩命一样地去工作，“银河－Ⅰ”搞完后，住在一栋楼的老师，就有好几位因劳累过度去世了，都是年富力强的年轻人。

陈立、陈予长大后，还回过几次老家。安溪湖头老家门前是一条河，在水涨的时候出门就可以坐船，枯水时节行不了船，就要走陆路。在没有高速公路的年代，交通很不方便。难走的一段路，是从安溪到福州，由于没有铁路，乘坐长途汽车到福州，路上要走两天。路太难走了，绕来绕去，时间都消耗在山里面了。福建省内修了一条铁路，唯一的出口在江西，那一条铁路线是单线，单线上行驶的火车总是走走停停，过了山洞就是桥，在崇山峻岭中穿梭而行。

虽然陈火旺、吴明霞一直愧疚两个儿子没有受到良好的高等教育，但对他们自强自立、事业有成倍感欣慰。

1995 年 4 月，吴明霞退休。辛辛苦苦一辈子，终于等到了安度晚年的时候，能够在家享受儿孙绕膝、亲情满堂的天伦之乐。可是，天有不测风云，人有旦夕祸福。1997 年 11 月底，吴明霞体检发现肺癌，一场突如其来的疾病，击碎了这个家庭的安宁和幸福。

2000 年 3 月 8 日，吴明霞因病医治无效去世。陈火旺刚 60 多岁，这种打击可想而知，孤身一人的他整日生活在极度悲痛之中。虽然，两个儿子给予了无微不至地照顾，单位、同事和学生给了足够的关心，但他总是避免不了情绪的低落，身体状况每况愈下，这样过了两年多时间。大家看在眼里、急在心里，想方设法给他张罗介绍一位老伴，让他生活中有个依靠，有人照顾，延续幸福的晚年。

陈火旺所在的系主任宁洪，既是他的单位领导又是他的学生，见到教师目前的这种状况，心比谁都要着急，就一面发动大家，一面拜托朋友，共同来做这件事情。找来找去，宁洪觉得有一位比较合适。她叫祖沛南，是宁洪的中学老师，1977 年恢复高考后的第一届大学生，在建设银行工作，任高级经济师，正好单身，年龄相当，人品好，相貌不错，可谓才貌双全。于是，宁洪就为陈老师当起了红娘。经过一段时间的交往，双方都感到满意。

2003 年 6 月 3 日，陈火旺与祖沛南向组织提交了结婚申请。7 月 7 日，国防科技大学计算机学院计算机科学与技术系领导签字同意，报学校计生办同意，经学校政治部审查批准，几天后，陈火旺和祖沛南到民政部门办理了结婚登记手续。

两人结婚后，感情很好，在一起生活了四年多时间，祖沛南给了陈火旺很好的照顾，使他又有了正常的家庭生活。

他们经常在一起聊天、讨论交流，回忆以往岁月，陈火旺有几件事情讲得特别多。

陈火旺经常说，当年革命前辈为什么投身革命事业，就是把崇高理想信念作为自己人生的追求。

在祖沛南看来，陈火旺一生立德、立业、立著，为党为国家为

陈火旺和祖沛南

军队的事业，淡泊名利，呕心沥血，鞠躬尽瘁，就是为了一个信念，始终听党的话、跟党走，坚定理想信念不动摇。

他一生最大的遗憾，也是一生放不下的事，就是自己的两个孩子没有受到好的教育，自己带出了许许多多优秀的博士、硕士，却因事业腾不出时间和精力放在两个儿子的培养上，在他们学习成长打基础最需要父母管教的阶段，遗憾地错过了。

他一生遇到的最大的困难，是学英语。他在大学学的是俄语，后来改学英语。一生没有被其他学习难倒过，也就是在学英语的过程中，得了神经官能症。

他一直担忧的一个问题，就是如何重视基础理论。他说，自己本质上是搞基础理论的人。经常从自己的课题中拿出经费支持基础理论研究，希望大家要重视这个问题，自己的学生能坚守这个阵地。

他一生最欣慰、最自豪的事，是培养了一批优秀人才。他培养学生十分严格、严厉，从来对学生都是严格要求，对于学术抄袭，他说一定要管，决不允许发生这种行为，对学生论文中引用的观点、数据，他都要求注明出处。对自己的学生，毕业不推荐，当官不主张。他对许多人建议，最好不要干行政，要安心做好学问，在科学研究上多出成绩。

第二章 Chapter 2

中学苦读打下扎实基础

少年如朝旭初阳，少年如初生虎犊，少年如春前的青草。少年不仅是一个朝气蓬勃的年龄，更是一个放飞梦想的年龄。受到传统文化熏陶和教师精心培育的陈火旺，年少志存高远、自强自立，刻苦学习、奋发向上。他从安溪县湖头镇慈山小学毕业后，在中学苦读六年，成为品学兼优的好学生，为日后深造发展和铸就辉煌人生，奠定了坚实文化知识基础。

1. 安溪俊民中学读三年初中

俊民中学，于1940年（民国二十九年）由李爱黄应安溪湖头李氏族亲要求创办。1944年（民国三十三年），改称爱黄中学。1949年10月，学校改称阆山中学。1953年由安溪县人民政府接办，并改称安溪第三中学。1969年改称湖头中学，1977年恢复为安溪三中。1996年10月，经泉州市政府批准，恢复安溪俊民中学校名。

“俊”包含才智出众的意思，俊民就是才智出众的人，与俊杰、英俊、俊士意思等同。俊民中学的办学目标，就是要把每名学生培养成才智出众的人。

1947年9月至1950年7月，陈火旺就读安溪俊民中学，苦读三年圆满完成初中学业。做一名俊民一直是安溪湖头的社会风尚和价值追求，也深深融入陈火旺的血脉中。

俊民中学创办时，以贤良祠为校舍。贤良祠是清代名相李光地读书、讲学的旧址，与李光地新衙和旧衙一道，是福建省级文物保护单位。李光地为官五十年，但由于清正廉洁，只在自己的家乡留下两座大平房，这就是新衙和旧衙。

新衙，又名昌佑堂，始建于康熙三十七年（1698年），建筑面积3120平方米，五进庭院，双护厝，东西巷道，四周绕围墙，门庭广阔东巷北端入口处，早建报官亭和报房，门亭联为“赞元重万国，高志局八区”。二进厅堂悬挂明清职官像，大门一联：“相门知理学，府第传乾坤。”走进里边，庭院幽深，悬挂着康熙御书的“夙志澄清”“夹辅高风”等匾额，古风遗韵十足。

安溪俊民中学（2015 年）

旧衙位于湖头街街后，住着李光地的长子李钟伦的后裔，人丁繁兴，科第盛出。整座建筑形似殿宇，简朴大方纵深五进，两边护厝，斗梁门窗上面雕刻着各种人物、山水和禽兽等图案，正厅及廊宝墙上嵌有几十块汉白玉，镌刻着康熙皇帝手迹，其书法遒媚劲健，如行云流水，彰显出古厝不平凡的来历传说。旧衙不是李光地自建，而是满州人宁海将军拉哈达所赠，这无形中增加了古厝的历史神话色彩，又成了满汉和睦的象征。

贤良祠的前身为“榕村书屋”，是李光地于康熙二十四年（1685 年）命其长子李钟伦建造的，因有榕树数株荫数十亩而得名，专供家乡学者在此读书、著述、讲学。李光地曾在此“讲授性理之学，诵读圣贤之书”，留下一段学林佳话。雍正十一年，皇帝为表彰光地冰霜之节操、辅政之忠勤、学问之博洽，改名为贤良祠。贤良祠为四合院、三进建筑，占地约1000平方米。中竖有一方雍正帝颁下的《谕祭文》石碑，祭文追恤光地生平之风概节操，崇誉为“卓然一代之完人”。碑后连接着临水轩，凭栏而望，廊桥迂回，曲水池在微风的吹拂下，水波荡漾，垂柳摇曳，令人流连。贤良祠风光秀美，环境清雅幽静，更衬托出俊民中学历史悠久和浓厚的文化底蕴，是莘莘学子陶冶情操、求学成才的风水宝地。

定名为俊民中学，主要由康熙御赐“俊民用章”的缘故。清康熙四十五年（1706年）腊月，李光地有个四弟叫作李光坡（1651—1723），字耜卿，号皋轩，到京城探亲游览。

有一天，李光坡由李光地领到南山房朝见康熙。康熙以前曾听李光地说过李光坡是天下最善读书的名士之一，理学学问十分渊博，而康熙正在精心研习理学，便向李光坡探询一些理学的奥义。李光坡对答如流，康熙大加赞赏，不禁脱口而出地说：此人真堪状元才！

兄弟两人都听到了康熙的这句话，李光坡心里猛然想到：君无戏言，而我一谢恩，便是安溪的头一个状元，这种不中而得的状元，岂不成为安溪人的耻辱？不能，这个状元对我无用，就放弃了吧。他就如实禀告康熙，我是潜心著述之人，不想在朝廷做官。

康熙沉吟一会，方才说道：贤卿之言不差，可是你一个布衣之士，奏疏难以直达朝廷，我赐你一方“俊民用章”的玉印，让你带回。以后有什么奏章，盖上这个图章，便可越过知县知府督抚，直接呈献给我，无人阻难。

李光坡连忙跪下谢恩。康熙赏识李光坡的才学和人品，便叫内侍拿来文房四宝，亲笔撰书了一副对联表扬李光坡的高风亮节。那联文是：道通月窟天根里；人在清泉白石间。康熙写完，盖上“康熙御笔之宝”的大印，亲手捧赐李光坡。

这就是“俊民”的来历，俊民中学由此而得名。

俊民中学校园内的贤良祠，清代名相李光地读书、讲学的旧址（2015 年）

陈火旺有一位俊民中学的同学，叫陈炳坤，两个人同桌三年，后来一直交往联系。在他的印象中，陈火旺从小热爱学习，非常聪明机灵。

陈火旺家门前有条河，叫蓝溪河。有一条通河边码头的巷子，叫船巷。他父亲在船巷建了一间小打铁铺子，在这里打铁，他母亲就在这条街上卖那些铁钉、农具。

通过船巷到蓝溪河码头很近，湖头以前陆路不通、靠水路，坐船就是在船巷码头，货物上岸后就靠肩挑了。由于水路交通比较方便，过去湖头的经济比较繁荣。

陈火旺小学毕业的时候，报考的初中是爱黄中学，考试成绩是年级第四名。由于爱黄中学在安溪很有名气，有很多地方的学生都慕名前来报考。在众多考生参加考试的情况下，他考了第四名，成绩名列前茅。

当年爱黄中学初中一年级，招生了两个班，每班100多人，到初中毕业时只有一个班了，剩下31人，其中有8个人没有留级。这些同学是陈炳坤、陈火旺、李秋布、王继祖、陈道万、林增祥6个男生，还有李颇天、李慧卿2个女生。大多数的当开溜生了，辍学不念了，留级的继续念书。陈炳坤和陈火旺都是小个子，除学习成绩好之外，没有表现出其他方面的特长，也没有担任班干部。

那时学校经常考试，每月考一次，陈火旺的成绩不是第一名就是前四名，陈炳坤有时也能考第三名。陈火旺初中学习成绩很好，加之父亲有一门打铁的手艺，家境比其他同学要好一些，初中毕业就可以去考高中。

爱黄中学学生不寄宿，三餐都是在家里吃，吃过饭去学校上学。中学离家里很近，转过去一下子就到了。当时的爱黄中学只有初中，学生很少，陈火旺刚进去的时候，一共有四个班，初一年级两个班，初二、初三年级各一个班。后来，才有了高中。

学校开的课程，有语文、数学、英语、地理等课程。物理、历史在二年级才开课，到三年级有化学课了，生物分动物、植物两门课，另外还有美术、音乐、体育课。陈火旺的数学很好，其他课程的成绩也不错。

爱黄中学不仅历史悠久、文化底蕴深厚，而且还汇聚了一批有才华、有志向的进步青年教师，有的是中共地下党员，有的是革命青年。在他们的影响下，陈火旺受到革命道理的启蒙教育，在心灵深处播下了崇高理想的种子。

地理老师黄显卿，是暨南大学毕业的，在暨南大学参加了地下党。上学的时候大家不知道他是地下党，当时的国民党安溪县党部书记是湖头人，就是爱黄中学创办人李爱黄的儿子，他了解到黄显卿是地下党，就亲自带人来抓他。黄显卿的岳父在湖头很出名，是位地方绅士，就出面保他。国民党安溪县府坚持要抓人，说现在社会为什么这么乱，是“共匪”在作乱。但在他岳父的斡旋下，最后不了了之。

黄显卿给学生讲课的时候，在黑板上画铁道线，一条一条的线，中间有的黑有的白。他就说，同学们如果不懂，就要记住这铁道线就像一条毒蛇，我们中国没有钱，他们在中国修建了很多铁路，就像毒蛇在吸我们中国人的血汗，这是外国列强侵略中国的一种形式。他在给学生讲革命道理的同时，还要求边学边画地图，讲到哪省就画哪省的地图。黄显卿的地理课教学，极大地激发了同学们的爱国情怀。

教数学的老师叫李嘉德，也是大学生，是上海一所大学毕业的。他讲课声音很响亮，做人很爽直，对学生要求很严，不但会教数学，还会教音乐，唱歌也很好，学生都喜欢他。陈炳坤、陈火旺几个学习成绩好的学生，与李老师的关系都很好，李老师特别喜欢学习成绩好的学生。有一次陈火旺和一个与他同祖宗的亲戚闹意见，李嘉德还问陈炳坤，要不要去火旺老家看一看，他对陈火旺很关心。

苏志超是教英语的老师，是地下革命群众和积极分子，但没有加入共产党，没有给陈炳坤、陈火旺上过课，陈火旺和他关系特别好。

教导主任李增祥，也是地下党员，在新中国成立前夕，他向国民党坦白、投降了。但他没有在学生中发展地下党员。

当时的校长叫李增扬，安溪县城人，是北京大学中文系毕业的，也是地下党员。黄显卿并不知道校长是共产党，都是单线联系。新中国成立后，黄显卿任湖头镇第一任镇长，没有过多久，调到安溪县当第一任文教科科长，安溪一中校长。

由于陈炳坤与陈火旺家只隔一条河，每天放学回来，在寒暑假期间，他们常常在一起玩。更多时间，陈火旺还要帮家里干活，偶尔也为父亲打铁做一些杂事。

陈火旺和陈炳坤在三年的学习中，结下了深厚的友谊，学习上、生活上互相鼓励、互相关心，经常在一起聊天。

1950 年 7 月毕业的晚上，他们坐在贤良祠雍正帝《谕祭文》石碑旁，畅谈远大理想、憧憬美好未来，一直谈到深更半夜，不知不觉睡着了，怀着青春的希望进入了梦乡。

2. 考入历史悠久的培元中学

陈火旺在初中的学习成绩优秀，初中毕业考高中可以有多个选择，可以在安溪选择任何一所中学，但他毅然选择报考泉州历史悠久的培元中学。1950 年 7 月，他独自一人到泉州参加高中考试，以优异成绩如愿以偿考上泉州培元中学。

泉州培元中学，1904 年由英国基督教长老会募捐，聘请英国人，剑桥大学毕业生安礼逊（A. S. Moore. Anderson）来泉州创办。1920 年 1 月，中国革命先行者孙中山先生带头向培元中学捐资助学，并亲题“协兴教育”于捐册扉页。同年 11 月，亲笔为培元中学题词“共进大同”。1980 年 5 月，国家名誉主席宋庆龄又亲笔为培元中学题词“为国树人”。

1949 年 9 月泉州解放，1951 年培元中学改为公办，更名为“泉州第二中学”。1956 年，许锡安先生在台湾彰化创立“私立彰化培元中学”，许锡安先生的妹妹许逾雪女士在菲律宾马尼拉创办菲律宾培元中学。1979 年 3 月，经政府批准，恢复“培元中学”名称。1980 年 2 月，成立校董事会，推举庄明理为董事长，张文裕、张楚琨、蔡镏生、王庆元、高明轩为副董事长。

培元中学校园古榕垂荫、花团锦簇、学舍俨然、满园书香，也是一方理想求学之地，新中国成立前就有“泉州最高学府之称”。著名书法家、诗人潘受学长深情写下的“何时再过花棚下，觅我书声五十年”，成为培元魅力的真实写照。

培元中学校园孙中山雕像（2015 年）

培元中学是一所在海内外享有盛誉的学校，为国家和民族培养了大批有用人才，校友遍布国内和世界二十多个国家和地区，可谓英才辈出、桃李满天下。

自培元中学创办以来，培养的人才遍及全国和港、澳、台地区及世界许多国家，有许多毕业生成为著名的专家、学者、实业家和社会活动家。原中国科学院高能物理研究所所长张文裕院士，原燕京大学教授谢玉铭，原复旦大学校长谢希德，复旦大学首席教授苏东水，同济大学教授黄烈德，原中国音协主席李焕之，原厦门大学校长林祖庚，原福州大学、集美大学校长黄金陵，原吉林大学教授蔡镏生院士，原东南大学校长陈笃信，台湾中央研究院院士李亦园，香港著名实业家、社会活动家黄保欣、吕振万、庄瑞杰、骆志鸿，泰国侨领李引桐，印尼侨领李尚大，菲律宾侨领王金炳，等等，他们都是培元中学的优秀校友，为国家的建设和教育事业做出了重大贡献。

1950 年 9 月到 1951 年 2 月，陈火旺在培元中学读了高中一年级一个学期后，由于身体原因，向学校请假休学半年。1951 年 3 月至 6 月，他一边在家休息，一边到安溪横山小学当义务教员，给低年级的同学做辅导。1951 年 7 月至 1951 年 8 月，在身体基本恢复后，他担心回到学校学习跟不上，就利用暑假时间，到福建晋江专区中学补习功课，把落下的课程全部补上来了。

培元中学是按照西方教育模式创办的，学校始终秉承实学自由、爱校如家的办学精神，倡导以人为本、师生和谐的办学理念，坚持弘扬传统、全面发展的办学目标，围绕丰富知识、开阔视野、培养兴趣、主动发展制定课程计划，注重实践操作、探索方法、培养能力、发展特长，致力拓展学生智力、掌握自然科学知识、打牢人文科学底蕴。

陈火旺正是在这样的环境氛围中，汲取精神营养、提高知识水平，对他的成长和发展产生了重要影响。

3. 泉州二中优异成绩高中毕业

1951 年 9 月，陈火旺又回到培元中学。1951 年培元中学改为公办，更名为“泉州第二中学”。他在泉州二中读完高中二、三年级，到 1953 年 7 月以优异成绩毕业。

从安溪到泉州路程并不很远，但交通极不方便。陈火旺去泉州上学很不容易，先要坐半天船，再走半天路，花一天时间才能到达学校。

学校的学生大部分是住校的，只有少数就近的学生走读。当年的学生宿舍是大房间，每间宿舍要住二三十名学生，条件艰苦，生活不方便。学生的生活费用主要靠家庭负担，陈火旺家里每个月给的钱，能基本满足生活的需要。

陈火旺在培元中学的数学老师林陈英，回忆了培元中学当年的一些情况。她是新中国成立后调到培元中学来的，以前在安溪当老师。从安溪一中调过来后，就教高中一到三年级的数学课。林陈英老师教过陈火旺的数学课，对他还有一些印象。

学校高中开设了语文、数学、物理、化学等课程。开始由林陈英老师一个人教数学，没过多久柳淑霞老师也教数学了，后来又有欧阳今古老师教几何。教语文的是陈敦明老师，教俄语的是唐永陛老师。教师基本上是用普通话讲课，但是同学之间的交往还是讲闽南话。

学校的图书馆有一栋楼，藏书很多，中文、外文的图书都有。不管是老师还是学生，都可以去借书。当时图书馆有 6 万多册图书，由一位叫姚兰的老师单独管理，是培元中学唯一的图书管理员。他对借书业务很熟悉，只要借阅的是图书馆有的书，他都知道放在什么位置，能很快把书找出来。

陈火旺上学的时候，校园绿树成荫，花草锦簇、校舍别致，文体活动丰富多彩，充满着青春气息和活力。学校要求所有学生，做到德、智、体、美全面发展。

陈火旺在泉州二中高中毕业时的照片（1953 年 7 月）

林陈英老师于 1925 年出生，福建莆田人，1959 年入党，1977 年退休，是培元中学的骨干教师。当时学校只有林陈英、柳淑霞、唐永陛三名女教师。她在泉州教书很有名，大家都知道培元有个老师叫林陈英，大家还以为她是清华大学毕业的，实际上她就读的是福建师范学校。因为，当年福建莆田人比较穷，没有钱，要钱的学校一般人家的子女念不起，而上师范不要钱，所以就有不少莆田学生去念师范了。

在泉州二中，其他老师和林陈英一样，具有强烈的教书育人担当，非常敬业，热爱关心学生，陈火旺和同学们在老师的精心培育下健康成长。

陈火旺非常珍惜回到学校继续学习的机会，学习很用功，每门课程成绩都是优秀。同时，他在思想上积极要求进步，1951 年下半年读高二的时候，向班团支部递交了入团志愿书。1952 年 1 月 10 日，经陈德义介绍加入中国新民主主义青年团。3 月 31 日，经福建省泉州市第二中学新民主主义青年团支委同意，4 月 10 日，福建省泉州市新民主主义青年团学生委员会工作委员会批准为候补团员。经过 3 个月候补期，1952 年 9 月 7 日，陈火旺转为正式团员，是学校较早入团的优秀学生。

2004 年 9 月 30 日，培元中学百年校庆。学校编辑了《百年培元（1904—2004）校友名录》，陈火旺入选校友风采录。入选校友风采录的，主要是新中国成立前投身革命的知名校友，各个历史时期的著名专家、学者、实业家和社会活动家，正高级技术职称的学者，在党政军和事业单位担任厅级（或相当厅级）以上的领导干部，对社会、母校有突出贡献的实业家，著名的文化艺术家，学历上获博士学位者。

培元中学百年庆典期间，陈火旺和一批各个时期的优秀学生代表应邀出席，相聚培元、共襄盛举。他和各方校友，兴致勃勃地参加了庆典大会、学术论坛、庆典晚会等活动，大家一起忆老师教诲、叙同窗友情，话百年传统、谈未来愿景，满怀着对母校的一片深情和敬仰。

陈火旺参加培元中学百年校庆（2004 年 9 月）

有一位叫蔡其矫的校友，是当代诗人。1933 年在福建泉州培元学校初中毕业后，1938 年到延安鲁迅艺术学院文学系学习，后来从事专业文学创作，出版多部诗集作品。他写了一首《颂培元母校》的诗：“你的楼屋充满回聲，树木都成了草盖，有如青春时期的花园，开放的玫瑰至今不败。你的泥土培育果实，清水将心灵灌溉，已是人生的一个海港，使出的风帆走遍世界。”

巍巍学府，世纪承传。正是培元中学培养了像陈火旺这样众多的优秀学子，才使百年培元、百年辉煌。

第三章 Chapter 3

志存高远 复旦大学攻读数学

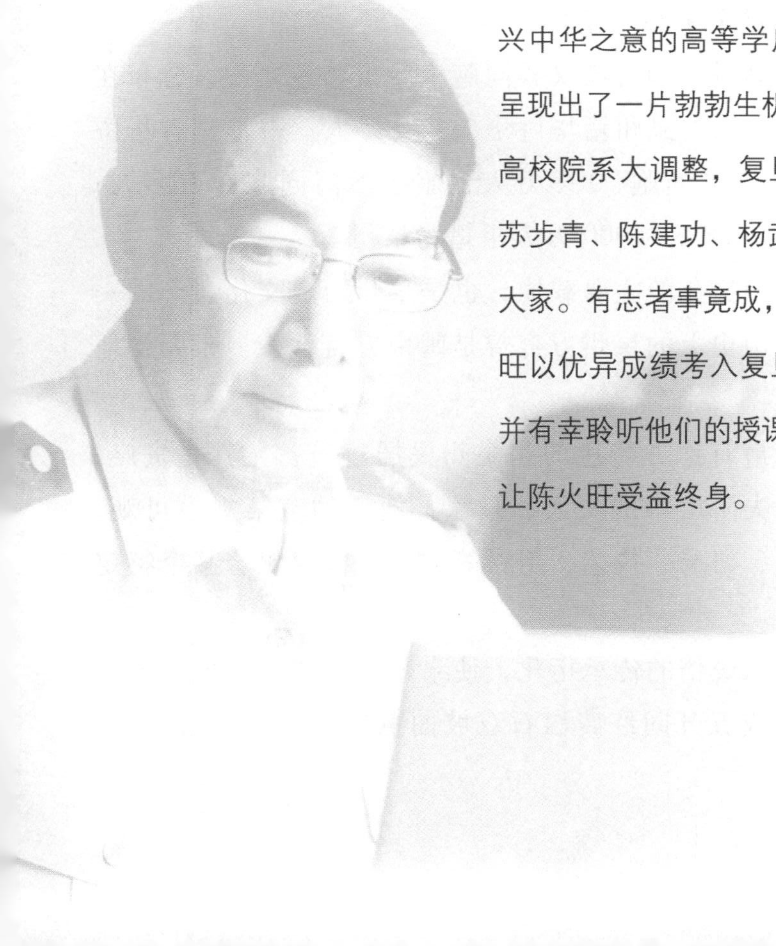

日月光华，旦复旦兮。复旦大学这所寓含追求光明、自强不息、自主办学、复兴中华之意的高等学府，在新中国成立后呈现出了一片勃勃生机。1952 年秋季全国高校院系大调整，复旦大学数学系汇聚了苏步青、陈建功、杨武之等国内数学名师大家。有志者事竟成，1953 年 7 月，陈火旺以优异成绩考入复旦大学数学系学习，并有幸聆听他们的授课和教诲，耳濡目染，让陈火旺受益终身。

1. 从泉州来到大上海求学

泉州历史悠久，周秦时代就已开发，公元 260 年（三国时期）始置东安县治，唐朝时为世界四大口岸之一，宋元时期为“东方第一大港”，被马可波罗誉为“光明之城”，是国务院首批公布的历史文化名城，东亚文化之都，联合国唯一认定的“海上丝绸之路”起点，拥有著名的“泉州十八景”，联合国教科文组织将全球第一个“世界多元文化展示中心”定址泉州。

泉州是全国著名侨乡和台湾汉族同胞主要祖籍地之一，分布在世界 129 个国家和地区的泉州籍华侨华人 750 万人，占福建省华侨总数的 60%；旅居香港同胞 70 多万人，旅居澳门同胞 6 万多人；台湾汉族同胞中的 44.8% 约 900 万人祖籍为泉州。

泉州方言是泉州文化的主要载体，也是泉州历史文化遗产的一个重要组成部分，历史上的泉州方言曾是闽南方言代表。泉州当地的语言是闽南语。

泉州古建筑中最有地方特色的是泉州民居建筑，尤其是贵族、官僚、富豪、士大夫阶层中的文人、画家，他们的宅第规模可观，形式讲究，其造型、格局、技艺、用材等方面，都蕴含着某个特定时代的文化气质。

千百年来，民风民俗的传承衍化，使泉州民居建筑自成一派天然风韵。有三开间或五开间红砖白石双坡曲燕尾脊的汉式古大厝，

泉州“海上丝绸古渡”——美山渡口

有“手巾寮”的纵向住宅，有骑楼式的商住合一的建筑，还有与山村环境十分协调的“吊脚楼”（木楼），他们就地取材，十分简朴，却独具风格。还有一种是外围护有高大坚固防御墙体，适应大家族集居特殊形式的土楼建筑中西合璧的住宅称“洋楼、番仔楼”。泉州老城区的古街巷，像一条条脉络，栖身于车水马龙的繁华之外，从历史深处延伸至今。行走在古街巷里那古朴的石材路面上，能让人回到了过去久远的城市记忆中。

泉州与安溪山水相连、文化一脉相承，泉州与安溪一样滋养了陈火旺。他在泉州读三年高中，丰富了知识，开阔了眼界，坚定了更加远大的理想志向。可以说，泉州是陈火旺从湖头小镇通往大上海的桥梁，是他走进数学王国、踏入更高知识殿堂的出发地。

1953 年 9 月，陈火旺进入复旦大学数学系学习，度过了在上海长达 17 年的学习、生活、工作时光，是一段重要的人生历程。

上海是中华人民共和国直辖市，中国的经济、金融、贸易、航运中心。上海是一座历史文化名城，拥有深厚的近代城市文化底蕴。在民国时期，上海经济、文化相对发达，成为世界著名的国际都市，也是冒险家的乐园。只有高官显贵之后，才能在这里就学深造。对于寒门子弟而言，要想到大上海求学，是可望而不可即的事情。

陈火旺作为农民的后代，能到上海读大学，得益于新中国的建立，得益于中国共产党领导广大劳苦大众翻身得解放。

新中国成立初期，全国还没有推广普通话，虽然国家要求高校讲普通话，但当时复旦大学的教师大多数日常用语用的是上海话，不少老师在讲课时也讲上海话，即使在课堂讲普通话也带有较浓的上海口音。上海话也和老洋房、弄堂、石库门、旗袍等一样，是上海风情的代表性符号。

陈火旺出生在闽东南地区，讲的是闽南方言，是在闽南方言环境中长大的，既听不懂也不会说上海话。一开始，他与老师、同学之间的交流也比较困难，主要是别人听不懂他说的话。他对环境的适应能力很强，经过大学一年级的一个学期，不仅能用普通话与别人交谈，还可以听懂不少上海话了。

二十世纪五十年代初期，上海解放不久，百废待兴，物质上比较缺乏，但人们比较满意翻身新中国成立后当家做主的新生活。陈火旺来到上海，感到一切都是新颖的，但是对上海饮食不是很习惯，复旦大学学生食堂的饮食基本上是上海本地风味的菜肴。

上海拥有众多历史古迹，老城隍庙、玉佛寺、大观园、七宝古镇、上海文庙等历史建筑闻名遐迩。中共一大会址、中共二大会址、孙中山故居、宋庆龄故居、鲁迅纪念馆，更是令新中国大学生所向往。鲁迅、茅盾、巴金、瞿秋白、陈独秀、张爱玲、钱钟书、叶圣陶、曹禺、胡适、季羡林、梁实秋、朱自清等著名人物，也为大学生所敬仰。

然而，陈火旺初来乍到，由于学习压力大，加之环境不熟悉，很少光顾上海的名胜古迹，直到毕业后才有时间参观部分历史名人故居和纪念馆。陈火旺在上海学习工作生活十几年，一心扑在事业上，难得抽空游览风景名胜，对上海都谈不上全方位的了解，只是熟悉复旦大学周边的地方。

二十世纪五十年代的上海外滩

由于安溪当年的交通、通信落后，陈火旺到上海上学可谓是历尽周折。他在收到复旦大学录取通知书，到学校报到上学迟到了一个多月。与他一样在开学后接到通知书的还有不少同学，林春土也是从福建考上复旦上大学的，进校的时候就迟了半个月。当时福建到上海没有火车，陈火旺到上海，先是在泉州乘长途汽车到福州，再从福州乘火车到江西鹰潭，再转乘火车才能到上海。这样倒来倒去，陈火旺终于来到了复旦大学上学。

复旦大学始创于 1905 年，原名复旦公学，是中国第一所由国人自主创办的高等院校。

1905 年，于右任、邵力子等原震旦公学学生脱离震旦，拥戴马相伯在吴淞创办复旦公学。校名撷取自《尚书大传·虞夏传》“卿云烂兮，纠缦缦兮；日月光华，旦复旦兮”两句中的“复旦”二字，本义是追求光明，寓含自主办学、复兴中华之意。

1937 年抗日战争爆发后，复旦部分师生在吴南轩校长带领下，辗转内迁重庆北碚（渝校）。1941 年增设了农学院。经国民政府行政院批准，1942 年元旦复旦由私立改为国立，全称为国立复旦大学。1946 年夏，渝校迁回上海江湾原址，与沪校合并，学校的规模进一步扩大。

二十世纪五十年代的复旦大学校门

1949 年 6 月，上海市军管会接管复旦大学。军管会任命张志让、陈望道担任校务委员会正、副主任委员。1952 年 2 月，中共复旦大学委员会成立，李正文任书记。1952 年 8 月至 9 月，华东地区进行院系大调整，复旦大学成为人文社会和自然科学的重点院校，奠定了学科发展的基本格局和师资基础。

1949 年至 1966 年，复旦大学培养的学生中，有 70 余人当选为中国科学院或中国工程院院士，这个数量在全国高校中名列第三，陈火旺院士是其中之一。陈火旺的同学中有三位院士，另外两位是李大潜、林永年。

李大潜，1937 年 11 月 10 日，生于江苏南通。1957 年毕业于复旦大学数学系，1966 年该校在职研究生毕业。1995 年当选为中国科学院院士，1997 年当选为第三世界科学院院士，2005 年当选为法国科学院外籍院士。复旦大学教授，中法应用数学研究所所长，中国工业与应用数学学会理事长，国际工业与应用数学联合会执行委员。曾任复旦大学研究生院院长。

林永年，1932 年 2 月 13 日出生，浙江省宁波市人，1953 年考入复旦大学数学系，1960 年毕业于苏联莫斯科大学。中国人民解放军总参谋部第 51 研究所研究员，长期从事国防科研工作，在工作中做出突出贡献，1995 年当选为中国工程院院士。

陈火旺、李大潜、林永年，三位同届同专业的同学，都成为中国科学院或中国工程院院士，这在全国高校中并不多。

有人称闽人是“门内一条虫，门外一条龙”。陈火旺满怀理想、带着自信，凭借闽南人一股子“爱拼才会赢”的不屈精神，从山村来到大都市，从山里娃转变为大学生，一路打拼下来，实现了人生旅途的关键一跃。

2. 聆听名师大家授课受益匪浅

原清华大学校长梅贻琦先生曾说：“大学者，非谓有大楼之谓也，有大师之谓也。”对一所大学来说，大师就是这所大学的“仙”和“龙”，是学校的灵魂之所在。

“经师易遇，人师难遭”。陈火旺考上复旦大学数学系，非常幸运地遇上了像苏步青、陈建功等一批名师大家，这是他一生的荣幸。在大师思想光芒的照耀下，他在知识的沃土上茁壮成长。

1952 年，全国高校进行大规模院系调整，此后又进行过小规模院系调整。从 1952 年 8 月至 9 月底，浙江大学、交通大学、同济大学、大同大学、沪江大学、震旦大学、圣约翰大学、南京大学、金陵大学、安徽大学、上海学院等校的有关系、科陆续与复旦大学合并，同时还有 10 多所院校的许多书刊调入复旦大学图书馆。此外，1952 年 12 月还有原华东革命大学工农速成中学并入复旦大学。

复旦大学数学系，1952 年由浙江大学、上海交通大学、大同大学、同济大学等校数学系合并组成。浙大、交大、大同、同济的数学系研究生、大学生全部并入复旦，并从浙江大学调入几千册图书资料。由原复旦大学陈传璋教授任系主任。原浙江大学数学教授、教务长苏步青，原浙江大学数学系主任陈建功，原浙江大学数学系教授卢庆骏、张素诚，原同济大学数学系教授杨武之，原浙江

复旦大学校史馆（2015 年）

大学数学系助教谷超豪，原浙江大学数学系研究生夏道行、龚升、胡和生、谢兰安，原浙江大学数学系学生石钟慈、叶敬棠，在 1952 年和 1953 年先后调入复旦大学数学系，其中有 6 位后来评上中国科学院院士。

数学系是复旦大学第一个系，也可以说是第一系，教学实力非常强，出了许多名师大家。毛泽东、邓小平、江泽民到上海视察时，要接见复旦大学的五位教授，一位是苏步青，一位是陈建功，一位是谢希德，一位是谈家祯，还有一位是毛泽东的湖南同乡叫周谷城。苏步青、陈建功是数学系的，由此可见，数学系在复旦大学的影响和地位。

苏步青，著名数学家，1902 年生于浙江，中国科学院院士。他是国际公认的几何学权威，我国微分几何学派的创始人。曾任中国科学院学部委员、多届全国政协委员、全国人大代表，第五、六届全国人大常委会委员，第七、八届全国政协副主席和民盟中央副主席，浙江大学数学系主任、复旦大学校长等职，1978 年获全国科学大会奖。

陈建功，数学家，数学教育家。早年在浙江大学数学系任教 20 余年，后入复旦大学执教，后曾任杭州大学副校长。受业于他的学生很多，直接受他指导的研究生就有 40 多位，他们大多成为数学教授，有的称著于世界。陈建功一生刻苦勤奋，不断进取与创新，为发展中国的数学研究做出了不朽的贡献。

杨武之，数学家、数学教育家。长期在清华大学和西南联合大学数学系任系主任或代主任，是我国早期从事现代数论和代数学教学与研究的学者，诺贝尔奖获得者杨振宁的父亲。1923 年春，杨武之顺利地通过安徽省的公费出国留学考试，只身赴美国留学。1928 年秋，杨武之学成归国，先在厦门大学任教一年，次年即被清华大学聘为数学系教授。此后，杨武之一直在清华大学，包括抗战时期的西南联合大学任教，直到解放。1950 年之后，留在上海复旦大学任数学教授。

夏道行，国际知名的数学家，1930 年 10 月出生于泰州。长期从事数理研究，专于函数论、泛函分析与数学物理，在算子理论、线性拓扑代数理论及广义函数理论等研究领域都取得突出成就，并独创“夏道行函数”。1952 年，毕业后分配至复旦大学数学系，先当助教，两年后升为讲师，1956 年，任副教授。1978 年获全国科学大会奖，1980 年当选为中国科学院院士。

陈火旺非常幸运，能聆听这些名师大家授课。陈火旺和许多同学在毕业多年后，对老师当年上课的情景记忆犹新。

苏步青主要上微分几何课，陈建功上的课程是实变函数。陈建功、苏步青的讲课风格，有点像英美大学教师上课方式，高兴讲什么就讲什么，大多数时间是在聊天，聊数学怎么学，聊数学发展历程中一些有趣的事情，聊到快下课了，一看时间不够了，就讲一下课本上内容。主要讲的是书本上拓展出来的东西，难度绝对很大。

陈建功的课讲得非常好，上课与其他人不一样，就拿这么一个纸片，每次上课都不上满，课堂的前 10 分钟是与大家聊天，聊了以后就开始上课了。陈建功的课一般的学生很难接受，说话很简练，每句话都是一个定理。学生那个时候，回去后要把这些定理弄清楚，考试就没有问题了。他上一节课，学生要提前准备，课后要花很多时间理解消化。

夏道行给学生上复变函数，他与陈建功授课风格不一样，陈建功上课是海阔天空，夏道行是实打实的什么都讲，讲得很详细。

四年级的时候，苏步青才给陈火旺这一届学生上课，由于陈火旺提前毕业，没有听过他讲课。

杨武之上的是高等代数，是在大学二年级的时候开的课。杨武之讲课也很有特点，那时用苏联的教材，很多学生不懂的难题、证明不出来的问题，他都会把每个地方说得很清楚，让同学们听得明明白白。

名师大家的教诲，不仅使陈火旺掌握了数学科学知识，更重要的是培养了逻辑思维能力，学会了分析问题、解决问题的科学方法。这对陈火旺后来开展计算机软件研究，起到了至关重要的作用。

在陈火旺的同学看来，学数学的人就是要严谨不失灵活，不然会成为书呆子。陈火旺当时思维比较活跃，是学得比较好的一位，不仅没有成为书呆子，而且还取得了很大的成就。

3. 学习刻苦学业有成

新中国成立伊始，社会经济非常落后，交通、通信很不方便。由于陈火旺在学校开学已经一个多月后，才赶到学校报到上学。到学校面临的一大难题，就是要尽快把落下的课程赶上来。

补上这些课程主要靠自己，陈火旺利用每天的自习时间，星期天也不休息，看教材、做习题，不懂就问老师和同学。数学课自己看一看、做一做习题就差不多了，但是俄语就不行了。他经常拿着教材去请教老师，老师没有时间的时候，就要他去问同学。陈火旺与林春土是福建老乡，林春土就充当起小先生，采用土语土话注音的方法，教他怎么发音开始，很快就把俄语补上来了。

陈火旺的同学大多数家在农村，刚刚解放不久的中国农村比较穷，农民家里经济收入有限，生活都比较困难。当时从上海回到福建，来回的路费是一笔很大的开支。许多农村学生因没钱回家，有的为了节省路费，在放暑假的时候一般选择留在学校。在假期，留校的学生都是自己管自己，多数时间是在看书学习，有时到校内电影院看看电影，偶尔也到街上去逛逛。

二十世纪五十年代至八十年代，在计划经济体制下，全国高校学生实行供给制，学生上学的费用由国家全包了，不要缴纳学费，住宿、书本、文具也不要交钱，当时复旦大学就餐是免费的，有的学校发就餐券。陈火旺和部分同学家里比较穷，他和林春土等同学就向学校申请零用钱，每个月可以申请下来 4 块钱。这样，陈火旺在学校，购买牙膏牙刷、邮寄信件等日常费用就有了保障。现在的复旦附中，就是当时陈火旺和同学们住的学生宿舍，是日本军队留下来的房子。4 个学生一个房间，两个上下铺，在同学们看来，住宿条件已经相当不错了。

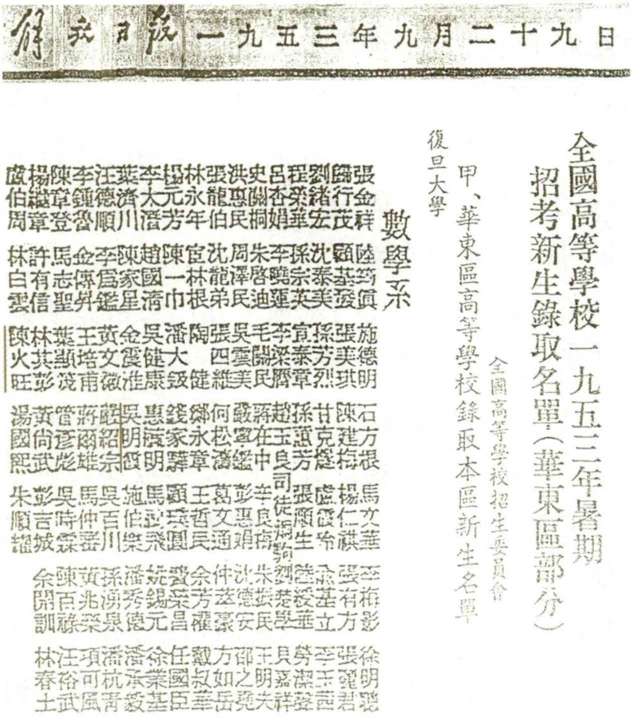
解放日报 一九五三年九月二十九日

全國高等學校一九五三年暑期招考新生錄取名單（華東區部分）

全國高等學校招生委員會

甲、華東區高等學校錄取本區新生名單

復旦大學

數學系

《解放日报》刊登的复旦大学数学系新生录取名单

陈火旺这一届考上复旦大学数学系的学生，有一种学习成绩两极分化的现象。一共 120 名学生，有四分之一是非常聪明，也至少有四分之一，大约 30 名是上课听不懂、问题回答不了，考试经常不及格的。陈火旺算得上是聪明的这一类，成绩比较好。后来有一些同学学习跟不上，只好退学走掉了。最后，这一届只有 90 来名学生毕业。从这点也可看出，当年我国大学教育实行淘汰制是如此之严格，淘汰率是如此之高。

大学的学习与中学最大的不同，中学是要靠老师满堂灌，大学主要是自己钻。学习中，老师除了上课之外，基本不管学生，听懂听不懂也不管，学生非常自由，学习自主性比较强。陈火旺他与大家一样，非常珍惜难得的学习机会，学习很自觉、很认真。

二十世纪五十年代，中国高校完全学习苏联的教育模式，考试实行 5 分制，2 分不及格，3 分及格，4 分良好，5 分优秀。考试还按口试和笔试相结合的方式，平时不及格，期终考试及格了就算及格，考多少分就是多少分，因为平时不及格只是章节没学好，最终考试及格了就算这门课程及格。

每个学期有几门课程，几门笔试、几门口试是明确的。对学生来讲，口试比较吃力，因为老师可能随意提到课程中的每一个问题，问到什么学生就要答到什么，回答起来就比较难了。笔试只要在试卷上做题，相对简单一些。陈火旺大多数课程是 5 分，5 分算是很厉害了，但是强中更有强中手，还有一些同学在有的课程上，比他厉害比他优秀。

大学一年级的时候，学校在教学时间的安排上也是学苏联的，上午要上 6 节课，每节课 45 分钟，8 点钟开始上课，到第 4 节课的时候，学生饿了有课间餐，主要是吃点面包。到下午一两点没有课了，学生就午休，有的一觉睡到下午五六点。到二年级的时候就调整过来了，上午是 4 节课。

当年大学生的课外生活比较单调，但同学们都喜欢体育锻炼，下午一到时间都去搞活动了。一般是午休后，开展球类活动比较多。一年级安排有体育课，下午 4 点半基本上都出去玩了，然后就吃晚饭。星期六、日都不休息，晚上都在看书，也没有人管，都是自觉去看书，绝大多数学生不出来玩，业余生活就是体育和读书。在体育方面，陈火旺比较爱打篮球，其他的体育运动搞得不多。

陈火旺在学校与林春土交往比较多，还有一位女同学，叫林白英，也是从福建考来的，他们经常在一起学习、一起玩。福建的同学有非常强的老乡观念，如果有谁说福建人不行，福建的同学就会很不高兴，或许还会跟你吵一架。

陈火旺与林白英的关系一直比较密切，他们总是在一起，一起看书，一起做习题。班上的同学都以为他俩是一对，在谈恋爱。毕业后，到“文革”时期，有一次在上海同学聚会，林白英说，和陈火旺是有缘没有分。

原来，林白英在读高中时有一个恋爱对象，那个人后来在中国科学院工作。林白英是归国华侨，她父母在国外，在那个强调政治的年代，她中学的恋人由于她的海外关系，认为跟她结婚不合适，后来分手了。其实，陈火旺与林白英，并不是恋人关系，仅仅是老乡和中学、大学的同学。

1957 年 7 月，林白英复旦大学数学系毕业，分配到郑州大学数学系当教师，几年后与同系的苏锦祥老师结婚成家。苏锦祥，1957 年东北人民大学毕业，分配到北京大学当老师，后来调到郑州大学任教。

陈火旺与吴明霞虽然是同学，在大学期间，两人交往并不多。吴明霞的学习成绩非常好，老师和同学都认为，她的成绩比陈火旺好。但她与施伯乐交往比较多，关系也比较好。因为吴明霞、施伯乐是苏州老乡，都是苏州市一中高中毕业的，在读高中的时候就比较熟悉。

他们这种淳朴的同学友情，十分珍贵，历久弥新。在毕业参加工作和各自成家以后，一直维系他们保持密切往来。

毕业文凭

学生吴明霞於一九五三年九月日入本校数学系本科学习数学专业四年，现已学完全部课程，成绩及格，准予毕业。

复旦大学

校长 陈望道

一九五七年七月 日

文凭登记(57)244号

吴明霞的复旦大学毕业证（1957 年 7 月）

当年，复旦大学数学系共开设了 27 门课程，包括马克思列宁主义基础、中国革命史、政治经济学、辩证唯物论与历史唯物论、俄文、体育学、数学教学法、物理、理论力学、解析几何、数学分析、高等代数、微分几何、几何基础、微分方程、数学物理方程、复变数函数论、实变数函数论、变分法、数学实习、实变数函数续论、复变数函数的几何理论、黎曼几何、专题讨论、德文、概率论，其中有必修课和选修课，吴明霞修完了 23 门，有一门 3 分，三门 4 分，其余都是 5 分。因开展反右派斗争未举行考试，概率论课无成绩。

陈火旺与施伯乐的关系也比较好，是交往比较多的同学，特别是从大学三年级开始，交往就更多了。施伯乐小学、初中在浙江其他地方上的，只在苏州市一中读高中。施伯乐学习非常用功，每天晚上和星期天都在看书、做习题，是一名比较优秀的学生。

1956 年 3 月 28 日，陈火旺填写入党志愿书，由顾璞园，陆绥华介绍入党，4 月 13 日，由中共复旦大学党委批准为候补党员。

顾璞园、陆绥华，与陈火旺是同年级同班同学。顾璞园，1954

年入党，是同一届最早入党的学生。陆绥华，也是较早入党的同学。

1953 年，复旦大学数学系招的 120 名新生，分为甲、乙两个班，每个班 60 人，甲班又分为一、三两个小班，乙班分为二、四两个小班，顾璞园是甲一班的，陈火旺是甲三班的，陆绥华是乙班的。1956 年 3 月 24 日，陈火旺填写复旦大学学生登记表，他在数学系三年级 633 班，学号 530115。

陈火旺不仅学习认真，而且思想上积极要求进步。在第一学期，就向党支部递交了入党申请书。但是由于刚入学，环境不大适应，学习成绩不是很好。顾璞园是甲班同学的入党介绍人，就多次找陈火旺谈话，勉励他学习勤奋用功。明确告诉他，学习不达标是不符合入党标准要求的，不能加入党的组织。从此之后，陈火旺加倍努力学习，到第二个学期期末成绩都是 5 分，在班里名列前茅。

陈火旺学习上反应敏捷，当年的同学是这样评价他的。认为有想法的人与整天看书的人是不一样的，这也是他的特点，也是后来他能够有所成就的一个因素。

陈火旺是一名有个性的学生，创新性的思想比较多，什么事他都有自己的想法，这是他的特色。在现实中，有的人很好学、学得也很好，但只是书本上的东西，没有自己的想法，没有悟出自己的东西来。陈火旺就不一样，能够学以致用，经常能冒出一些思想火花来。加之他为人诚实，性格直率，家庭出身比较好，受到党组织的重视和信任，也得到同学们的高度认可。

1956 年 6 月，数学系遴选 3 名学生提前毕业，留校当教师。陈火旺、施伯乐、蒋尔雄被选中了。当时，提前毕业对同学们很有诱惑，可以提前走向社会，提前工作，提前拿工资。大家都闹着要提前毕业，系里不好做工作，只好专门跟施伯乐、蒋尔雄谈，动员他

陈火旺的复旦大学毕业证（1956 年 7 月）

们不要提前毕业了。这样，只有陈火旺一人提前毕业了，才把同学们的意见平息下来。

陈火旺由于提前毕业，规定的 27 门课程，学满四年的学生都修完了 23 门，他只修了 18 门，比其他同学少修 5 门。修完 18 门课程的成绩，有一门 3 分，三门 4 分。从课程的考试分数来看，陈火旺与吴明霞的学习成绩差不多，都是成绩优秀的学生。

施伯乐、蒋尔雄虽然没有提前毕业，但还是确定留校任教。1956 年 9 月，施伯乐作为学生被派往北京大学学习计算机。1957 年 7 月，蒋尔雄学完四年后留校工作，其他同学毕业后由学校统一分配。他们后来一直在复旦大学从事计算机教学和研究，在计算机领域取得了许多重大成果，做出了重要贡献。

第四章 Chapter 4

德才兼备 提前毕业留校任教

向现代科学进军，是二十世纪五十年代中期我们党提出的一条重要方针。面对世界范围内科学技术迅猛发展，随着我国社会主义建设的大规模展开，科学技术和知识分子的作用日显重要。为了加快培养科技新领域新人才，1956 年 7 月陈火旺从复旦大学数学系提前毕业留校任教，并被选送到北京大学进修数理逻辑，得到国内数理逻辑创始人胡世华、王宪钧等名家的教诲。1965 年 9 月又受派遣前往英国国家物理研究所进修，学习计算机软件，陈火旺从此由数学专业转向计算机软件领域。

1. 北京大学进修数理逻辑

1956 年秋季学期刚刚开始，复旦大学为了培养青年教师，培育发展新兴学科，选拔一批年青教师到其他名校进行培训进修。数学系选送提前毕业的陈火旺，确定毕业留校的施伯乐，到北京大学进修。陈火旺是进修数理逻辑，施伯乐是进修计算机。

北京大学创办于 1898 年，初名“京师大学堂”，是中国第一所国立综合性大学，也是清朝晚期中国最高教育行政机关。辛亥革命后，于 1912 年改为现名。北京大学是新文化运动的中心和五四运动的策源地，中国最早传播马克思主义和民主科学思想的发祥地，中国共产党最早的活动基地，为民族的振兴和解放、国家的建设和发展、社会的文明和进步做出了不可替代的贡献，在中国走向现代化的进程中起到了重要的先锋作用。爱国、进步、民主、科学的传统精神和勤奋、严谨、求实、创新的学风在这里生生不息、代代相传。

北京大学哲学系始建于 1912 年，初名“哲学门”，1914 年起正式招生，是中国最早的哲学系，标志着现代中国哲学学科的开端。1952 年，北大哲学系成立了全国唯一的逻辑学教研室，是国内建制最早的逻辑学教学和研究机构，由于王宪钧等先生的努力，教研室始终坚持了面向现代逻辑的培养目标。建室之初，就开始招收硕士研究生，在当时的环境中，艰难地开展和推进数理逻辑教学。

北京大学校门

陈火旺到北京大学后，得到国内数理逻辑创始人胡世华、王宪钧等名家的教诲。胡世华、王宪钧，后来都成为中国科学院院士。

胡世华，又名胡子华，祖籍浙江吴兴，1912 年 1 月 28 日生于上海市，数理逻辑学家，是中国开展数理逻辑研究的代表人物之一，倡导将逻辑研究与数学紧密联系起来，也是国内将逻辑研究与计算机设计相结合的倡导人。1958 年，在胡世华倡导下中国科学院数学研究所办起了数理逻辑训练班。参加者在班里不但学习了数理逻辑知识，也学了大量计算机知识。胡世华的许多助手和学生，都参加了具体的计算机逻辑设计和编制程序工作，其中不少人都转去搞计算机科学理论和技术工作，训练班中的许多人也在各高等学校计算机系发挥了作用。

王宪钧先生是中国数理逻辑教育的开山之祖，著名逻辑学家。

1933 年毕业后考入清华大学哲学系研究生，师从金岳霖先生。1946 年起任教于清华大学，1952 年经院系调整后任北京大学教授。历任中国逻辑学会副会长、名誉会长，中国符号逻辑学会理事长，北京市逻辑学会理事长。王宪钧先生一生致力于逻辑学科的教学工作，桃李满天下，中国几代逻辑学者，多出其门下。

数理逻辑与哲学有独特的历史渊源，古希腊哲学家亚里士多德创建了形式逻辑学科，英国的大逻辑学家罗素同时也是世界著名的哲学家，中国逻辑学界的泰斗金岳霖先生曾主持清华大学、北京大学哲学系多年。众所周知，数理逻辑是计算机科学的基础学科之一。新中国成立前及二十世纪五十年代初期，数理逻辑课程只在哲学系开设，直到 1957 年以后才分别在北大数学系和计算机系开设。由于这一历史原因，中国的一批理论计算机学者正是在北大哲学系、数学系和计算机系，打下了深厚的数理逻辑和形式化的理论基础。

陈火旺在北京大学进修期间，在燕园一年多的生活、学习，经过与老师、同学的交往交流，深受北大精神和学风的熏陶感染，所学所感所悟，终身受益匪浅。当年，由金岳霖、晏成书、王宪钧、胡世华、吴允曾等几位先生组成的数理逻辑学术群体，他们的真知睿智、道德风范，给陈火旺严谨治学、立身做人产生了潜移默化的影响。

二十世纪五十年代，北京大学学术交流活跃，与国外学者交往甚多，胡世华先生请了匈牙利的著名学者 Kalma 教授来华讲学几个星期，陈火旺基本参与了全程，大大开阔了他的国际视野。

1957 年正是中国向科学进军的高潮，由于数理逻辑与计算机科学的密切关系，大家学习的兴致很高。陈火旺和哲学系的研究生、进修生以及宋文淦、周巢尘、陶仁骥、诸葛殷等同学，经常在一起讨论。参加这期数理逻辑班学习的学生，许多人为我国计算机科学发展做出了突出贡献，有几位成为中国计算机软件领域的领军人物。

数理逻辑培训班的开办，对我国计算机科学的发展，推动形式化方法在软件开发方面的应用等方面，实在是功不可没。

1957 年 4 月 13 日，陈火旺由中共北京大学第十一总支部委员会批准，成为一名中共正式党员。这时的他，更加以党员的标准严格要求自己，处处以一名先进分子的身份出现，把个人的一切与党的事业紧紧地联系在一起。

1957 年底，陈火旺进修期满，在毕业的时候，由于当时大学生少，学数理逻辑专业的人才更少，很多教学科研单位都想要这批学生。国家高教部不同意陈火旺、施伯乐回复旦大学，要作为北京大学的学生统一分配。后来，复旦大学与国家高教部协商，学校提前 2 个月就通知他俩回去。接到学校通知后，陈火旺坚决服从组织安排，提前结束学习，把行李、书籍资料寄回上海，匆忙赶回学校工作。

2. 执教复旦大学数学系

1957 年寒假，陈火旺回到福建安溪老家，陪伴父母度过一个喜庆愉快的春节。新年伊始，假期还未结束，他带着亲人的祝福，带着新的希望返回学校。

1958 年 2 月，新学期开始，数学系分配陈火旺担任助教工作。陈火旺在复旦大学学习了 3 年，北京大学进修一年多后，终于从学生成为一名教师。至 1970 年 10 月，算上在北大进修的时间，在复旦大学一共学习工作了 17 个年头。这是他人生的一个重要时期，是学习成才的时期，成家立业的时期，事业起步的时期。

二十世纪五十年代末期，我国大学的计算机教育才刚刚开始，仅有少数几所大学开设了计算机专业。搞计算机研制和计算机教学需要的人才，通常来源有两个方面：一个是从电子学领域挑选，主要是从实现计算机、构造计算机，做计算机硬件；还有一类人才，是怎么用好计算机，就是怎么写程序、做软件的人才，软件人才大量是从数学领域挑选。1956 年 6 月，复旦大学确定陈火旺、施伯乐提前毕业，选送到北京大学进修，一个学数理逻辑，一个学计算机，就是为计算机研制和教学，培养人才，建立队伍。

1958 年，复旦大学开始开设计算机专业，并着手上马研制计算机项目。陈火旺一回到学校，可谓是英雄有用武之地。在数学系从事与计算机相关的课程教学，过后不久，参加了学校几个计算机项目的研制。

1960 年 2 月，陈火旺任复旦大学数学系计算机专业党支部书记，至 1964 年 10 月。主编的《数理逻辑与控制论》，由上海科技出版社出版，成为复旦大学数学系计算机专业教学的基本教材。

1961 年至 1964 年上半年，陈火旺任复旦大学数学系助教，主要讲授数理逻辑与控制论、可计算函数等课程。由于他业务能力强，工作积极，1962 年 7 月至 1964 年 10 月，任复旦大学数学系党总支委员。

国防科技大学计算机学院吴泉源教授，当年是复旦大学数学系计算机专业的学生。1963 年，聆听了陈火旺讲授可计算函数课，第一次接触到计算机科学理论的奥秘。在吴泉源和同学们眼里，那时的陈老师，是一名血气方刚、学术严谨、才华横溢的青年教师。

复旦大学是国内比较早开展计算机研制的单位之一，也是早期进行计算机人才培养的院校。

1958 年，当时任复旦大学副校长的王零，根据上海市委指示精神，高度重视计算机人才培养和复旦自主研究计算机。决定在数学系举办以培养计算机人才为目标的计算数学训练班，实施复旦 602 计算机研制项目。在他的领导下，1960 年办了电子计算机培训班，又从 602 开始，陆续实施 653、789、719、753 等一系列造机项目，陈火旺参与了这些项目的研制。

由于“文革”的干扰，学校正常工作无法开展，653 项目进行了一年多的时间，随着王零被批，华中一、姚晋等老师遭受迫害，653 项目自然也就中止了。虽然 653 项目没有取得成功，但是，王零所做的工作，为复旦的计算机事业组织了一支庞大的队伍，涉及与计算机有关的学科专业，包括计算技术、计算方法、程序设计与语言、数理逻辑、电子技术、真空和电子物理、半导体，为后来计算机系打下了基础，653 项目还在上海科技界形成很大的影响。1967 年，上海一个重大科研项目，需要设计一台控制用的电子束加工专用计算机，市科委决定由复旦大学负责，学校派出徐研人、周新、田怀俊、秦佩玲 4 人，完成了该机的全部的硬软件研制任务。

1969 年 7 月，由总参提出经国务院下达，“905 工程”中的整机研制任务落户于复旦大学。由于整机的难度极大，所涉及的技术面广，使用单位在考察了国内许多研究单位后，最终确定由复旦大学来研制，这是对复旦的计算机研究能力的高度肯定。

复旦大学组织了数学系、物理系和科仪厂，包括陈火旺、徐研人、周新、蒋知本、谢铭培、钱乐秋、王春森、罗振东、顾轶先、沈瑶英、廖光裕、张宗惠、周耀华、俞天舜、马杰、居石麟、姚志石、赵志英、万惠玲、汤裕祥、张友德等 20 多位教师，组成了 789 课题组。这个课题组也成了计算机系的组成。789 组所取得的成果，为后来计算机科学系，在文字识别、图像处理、模式识别和人工智能等学科的发展，打下了坚实的基础。789 项目，还为复旦大学争取到了 200 万元科研经费。

这个时期，陈火旺被上海市革命委员会借调，参加外文清档工作。由于“905 工程”时间紧、任务重、要求高，可以说，是一项十分重大的政治任务。虽然“文革”正处于最乱时期，无论是复旦大学革命委员会，还是驻校工人毛泽东思想宣传队、解放军毛泽东思想宣传队，谁都不敢怠慢。为了尽快组织研制力量，学校决定把陈火旺要回来。

1969 年 8 月 6 日，复旦大学专门给上海市革命委员会第一办公室发了一个函。

复旦大学的函中讲到，我校为承担“905 工程”整机单位。

905 是总理亲自批准的国家绝密级科研生产任务，是无产阶级司令部交给上海工人阶级的紧急战备任务。部队首长来我校明确指示：我校承担的内容是该工程的先行官，是革命性的措施，要求高，时间紧迫。为此，我校把政治上符合条件，业务上有一定工作能力的人员都组织集中会战。但适合此项任务条件要求的人员很有限，远不能满足。经与有关部门反复考虑，拟将我校参加外文清档的陈火旺同志调回参加“905 工程”会战。希予以同意。

函的落款是，驻复旦大学工人毛泽东思想宣传队、解放军毛泽东思想宣传队和复旦大学革命委员会。

当天，上海市革命委员会第一办公室通知陈火旺，马上交接工作，回复旦大学。第二天，陈火旺就回到学校，立即投入“905 工程”。

校园里高音喇叭鼓噪不断，造反派的大字报铺天盖地，是“文革”期间全国所有大学共同存在的状况。陈火旺排除干扰，全身心投入程序设计、编译系统研制的攻关中。参加“905 工程”，这是他把计算机理论付诸实践的一段重要经历，为后来肩负重大的工程任务打下了良好的基础。

3. 留学英国国家物理研究所

英国是工业革命的发源地，其科学技术和教育一直在世界上处于领先地位，到英国留学是许多国家学子梦寐以求的愿望。

1964 年上半年，陈火旺经数学系考核推荐，被学校确定为出国进修人选。7 月 2 日，他填写了出国学习人员审查登记表，学习专业是计算机程序设计，目的地是苏联。7 月 31 日，经中共上海市委组织部审查，同意出国，但留学国家不是苏联而是英国。这对陈火旺来说，是个意外惊喜。

10 月，作为留学预备人员，在上海外语学院接受出国前英语培训，至次年 6 月结束。

他在大学学的是俄语，后来改学英语，基本上是从零开始，遇到了难以想象的困难。由于学习紧张、压力太大，一度患上了神经官能症。心脏、胃肠植物神经紊乱，经常乏力、头晕、多汗、失眠，感到体力衰弱、非常疲劳，处于极度焦虑和痛苦之中。

然而，他以坚韧的毅力，坚定的决心，克服重重困难，用短短两个学期的时间，基本具备英语听、说、读、写能力，符合出国留学的条件，也为在国外进行学习掌握了有效的语言工具。

他后来经常说，自己一生没有被其他学习难倒过，遇到的最大困难，就是学英语。

1965 年 9 月，陈火旺前往英国伦敦国家物理研究所进修，学习计算机软件。

中国留学教育历史悠久，但政府有目的、有计划地制定留学教育政策，派遣学生出国留学，始于19世纪中后期。在近代以来的中国社会发展变革过程中，留学教育发挥了重要的作用，并且积累了丰富的历史经验。

新中国成立后，社会主义建设面临百业待兴、各类人才严重匮乏的局面。政府积极采取措施，努力争取尚在国外的留学人员回国服务，一些学者毅然放弃国外的优厚待遇，一些留学生不惜中断学业，回到祖国参加建设。他们中许多人在回国途中冲破重重阻挠，历经千辛万苦。华罗庚、钱学森、邓稼先等就是在这一期间回国的，他们为新中国科技、文教、国防事业做出了卓著的贡献。

陈火旺是新中国成立后、改革开放前，较早选派到西方国家的留学生。他被选派出国留学，得益于曾任复旦大学党委书记兼副校长王零的派出计划。

王零（1918—2010），安徽潜山人。1939年加入中国共产党。曾任苏北新四军军部参谋、中共无棣县县委副书记、中共沾化县委书记。新中国成立后，历任华东人民革命大学第一、二部副主任，复旦大学党委书记兼副校长，同济大学党委书记，1986年离休，2010年12月4日逝世，享年93岁。

从1958年开始，复旦大学根据上海市委指示，计算机人才培养和自主研究计算机的工作，主要由王零负责。1964年，王零去东欧考察回国后，多次召开了计算机及电子学、半导体等相关专业青年骨干教师座谈会。根据国际上计算机科学与技术的发展趋势和复旦的条件，提出了复旦自主研制计算机的计划，称为653项目，后来也列为上海市重大科技攻关项目。

他在653项目中有一个派出计划，就是每年至少派一名青年骨干教师去国外留学。陈火旺是派出的第一批教师，此后，在计算机和电子学方面还派出了邵祥义、徐研人、陆道政等人。

英国国家物理研究所，陈火旺在此进修了两年

英国国家物理研究所（NPL，National Physical Laboratory），创建于1900年，它是英国国家测量基准研究中心，也是英国最大的应用物理研究组织。

英国国家物理研究所坐落在英国伦敦特丁顿的 Bushy Park，占地面积约为33公顷。在一百多年前刚成立时，它是租用英国皇家的 Bushy House，以后经过逐年的小规模扩张以及增修新实验室和办公楼，最终形成了虽然地域宽阔、楼房众多，但却分布零乱的格局。研究所包括电气科学、材料应用、力学与光学计量、数值分析与计算机科学、量子计量、辐射科学与声学等6个部。共有科技人员约1000人，1969年最高达1800人。进入二十世纪六十年代，这里的计算机应用科学已远远走在世界前列。英国国家物理研究所，拥有许多杰出的科学家。在计算机科学领域，最著名的要算艾伦·麦席森·图灵。

艾伦·麦席森·图灵（Alan Mathison Turing），1912年6月23

日出生于英国帕丁顿，1954 年 6 月 7 日在曼彻斯特去世。英国数学家、逻辑学家，被誉为“计算机科学之父”和“人工智能之父”。1931 年进入剑桥大学国王学院，师从著名数学家哈代，1938 年在美国普林斯顿大学取得博士学位。二战爆发后返回剑桥，曾经协助军方破解德国的著名密码系统 Enigma，帮助盟军取得了二战的胜利，因此在 1946 年获得“不列颠帝国勋章”。历史学家认为，他让二战提早了两年结束，至少拯救了 2000 万人的生命。

图灵是计算机逻辑的奠基者，提出了“图灵机”和“图灵测试”等重要概念。为纪念他在计算机领域的卓越贡献，美国计算机协会（ACM）1966 年设立的以其名命名的“图灵奖”，是计算机界最负盛名和最崇高的一个奖项，有“计算机界的诺贝尔奖”之称。

1936 年，图灵向伦敦权威的数学杂志投了一篇论文，题为“论数字计算在决断难题中的应用”，这是他对理论计算机的研究成果。在这篇开创性的论文中，图灵给“可计算性”下了一个严格的数学定义，并提出著名的“图灵机”的设想。“图灵机”不是一台具体的机器，而是一种抽象模型，可制造一种十分简单但运算能力极强的计算装置，用来计算所有能想象得到的可计算函数。

图灵是第一个提出利用某种机器实现逻辑代码的执行，以模拟人类的各种计算和逻辑思维过程的科学家。而这一点，成了冯·诺伊曼等后人构造实用计算机的思路来源，也成了当今各种计算机设备的理论基石。

在新旧世纪交替的 2000 年，美国《时代》杂志评选的二十世纪对人类发展最有影响的一百名人物中，图灵在仅有的 20 名“科学家，思想家”栏中榜上有名。

从 1963 年开始，复旦大学数学系计算数学专业开设了可计算函数课程，陈火旺作为数学系的教师，教授过可计算函数，课程中的第一章就是介绍“图灵机”，可计算函数与“图灵机”的机理具有等价关系。他在前往英国留学前，对计算机理论具有一定的基础。

陈火旺非常珍惜这个难得的机会，下定决心要努力掌握当代世界最先进的计算机科学，为祖国早日迈向现代化目标做贡献。他虽然对计算机理论有一定的了解，但计算机科学领域许多基础知识都没有接触过，加之来到一个新的语言环境，学习的难度可想而知。

为了系统掌握计算机基础理论，负责指导的伍哲教授建议他用半年时间，一边读书一边做实验。半年中，陈火旺拿出百米冲刺的劲头，一头扎进实验室、图书馆，阅读着、消化着纷繁复杂而生疏新颖的计算机教材，观察着、解剖着眼花缭乱而神奇深奥的计算机实体。求知欲望使他忘却了周围发生的一切，泰晤士河两岸的名胜很少去游览。

终于，他凭着勤奋痴迷与厚实的数学功底，弄清了计算机软件中宏指令发生器的奥秘。他根据掌握的理论和技术，模仿做了一个指令发生器，装到该所的计算机上一试，居然成功了。伍哲教授亲自检验后十分高兴，随即爽快地指导他系统地钻研计算机软件理论与实践。

陈火旺在英国国家物理研究所进修期间，担任留学进修人员党支部书记，与孙仲秀几乎天天在一起，但陈火旺比孙仲秀先回国。

孙仲秀（1936—2013），中国科学院院士，计算机专家。原籍浙江余杭，1936 年 12 月 22 日生于江苏南京，2013 年 5 月 18 日逝世于南京。1957 年南京大学数学系毕业。历任南京大学助教、讲师、副教授、教授，博士生导师，副校长等职。1974 年后主持研制了中国国产系列计算机 DJS200 系列的 DJS200/XT1 和 DJS200/XT1P 等操作系统。从 1979 年起，开始对分布式计算机系统软件和应用进行了研究。1982 年在国内首次研制成功 ZCZ 分布式微型计算机系统。

后来，陈火旺和孙仲秀的联系比较多，由于两人同时从事计算机软件研究，不仅有技术上的交流，也有个人交往，一生结下了深厚的友谊，都为中国软件事业的发展做出了卓越贡献。

1966 年 6 月 30 日，高教部印发《关于推迟选拔、派遣留学生工作的通知》，至 1972 年 9 月，出国留学派遣工作陷入瘫痪和停滞状态。随着 1967 年最后一批留苏学生全部撤回，中国对外教育交流由局部交流走向了全面关闭。

1967 年 2 月，因国内“文革”动乱，海外学子自然难以为继。中国驻英代办处转达通知，陈火旺提前结束原为两年的进修学习，提前归国，回到复旦大学仍然任助教。

在英国伦敦进修一年多时间，陈火旺收获非常大。学习掌握了当时世界最先进的计算机软件技术，对计算机科学理论与技术发展趋势有更加深入的了解，清醒地看到了中国计算机技术与世界的差距，提高了英语水平。不仅增长了知识，更是开阔了眼界，明确了学习和赶超世界先进水平的方向。

回国后，陈火旺运用在英国学习和掌握的计算机科学理论，开展计算机理论研究和教学，创立中国理论计算机科学专业委员会，开创国防科技大学自动机理论，编著《程序设计语言编译原理》教材，全神贯注计算机理论探索和软件技术发展。可以说，他开展的每一项工作、取得的每一项成果，都与他在英国进修时打下的厚实理论功底密不可分。

第五章 Chapter 5

致力开创
中国计算机软件事业

“飞霜掠面寒压指，一寸赤心惟报国。”尽管“文化大革命”骤风暴雨席卷神州大地，但陈火旺忠心报国的满腔热忱初心未改。他从英国带回来了当时世界最先进的计算机软件技术，致力于开创中国计算机软件事业。从 1967 年春借调上海华东计算所从事软件研究开始，到被慈云桂选中担当重任，举办 KDF9 Algol60 讨论班，主持 Fortran 编译程序会战，组织 151 计算机程序语言系统研制，在计算机软件领域奋力拼搏、勇攀高峰，取得多项重大成果，确定了他作为中国计算机软件事业奠基者之一的地位。

1. 借调上海华东计算技术研究所

机会总是留给有准备的人。1967 年春，一个偶然机会，上海华东计算技术研究所听说复旦大学最近从英国归来一位计算机软件专家，喜出望外，这正是该所紧缺的人才。他们找到陈火旺，邀请“加盟”。此时的陈火旺，也很想有一个施展身手的舞台，二话没说便答应下来。

华东计算技术研究所，简称“华东所”。1958 年 10 月创建于上海嘉定，是我国最早建立的计算机科学和技术研究所之一，现在称中国电子科技集团公司第三十二研究所。长期以来，华东所为我国的国防建设研制成功多种闻名国内外的中大型计算机，在加固微型计算机，嵌入式计算机，宇航计算机的研制、开发、生产制造，以及 Ada 编译系统和开发工具等方面处于国内领先水平，各类产品已在陆、海、空、天各军兵种，在车载、舰载、机载、箭载环境中得到广泛应用，为我军现代化装备提供了稳定可靠的计算机系统。建所以来，研制出在我国计算机发展史上具有重要地位的各种计算机系统及软件，代表了我国不同时期的先进水平，首创我国计算技术发展史的数十个第一。在重大科研项目的研制中，取得了一批技术起点高、达到国际先进水平的科研成果，为我国国防建设和国民经济的发展做出了卓越贡献。

“文革”期间，国防科研战线仍有少数院所坚持重大项目研究，上海华东计算机技术研究所就是坚持科学攻关的单位之一。

陈火旺来到华东计算机研究所，发现这里的计算机软件研究虽然在国内处于领先水平，但与世界先进技术相比还有较大差距。布满“010101”的专用纸带就是计算机程序软件，纸带断裂后工作人员用剪刀、糨糊修补粘接好。原始的“钻木取火”式的技术，激发起陈火旺奋起直追的工作激情，不到两年时间主持设计了我国计算机软件领域第一个符号宏汇编器，并成功应用于655计算机上。随后，由他提出的递归结构式的符号宏指令产生技术，也相继被中国科学院计算机研究所、华东计算机研究所等单位采用。

1964年至1965年，华东所和南京大学合作研究ALGOL，这是国内第一个高级语言的编译程序，当时，瞿兆荣是华东所软件室的室主任，由南京大学徐家福任组长。徐家福是中国软件事业的奠基人和开拓者之一，陈火旺和他有一生的交往，结下深厚友情。

徐家福，中国计算机科学和计算机软件学泰斗级学者，教授，博士生导师。江苏南京人，1924年12月出生，1948年毕业于中央大学理学院，即现在的南京大学。1957—1959年在苏联莫斯科大学进修。1981年开始任南京大学计算机系教授、博士生导师，培养出中国第一位计算机软件学博士。曾任南京大学计算机软件研究所所长、计算机软件新技术国家重点实验室主任，国务院学位委员会计算机学科评议组召集人，国务院电子振兴领导小组顾问，中国计算机学会副理事长，清华大学、吉林大学兼职教授等职务。后来，任南京大学计算机软件新技术国家重点实验室名誉主任。主要研究高级语言、新型程序设计与软件自动化。代表性成果有，研制出中国第一个ALGOL系统、系统程序设计语言XCY、多种规约语言；参加制定ALGOL、COBOL国家标准；率先在中国研制出数据驱动计算机模型；研制出兼顾函数式和逻辑式风格的核心语言KLND及相应的并行推理系统；完成多个软件自动化系统。获中国国家教委（现教育部）一等奖 4 项，电子部（现信息产业部）一等奖 3 项，2011 年获中国计算机学会终身成就奖。

1963 年 10 月，在西安召开中国第三次计算机大会，又叫“633 会议”。在这次会上，陈火旺认识了徐家福。从此，他们开始交往，并且关系很好。

陈火旺与徐家福的交往，是由于他们同是国务院学位委员会计算机学科评议组专家，每次开会都在一起。徐家福是国务院学位委员会计算机学科评议组的召集人，陈火旺是评议组成员，每个评议组有 10 个人左右。从 1981 年开始，徐家福担任了四届评议组专家，除第一届是一般的成员外，第二、三、四届都是第一召集人，每个评议组一般有 3 个召集人，徐家福是第一召集人，陈火旺和大家合作得很好。那个时候，各大学的博士点是由国务院学位委员会评审，大家严格按照标准办事，绝对不允许开后门。后来，博士学位点放权了，第一次放权的时候是少数几所大学，其中就有国防科技大学。这十几年的工作，得到国务院学位委员会很高评价。

他们交往的另一个原因，是徐家福主编的《计算机科学技术百科全书》，计算机科学理论是其中的一个分支，陈火旺是这个分支的负责人，担任分支的主编，编撰该书第一版、第二版时都有联系和接触。

还有一个方面的交往，是他们在培养人才上的合作，陈火旺的博士生学位论文答辩经常请徐家福来主持，徐家福的博士生毕业也请陈火旺来参加答辩。

2000 年，在吴明霞去世前 10 天，徐家福正好来到长沙，陈火旺陪同他一起到医院去看望。身患癌症晚期的吴明霞，疼痛难熬，骨瘦如柴，徐家福看到她被病魔折磨成那样，不禁潸然泪下。

陈火旺给徐家福的印象，第一是人很正直，第二是有学问。徐家福评价陈火旺说，他工作很认真，发言、办事情都是讲道理、有根有据，不是随便说说，做学问很严谨，老老实实、规规矩矩办事。他带的学生水平都比较高，都是合格的博士、优秀人才。

2003 年底，在徐家福先生 80 大寿庆典上，年近七旬的陈火旺，出于对徐先生道德和学识发自内心的敬重，走上主席台，首先深深地向徐先生鞠了三躬，献上亲手撰写的对联。然后，发表了热情洋溢的讲话。

他说，徐老先生是中国软件事业的前辈，在计算机软件领域取得许多成就，为中国计算机学科发展做出了突出贡献。虽然未评上院士，我们不能以头衔论英雄，在软件界永远是领军人，永远是大家的好老师。祝徐老先生晚年幸福、健康长寿！相约在徐老先生 90 大寿的时候，再来为他祝寿。陈火旺的言行，不仅让徐老先生和亲属为之感动，也感染着在场的每一位嘉宾，他将谦虚、尊老的中华传统美德，做了一次完美的诠释。

2. 被慈云桂选中担当重任

1970 年 8 月，在慈云桂教授的推荐下，陈火旺从上海复旦大学调到哈尔滨工程学院。同时，经过单位协调，陈火旺的爱人吴明霞，也从北京中科院电子所调过来。年底，由于哈尔滨工程学院南迁长沙，陈火旺和吴明霞没有去哈尔滨，而是直接到南迁改名后的长沙工学院报到，任电子计算机系助教。

慈云桂，1917 年 4 月 5 日出生于安徽省桐城县，今铜陵市枞阳县。我国著名计算机专家、教育家，中国科学院学部委员，1990 年 7 月 21 日逝世，享年 73 岁。

慈云桂教授是第一台百万次级集成电路计算机总设计师，中国第一台亿次巨型计算机总设计师，中国计算机科学与技术的开拓者之一，被誉为“中国巨型机之父”。他率领的科研队伍先后研制出一系列型号各异的巨、大、中、小型计算机，在我国计算机从电子管、晶体管、集成电路到大规模集成电路的研制开发历程中，做出了重要贡献。至 1983 年 12 月，他历经五年奋战，主持研制成功我国首台亿次“银河 - Ⅰ”巨型计算机。由此，开创了国防科技大学辉煌的巨型计算机事业，为中国超级计算机发展走在世界前列做出了不可磨灭的贡献。

1966 年 4 月 1 日，经中央军委批准，中国人民解放军军事工程学院全体军人集体转业，改名为哈尔滨工程学院。

1970 年 6 月 15 日，国务院、中央军委电报命令，哈尔滨工程学院（原军事工程学院）内迁长沙，改名长沙工学院，归广州军区领导。8 月，国务院、中央军委又下发文件，规定长沙工学院由湖南省革委会、省军区和七机部多重领导。

1970 年 10 月 15 日，哈尔滨工程学院计算机系全部工作基本停止，进行装箱南迁。11 月底，计算机系的绝大部分同志到达长沙。从“哈军工”至此，学院的计算机专业已经办了 12 年，成功研制了 441B－Ⅰ、441B－Ⅱ型通用计算机和 901、441C、030 等几个型号的专用计算机，在军内外有很大影响。

这个时候，学院正准备承担研制“远望一号”测量船百万次计算机的任务。国防科研的需要，国防科委对计算机研制工作寄予厚望。然而，在国家长期被封锁，特别是“文革”内乱的环境中，对二十世纪六十年代国外逐渐兴起的计算机软件知之甚少，我国的计算机软件发展明显落后于计算机硬件。七十年代初，在西方发达国家，IBM360 操作系统应用广泛，UNIX 操作系统刚刚问世。算法语言 Fortran、Algol60、人工智能语言 LISP、商用语言 COBOL 等已广泛使用，它们的编译器部署在多种型号的大中小型计算机上。

当年，慈云桂主持研制的计算机，还没有开发计算机系统软件，在这方面与发达国家存在明显差距。“哈军工”从地方大学要来了一些学习计算数学的毕业生，主要工作是为计算机硬件编制测试程序和服务性的公共子程序，为专用计算机编制数据处理和实时控制程序、承担部分数值计算任务等。但是在软件研究上，面临人才匮乏的困境，慈云桂心里十分着急。

面对国际严峻的斗争形势和科学技术迅猛的发展，老一辈无产阶级革命家高瞻远瞩，在“文革”时间，提出要发展我国的洲际导弹，建立远洋靶场的战略任务。就是在这样的历史背景下，由中央

陈火旺（右起）与慈云桂、胡守仁、王振青一起研究讨论

军委立项，于 1969 年正式下达了“718 工程”的研制任务。

1969 年 11 月，当时刚从“牛棚”出来的电子计算机系主任慈云桂教授，被指名参加了国防科委主持召开的“718 工程”测量船控制计算机处理中心战术、技术及使用要求研讨会，代号 114 会议。会上有些同志提出国产小规模集成电路不过关，难以做成整机，不如降低速度、容量指标，做一台晶体管计算机来代替，而慈云桂教授认为指标不能降，并用形象的比喻，生动例证，科学、严格的分析，提出了用系统设计的可靠性来弥补国产集成电路初期产品之不足。

慈云桂从北京受领任务回来，大家认为困难太大，有的人说他好出风头，有的人说瞎吹牛皮，就连有些关心他的人也埋怨他，不考虑当时“兵荒马乱”的环境。慈教授耐心做了大量说服工作和组织工作，于1970年2月战斗正式打响。

慈云桂为组建攻关队伍，到处“招兵买马”，到上海复旦大学找到陈火旺。陈火旺得知这是国家和军队急需的重点工程，以他对人民军队的憧憬和向往，毫不犹豫地答应“跳槽”，并把妻子吴明霞也从中科院电子研究所“挖”过来。

1970年底，在慈云桂的积极推荐下，陈火旺从上海调到长沙，正式到长沙工学院工作。陈火旺的到来，对渴望人才的慈云桂来说，可谓是雪中送炭。

从1970年底至1973年夏，陈火旺一家与计算机研究所大多数参研人员一样，都住在长沙市东郊马坡岭的湖南省农业机械化学校院内。这是计算机系成立以来工作、生活条件最困难的一段时期，也是学校从哈尔滨南迁长沙后，计算机系再次创业的开始。

计算机系南迁长沙马坡岭后，面对艰苦的环境条件，大家没有等、靠、要，而是自己动手，想方设法克服重重困难，仅仅用两个月时间，就创造了尽管十分简陋，但能基本具备生活和工作的条件。

首先是解决居住问题，原湖南省农业机械化学校的房舍只能供70多户居住，而从哈尔滨迁来的有100多户，盖又来不及，只能将原农机学校的实验楼改为宿舍，一间近80平方米的教室，用五合板隔成三间住三家，只挡影、不隔音，一家讲话三家都能听得见。

饮水问题也不是一件小事。马坡岭的饮水，没有外接自来水，只能靠一口水井，夏天用水多时供不上。水泵一开，几分钟就干了，甚至连泥沙都抽上来了。为解燃眉之急，将旧井的淤泥、沙石彻底清理了一次，并制定了管理办法，不用水时，把水抽上来储存在水塔内，这样就能保证不间断供水。

计算机系大多是北方人，来到南方后，气候又热又潮，许多同志水土不服，拉肚子，一天不知道拉多少次。从北方来的时候，人人是又白又胖，肚子坏了一段时间后，一个个变得又黑又瘦。大家开玩笑说，拉就拉吧，拉得都变成湖南人了，就不拉了。

再就是洗澡问题，开始用车将人员每星期拉到院内洗一次，但人多水少，去的人有老有小，冬天又冷。于是改为自己烧水洗澡，用两口大锅烧水，每周烧两次，男女各一次。

小孩入托问题也是面临的困难，来马坡岭时，绝大部分同志的孩子都很小，为保证工作不受影响，急需办一个简易的托儿所，把几间破旧的平房修缮一下，就解决了托儿所的问题。

为了保证副食正常供应，学校招了一批工人在马坡岭办起了食堂。但除食堂外，还要解决一家一户的主食、副食供应。开始定期拉点粮、油卖给各户，副食主要靠地方政府和军区支持，也靠办事人员的尽心尽力，保证了大家的基本生活需要。

研究工作需要运算数据，必须有一间大点的房子架设计算机。农机学校红楼二楼大厅上面有一间最大的教室，系领导决定把这间教室作为机房。计算机系党委书记刘越亭，带着大家打扫打扫，弄点白灰，拿笤帚往墙上刷，然后机器就搬到里面去了。到6、7月份的时候，持续高温，酷热难当，连机器也不能正常运行。于是，大家想了一个办法，把机柜的挡板全都卸下来，买了两个大木盆，买了几块冰放在木盆里，电扇吹着冰，对着插线板吹，温度降下来后，机器就不会出故障，保证了算题任务的完成。

陈火旺来到长沙，就是在这样的环境条件下开展工作的。但是，他对自己的选择无怨无悔。

从1970年9月到1974年下半年，长沙工学院计算机系在马坡岭有长达四年多时间。后来，农机学校要恢复了，湖南省要求计算机系搬走。1974 年底，计算机系全部人员和设备，从马坡岭撤出。可以说，在马坡岭的四年，以慈云桂等为代表的科技工作者，胸怀祖国、勇攀高峰、艰苦奋斗、无私奉献，体现了一种崇高精神和对伟大事业的不懈追求。

在慈云桂的推荐下，国防科委指派陈火旺主持、领导国内第一个 Fortran 编译程序会战，负责编译器的总体设计，于 1974 年完成了 441B－Ⅲ的 Fortran 编译系统，开创了我国国产机装备 Fortran 语言的新时代。

从 1973 年至 1979 年，长沙工学院承担了“远望一号”测量船数据处理中心 151 计算机系统的研制任务。慈云桂指定陈火旺负责 151 计算机语言系统，研制成功国内第一个具备全局优化的编译系统，推进了中国软件事业扬帆起航。

从 1970 年至 1990 年，陈火旺与慈云桂一起共事 20 多年，他们忠诚合作、荣辱与共，一起铸就辉煌。

3. 举办 KDF9 Algol60 讨论班

1971 年冬，学校从哈尔滨南迁长沙后不久，陈火旺牵头举办了 Algol60 语言和 KDF9 计算机 Algol60 语言编译器的讨论班。当时正处于“文革”之中，讨论班持续半年之久实属不易。动力是大家对获得软件新技术的渴望。

参加人员除计算机系的陈火旺、齐治昌、杨桃栏外，还有数学系的方舵、李庆成、卢贤民。方舵是一位老教员，当年 45 岁。他是台湾同胞，1947 年从台湾到北京大学读书，1948 年底解放军解放北京海淀，1949 年 1 月他参军入伍。哈军工成立时，方舵从部队调到“哈军工”数学教研室任教。“文革”之中，数学教研室教学任务很少，为了理论联系实际，当时的领导让他们到计算机研究所学习、工作。李庆成、卢贤民是两位很能干的年轻教员，李庆成没工作几年英年早逝，卢贤民也调离了学校。

1967 年，陈火旺从英国带回来一本介绍 KDF9 计算机 Algol60 语言编译器的教科书。这本蓝皮精装书详细介绍了 KDF9 计算机 Algol60 语言编译器的系统结构、流程图和主要数据结构。讨论班的同志学习热情很高，大家把 KDF9 计算机 Algol60 语言编译器的框图先用钢板刻印出来，再油印十几份，人手一份。陈火旺组织大家轮流报告，遇到问题一起研究、讨论。

Algol 是一种算法语言的英文缩写。它独立于计算机，是面向过程、支持数值计算的程序设计语言。1958 年，美国计算机联合会（ACM）及联邦德国的应用数学和力学协会（GAMM）委派的专家们在苏黎世开会，讨论算法语言表示法，形成 Algol58 草案。在此基础上，1960 年 1 月，美国计算机科学家佩利在巴黎举行的讨论会上，发表了“算法语言 Algol60 报告”，经讨论决定请丹麦科学家诺尔对报告文本进行编辑，1962 年形成著名的程序设计语言 Algol60 正式文本，公布于众。Algol60 语言的许多概念，如局部性、动态、递归等被许多现代程序设计语言采用。诺尔利用巴科斯－诺尔范式 BNF 对语言文本进行描述，以简洁、准确、优雅的风格著称，影响深远。

由于采用程序设计语言的概念与编译技术相结合的讨论方式，陈火旺认真组织，大家积极参与，半年以后，大家对 Algol60 语言及其编译器有了比较全面系统的了解。

1971 年，中美两国乒乓球队互访，这是一起引起世界轰动的重大外交事件，推动了中美两国关系正常化的进程。1972 年夏天，美方派一个计算机代表团访问中国，这实际上是受“乒乓球外交”的影响，中美科技交流的又一突破。

美方的计算机科学家代表团，一共 6 个人，其中三位是图灵奖获得者，包括人工智能专家西蒙，Algol60 文本起草人之一、美国计算机联合会第一任主席佩里，美国第一台个人计算机的发明者克拉克，还有另外三位也是计算机领域的专家。

佩里（1922—1990），在二战期间曾在美国空军服役，战后获加州理工学院的数学硕士和麻省理工学院（MIT）的数学博士。曾在美国阿伯丁试验基地的弹道研究实验室工作，后回 MIT 为防空系统的专用计算机“旋风”编制程序。1952 年 9 月佩里到普渡大学建立第一个计算中心，并在 IBM CPC 计算机上开发了 IT（内部转换）语言，后又参与了开发 IBM650 汇编语言和代数语言的工作。1957 年 ACM 成立程序设计语言委员会，佩里任主席。此后，佩里到卡内基理工学院任计算机系主任，在开发 Algol60 语言的过程中发挥了核心和关键作用，1966 年佩里获首届“图灵奖”。

硬件方面的接待，是慈云桂教授负责，柳克俊等人也参与了。软件方面的接待工作，是科学院计算所的许孔时研究员牵头。

许孔时是把 Algol60 语言的文本，从英文翻译成中文的计算机科学家。Algol60 文本写得非常好，写文本的这个人叫诺尔，时隔 40 多年，到二十一世纪初，他才获得了一个迟到了的“图灵奖”。他获得图灵奖的原因，是 40 年后人们才认识到语言文本的重要性。他写的语言文本，简洁、优雅、准确。当今计算机的软件项目需求文档，如果都能写成像他那个样子，计算机的软件开发就会少走很多弯路。从现在来看，他实际上是在现代软件需求分析方面，做得非常好的典范，很多科学家对他有很高的评价。

当时，许孔时请陈火旺参加这项工作，是因为陈火旺在北京参加过胡世华先生的逻辑小组，他们在很早以前就开始交往。陈火旺带着齐治昌、王鸿武两人，在北京饭店和国际关系俱乐部，参加了佩利的座谈会，听了两场学术报告。

在学术报告中，佩里先生讲了一句话，给大家留下深刻印象。他说：“知识是种子，要到处播撒，使它生根、发芽、开花、结果。”他还特别强调：“知识不是个人的财宝，不能把他藏起来，不让人家知道。”他担心大家听不懂，还做了一个把手放入衣服口袋的动作。佩里的这席话，体现了一位科学家、教育家对传播知识的态度和对中国人民的友好情谊。

“文革”期间，中国的国际学术交流极少，能有幸参加这次高水平、有重要历史意义的活动，不仅使大家开阔了视野，更重要的是激发了从事计算机科学研究的热情和斗志。

4. 主持 Fortran 编译程序南方会战

1972 年秋，参加美国计算机科学家代表团来华访问的学术活动后不久，国防科委下达组织计算机系统软件会战的任务。

南方会战由长沙工学院负责，任务是在 441B－Ⅲ计算机上，研发基本 Fortran 语言编译器和批处理操作系统，当时称计算机管理程序。北方会战由四机部 15 所负责，任务是在该所的 320 计算机上，研发 Algol60 语言编译器和配套的操作系统。据 1973 年统计，全国共有 99 台运行的大中型计算机，441B 型计算机就有 33 台，占到三分之一，主要用于国防科委系统的科学研究和数据处理。当时的程序都是用机器码编写的，程序员必须掌握计算机指令系统及二进制的数据表示方法，必须经过专门的训练，编写程序的效率低、易出错，限制了计算机的应用和普及。441B－Ⅲ的 Fortran 语言会战，对于 441B－Ⅲ计算机的推广应用，增强国防科研能力，提高我国计算机系统的研制水平意义重大。

Fortran 语言是公式转换语言的英文缩写，是 1953 年 IBM 公司年轻的软件工程师，被人们称作“不知疲倦的发明家”巴克斯提出的，目的是为 IBM704 计算机系统，设计一个符合工程师们传统计算习惯的公式转换语言。工程师们用这种语言编制源程序，再利用为 IBM704 计算机开发的 Fortran 语言编译器，将源程序翻译成 IBM704 计算机的机器语言，然后，再运行机器语言程序得到计算结果。这样借助计算机及其系统软件的帮助，可以减轻程序设计的难度和压力，提高程序设计的效率。

1957 年巴克斯及其同事，在 IBM 公司董事长赫德的支持下，研制出了第一个 Fortran 语言编译器，并运行在 IBM704 计算机上，受到同行的称赞和用户的欢迎。1966 年，美国标准化协会制定了基本 Fortran 和 Fortran 66（也称 Fortran Ⅳ）两个标准。1976 年，公布了具有结构化特征的 Fortran 77 编程语言，广泛用于科学和工程计算。1980 年，Fortran 77 被 ISO 接纳为国际标准。十年后的 1991 年，发布了具有面向对象特征的 Fortran 90，增加了指针机制，加强了数组功能。后来又陆续推出 Fortran 95、Fortran 2003、Fortran 2008 等新版本。Fortran 语言伴随计算机的发展和科学计算的需要不断进化，已成为计算机领域最有生命力的语言之一，高性能计算机系统不可或缺的软件，半个多世纪以来积累了大量的用 Fortran 语言描述的应用软件和软件包。

这个时候，长沙工学院计算机系的条件还很差，科研人员相对较少。由于大学停止招生很久了，一些工农兵学员都回原单位去了，没有留校的。说是会战，人员从哪里来，就只好就地挖潜了，当时参加算法语言学习读书班的那些人就成了会战的主力。

为了加强会战力量，国防科委从外单位选派一些同志参加了在马坡岭的会战。外单位参加会战的同志，有的成为我国计算机软件领域的领军人物。如何新贵，是国防科委派来会战的成员之一，1938 年 10 月生，浙江省浦江县人，汉族。1960 年北京大学数学力学系毕业，1967 年北京大学研究生毕业。二十世纪八十年代初，留学美国俄亥俄州立大学（The Ohio State University）计算机和信息科学系，研究数据库及数据库机技术。后来在编译程序和数据库管理系统，以及软件过程改进技术和 CMM 等方面，做出了许多贡献，被评为中国工程院院士。

441B－Ⅲ是 441B 系列第三个型号的计算机，这种型号的机器生产了 30 多台，当时国防科委的院校、基地、研究所都在选用这型机器。1965 年的有一段时间，全国各地有很多人到“哈军工”学习 441B 型计算机，有准备买的、有洽谈业务的，可以说是络绎不绝。在学院招待所只要一问，哪来的，干吗啊，都说是到 408 研究室考察 441B 的。Ⅰ型是原型机，放在学校实验室里，在天津电子仪器厂生产的是Ⅱ型机。这家工厂本来是生产窄行打印机的小厂，业务有限，很不景气。在找到学校承担生产几十台 441B－Ⅱ的任务后，厂子一下子兴旺起来了。

1967 年 6 月，441B－Ⅱ计算机定型生产后，计算机系研制出中型晶体管计算机 441B－Ⅲ，被国防科委多个基地、研究所选用。441B－Ⅲ型计算机采用单地址、定浮点二进制运算系统，指令和定点数字长 24 位，浮点数 48 位，定点运算 8 万次/秒，浮点运算 5 万次/秒，主存容量 3.2 万字。系统配置磁带机、打印机、光电纸带输入机和 X－Y 笔绘仪等外部设备。441B－Ⅲ除了比 441B－Ⅱ速度快、存储容量大之外，最突出的特点是硬件增加了通道、缓存、中断系统，并以此为基础开发了管理用户多道程序运行和 I/O 设备的管理程序。

441B－Ⅲ的管理程序是现代计算机操作系统的雏形，是由王鸿武牵头开发的。Fortran 语言会战最终要开发出在 441B－Ⅲ计算机上运行的 Fortran 语言编译器。为配合 Fortran 语言源程序批处理工作方式的需要，陈立杰对 441B－Ⅲ的管理程序进行了改造，改造后的版本称“管理程序Ⅱ”。它具有调度多道程序运行，处理各种中断，管理内存、外设，处理人机通讯等功能。陈火旺在这样的技术基础上，组织了 Fortran 语言编译器的开发工作，这项工作经历了四个阶段。

第一阶段的工作是编写 Fortran 语言文本。当时国际标准化组织推出的 Fortran 语言文本有两个，Fortran 2 和 Fortran 4。以此为基础，陈火旺组织参加 Fortran 语言会战的长沙工学院、北京有线电厂、天津电子仪器厂、总字 102 部队、京字 115 部队、706 研究所的有关人员，编写了基本 Fortran 语言文本。为了促进不同数据处理系统 Fortran 程序的互换，陈火旺又组织课题组编写了标准 Fortran 语言文本。标准 Fortran 包括了基本 Fortran，内容相当于 Fortran 4。程序语言文本的编写需要对计算机语言和实现的理解非常透彻，文本语言表述不容许出现混淆、漏洞和二义性，是一项学术性十分强的严谨细致的工作。在这项工作中，陈火旺不仅组织大家分工协作完成各自的任务，还亲自动手编写了许多章节，完成了最后的统稿工作，充分展示了陈火旺深厚的计算机科学的理论功底、严谨的逻辑思维能力和简洁准确的语言表达风格。

1973 年 6 月，两个语言文本在长沙的印刷厂印刷并装订成册。这是我国第一个高水平的 Fortran 语言文本，却与它简陋的装帧工艺和粗糙的内文用纸及印装质量形成了很大的对比反差，这从一个侧面也充分反映了当时艰苦的科研条件和工作环境。

第二阶段的工作是概要设计。根据基本 Fortran 语言文本进行 Fortran 语言编译器的概要设计，也就是大家常说的画出系统结构图和流程图，设计编译器的数据结构和数据字典。1973 年的寒假，陈火旺没有休息一天，抓紧时间白天黑夜的干，开学时向大家提供了基本 Fortran 语言编译器的总体设计图及相关的数据结构（草案）。不久，方舵和杨桃栏设计了相对独立的输入/输出（I/O）处理部分。有了这些方案和草图，又有 Algol60 讨论班的基础，课题组工作的针对性和效率大大提高了。经过大家的补充、完善和修改，Fortran 语言编译器的总体设计图及相关的数据结构和字典基本确定下来。

1973 年下半年，706 所的科研人员来长沙审查框图。总参也有人来了，他们提出许多人用英文有困难，建议把 Fortran 语言的关键字改成汉语拼音。但一试，用汉语拼音更难，最后陈火旺决定还是用英文。

长沙工学院计算机研究所组织编写的 Fortran 语言文本

第三阶段的工作是详细设计和编写代码。在前两个阶段工作的基础上，陈火旺对课题组进行了分工，组织大家进入详细设计和编码阶段。到 1973 年底 Fortran 语言编译器的详细设计和编写代码的工作基本完成。编译器的代码是用机器语言编写的，那个时候搞软件的人只能用机器语言编写代码，但 Fortran 源程序必须用英文。

当时，学校441B－Ⅲ型计算机配备的八单位字符输入/输出设备还没有到，编译器的调试搁浅了。这时，北京建筑科学研究院购置了441B－Ⅲ型计算机，他们配置的外部设备有八单位磁带机、纸带机、宽行打印机、55型电传机等，具备了英文和数字的字符输入/输出功能。听说Fortran会战遇到了上机调试的困难，他们十分热情，欢迎课题组到北京去工作。这时，计算机系151计算机程序语言系统开发的组织领导工作又落到陈火旺的肩上，他无法离开长沙。于是，陈火旺委托方舵带领课题组到北京建筑科学研究院，进行Fortran语言编译器的调试工作。

长沙工学院计算机研究所和天津电子仪器厂编写的
441B－Ⅲ计算机Fortran语言和管理程序（Ⅱ）使用手册

北京建筑科学研究院为编译器调试提供了足够多的机时。天津电子仪器厂的王大陆和小陈，在441B－Ⅲ型计算机上工作实践经验丰富，调试程序熟练，陈立杰配合编译器调试，对441B－Ⅲ型计算机的管理程序进行了多处修改和完善。调试期间，课题组克服许多生活上的困难，陈火旺曾专程到北京看望大家，共同研究调试工作中遇到的问题。在北京工作几个月后，Fortran 语言编译器终于调试成功了。

第四阶段是系统测试，维护，推广使用。1975 年初，学校的 441B－Ⅲ型计算机外部设备全部到货，并安装调试完毕。课题组将 Fortran 语言编译器和新版的 441B－Ⅲ管理程序（Ⅱ），安装在学校的 441B－Ⅲ型计算机上，经过短时间的系统测试和维护后，顺利地交付使用了。

1975 年夏天，课题组编写的使用手册出版。学校的教员和部分工农兵学员掀起了使用 Fortran 语言算题的热潮。这个系统在 1975—1983 年间，在学校教学科研中发挥了重要作用。

至此，Fortran 语言会战圆满结束了。441B－Ⅲ型计算机批处理的管理程序和 Fortran 语言编译器组成的系统软件的开发和运行，标志着计算机研究所翻开了研制软硬件配套的国产通用计算机系统的新篇章。Fortran 语言编译器的研制成功和广泛应用，为我国国防建设和计算机事业的发展做出了不可磨灭的贡献。

陈火旺主持、领导国内第一个 Fortran 编译程序会战，经历 4 载春夏秋冬，研制完成的 441B－Ⅲ的 Fortran 编译系统，基本达到当时国际先进水平，开创了我国高级程序语言实用化的新时期。

后来，有很多同志对陈火旺说，你一生最大的贡献，最闪光的地方，就是 441B－Ⅲ的 Fortran 编译器，是开拓性的工作，是为国家做了实实在在的贡献。从此之后，国防科技大学也有编译了，也有编译器这支队伍了，为“银河”系列高性能计算机的研制和发展打下了基础。

在 1972 年至 1975 年那个特殊的年代，会战没有动员，没有检查，没有总结，没有鲜花和祝贺，没有立功受奖。以陈火旺为首的课题组，凭借着对发展中国软件事业和科技报国的满腔热情，将“算法语言和编译器”的种子播撒在长沙工学院计算机研究所，并结出丰硕的果实。1978 年，在科学的春天到来之际，Fortran 语言编译器荣获全国科学大会奖。

5. 组织 151 计算机程序语言系统研制

1973 年至 1979 年，长沙工学院承担了“远望一号”测量船数据处理中心 151 计算机系统的研制任务，这是为我国进行洲际导弹发射试验提供保障的项目。

陈火旺除主持领导全国 Fortran 编译程序语言的会战外，还要负责 151 计算机程序语言系统的研制。他担任符号宏汇编系统和 Fortran Ⅳ编译系统设计师，凭借自己过硬的计算机软件理论知识，提出了因子分解式全局优化技术，带领大家成功研制国内第一个具备全局优化的编译系统。这一系统装备到 151 计算机上，保证了百万次计算机研制任务如期完成和投入使用，开创了我国国产机装备 Fortran 语言的新时代。

1976 年，长沙工学院计算机系采用国产小规模集成电路，研制成功了稳定可靠的百万次级的大型电子数字计算机 151 - Ⅳ单机，代号为 151 - Ⅲ。1978 年 8 月，研制成功 151 - Ⅳ的第二台单机，并于 1979 年 2 月，进行第二台单机稳定性考核。这两台单机考核结果，第一台主机平均无故障间隔时间 MTBF 为 76 小时 05 分，第二台主机 MTBF 为 68 小时 34 分。1979 年 8 月，151 – Ⅳ中心计算机装船并进行近海训练，组织各种联调和测试等工作。

1980 年 5 月 18 日，我国成功地向南太平洋预定海域发射洲际运载火箭。之后，又在进行潜艇的水下发射、同步卫星等一系列科学试验中，151 – Ⅳ远望测量船中心计算机发挥了重要的作用。

陈火旺（中）与 151 课题组成员一起攻关

在马坡岭研制 151 百万次机的时候，陈火旺的夫人吴明霞，负责写一个汇编语言的汇编器。汇编语言是用符号来写程序，符号可以映照到机器码，不是按照算法语言，描述没有那么丰富，它相对比较简单，但执行比算法语言高效。大家给 151 汇编器的汇编语言，取了个名字，叫 MPL 语言。MPL 是“马坡岭”汉语拼音的第一个字母，之所以取这个名，是为了纪念在马坡岭的战斗历程。

2000年，时任国防科技大学副校长的齐治昌教授，带领全军高级干部高科技知识培训班的学员到远大集团参观，长沙市委书记梅克保也来陪同。当车队路过马坡岭湖南省农业机械化学校门口时，齐治昌说：梅书记呀，七十年代初我们从哈尔滨南迁长沙，在农机学校借住4年多。我国第一个Fortran语言编译器，是在这里开发出来的，参加我国向南太平洋发射洲际弹道导弹任务的“远望一号”测量船上的151计算机是在这里设计的。为了纪念这段日子，151计算机的汇编语言特意命名为MPL，就叫“马坡岭语言”。这也是为了感谢长沙人民对我们的帮助和支持。梅书记十分高兴地说，真没想到，国防科大在马坡岭还有这么多的故事！

第六章 Chapter 6

竭诚奉献 “银河”巨型机研制

科学春天的到来，中国大地吹响了向科学技术进军的号角。1978 年 3 月，邓小平亲自决策，把研制每秒运行亿次的巨型计算机任务，下达给长沙工学院计算机研究所。亿次巨型计算机的研制，由计算机研究所慈云桂负责，陈火旺被任命为软件系统总负责人，主持软件开发工作。他提出了一整套用软件工程方法研制大型软件的方案和规划，主持了向量 Fortran 语言和向量识别器的设计与实现，为“银河－Ⅰ”亿次巨型计算机的研制成功做出了重要贡献。

1. 担任“银河－Ⅰ”软件系统总负责人

巨型计算机，也称超级计算机，是指在当代生产工艺的条件下，采用最先进的技术、工艺设计生产出来当时功能最强、运算速度最快、存储容量最大、面向科学与工程计算的最高档次的计算机系统。多用于国家高科技领域和尖端技术研究，是一个国家科研实力的体现，它对国家安全、经济和社会发展具有举足轻重的意义，是国家科技发展水平和综合国力的重要标志。

1976年以来，自美国克雷公司推出了世界上首台运算速度达每秒2.5亿次的超级计算机后，突出表现一国科技实力的超级计算机，堪称集万千宠爱于一身的高科技宠儿，在诸如天气预报、生命科学的基因分析、核业、军事、航天等高科技领域大展身手，让各国科技精英竞折腰，各国都在着手研发亿次超级计算机。

1972年秋，国防科委根据我国发展第二代战略武器，增强国防实力的迫切需要，责成长沙工学院计算机研究所负责人慈云桂教授，向中央专委起草建议报告，将巨型计算机研制列入国家重点工程项目。不久，慈云桂的建议获得批准，计算机研究所便开始巨型计算机的预研工作。

国防科委机关根据张爱萍主任的指示，组织国内主要计算机研制单位，由慈云桂任组长，于1975年10月，围绕巨型机需求、国

陈火旺在检测编译系统效果

内元器件、外设生产状况和性能价格比等情况，在全国进行了广泛深入的调研。

1977年9月，张爱萍主任再次指示，长沙工学院计算机研究所抽调技术骨干，为巨型机研制进行调研，形成的调研报告，上报国防科委。

1977 年 11 月 14 日，国防科委向党中央呈报了《关于研制巨型电子计算机事》的请示报告，26 日，报告得到了党中央的批准。

1978 年 3 月，中央召开巨型计算机研制部署会，中央军委副主席邓小平在会上说：“亿次机就由长沙工学院搞算了……论证时，要多请一些人来参加，什么时候完成，长沙工学院要签字。”张爱萍主任向邓副主席立下军令状：研制时间六年，经费 2 亿元，运算速度每秒 1 亿次。

会后，张爱萍坚决贯彻落实中央的决策，抓紧工作部署，组织从上到下的领导班子和各方面技术力量，巨型计算机的研制工作迅速全面展开。

1978 年 5 月，国防科委在北京召开巨型机方案论证，确立了全流水线双向量阵列部件结构、素数模多模块双总线存储器的总体方案。11 月，国防科委在长沙召开巨型机软件协作会，做出开展巨型机软件全国大协作的重要决策，提出自主开发的软件要与美国著名巨型机 CRAY－1 指令兼容。

会上，国防科委副主任张震寰问陈火旺，有人说软件是天书，究竟什么是软件？陈火旺回答说，硬件好比乐器，软件就是乐谱。再好的乐器，如果没有好的乐谱，是不可能演奏出好的音乐。我们搞软件的，就是要写出动听的乐谱来。生动的比喻，使张副主任一下子就弄清楚了软件在计算机中的地位作用。

由于巨型计算机的研制工作，是在 1978 年 5 月正式启动的，代号定为“785 工程”。

当时，长沙工学院计算机研究所只有一百多名科技人员，科研、教学任务非常繁重。但是同志们个个摩拳擦掌，纷纷请战上阵，感到能参加巨型机的研制，任务既艰巨又光荣，决心豁出命也要研制出来。

国防科委对巨型机研制非常重视，由张震寰副主任直接抓，成立了由科技委李庄秘书长、综合计划部李勇局长等4人组成的办公室。张震寰副主任说：凡是巨型机的事，随时打电话、找我都可以。国防科大成立后召开的第一次党委会上研究了巨型机任务，成立由张文峰副校长、董启强副政委、慈云桂副校长组成的领导小组，张文峰任组长；领导小组下设办公室，苏克任主任。

1978年6月6日，国务院、中央军委批发了国发〔1978〕110号文件，下发《关于成立中国人民解放军国防科学技术大学的通知》，决定将长沙工学院改建为中国人民解放军国防科学技术大学，从当日起启用新的番号。学校从1978年10月1日起归国防科委建制领导，列入军队序列，执行兵团级职权。

1978年10月，国防科技大学执行新的编制，干部、教师和科研人员列入军队定额，陈火旺被任命为国防科技大学电子计算机系助教。12月30日，经国防科学技术大学电子计算机系党委呈报，1979年3月5日，国防科学技术大学政治部干部部批准，陈火旺参军入伍，时间从1978年10月1日起算。

随着国防科技大学执行新的编制，长沙工学院计算机研究所，改为国防科学技术大学计算机系兼研究所，简称六系。1979年4月，任命了系领导班子。主任慈云桂（副校长兼）、政委张景华、副主任胡守仁、副政委杨斌。1980年5月，增加俞咸宜、陈火旺、王振青任副主任；1981年1月，侯军任副主任。

为了集中力量开展亿次巨型机研制，计算机系兼研究所调整了原有的科研任务，对组织编制进行重组，由按任务改为按专业分室，成立了以慈云桂为首的巨型机研制总体组，下设硬件总体组、软件总体组，组长分别为王振青、陈火旺。

总的研制方针路线明确后，经一年多的努力，785模型机研制成功，从结构上看模型机是整机的七分之一。1980 年 3 月，国防科委在长沙召开 785 模型机研制情况汇报会，张文峰在会上说，模型机研制成功起到了稳定人心的作用，回答了巨型机能不能搞出来的问题。

在研制的各个阶段，计算机系得到有关单位的大力支持，调入近百位科技人员充实各室和工厂，从国防科委各基地，调入 50 名具有高中文化程度的优秀战士，经培训后从事设计辅助工作，招收近百名工人充实工厂。研制人员在五年多时间里夜以继日，计算机系食堂每天提供夜餐，有的同志夜餐后继续工作，甚至通宵达旦。后来，为了排除干扰，加快研制进程，把软件研制人员集中到韶山滴水洞，一共工作了 50 多天，集中精力开展研制工作。

周兴铭、张德芳带领逻辑网络和三控室的同志完成主机的逻辑设计，采用双向量阵列结构、全流水线功能部件和复合流水线技术，缩短了运算起步时间。

陈福接带领存储系统室的同志完成主机存储系统的设计，采用多模块素数模双总线交叉访问模式，提高了实际存储数据流量。由杨晓东设计的素数模无冲突访问存储访问控制器，大大提高了向量访存速度。

彭心炯带领集成电路室的同志研究制定主机信号传输规则，对大量组件进行老化测试筛选，为保障机器可靠性起了重要作用。

耿惠民带领电源室的同志完成主机电源系统的研制，采用了交流稳压、整流直接供电的低压大电流供电技术。

李思昆带领人工智能和自动化室的同志研制多种计算机辅助设计、生产、测试的软件和设备，为亿次机研制起了很大作用。

史庆余带领结构工艺室的同志完成主机机架结构设计，研制平行短风路均匀送风的风冷散热系统，解决了高密度组装散热问题。

陈火旺、孟庆余、陈立杰、吴泉源等组成软件总体组，带领搞软件系统的同志首先建立软件工程规范，并开发亿次机操作系统、向量 Fortran 高级语言系统、汇编语言系统、多级诊断系统，开发了 80 类 292 个模块的数学子程序库。

姚庆模、江郁文领导计算机工厂边建设、边生产，建立严格的岗位责任制，大大提高了亿次机的生产工艺水平。

1979 年 8 月至 1983 年 6 月，为软件系统的研制和联调阶段。基于软件技术国际迅猛发展的动向和国内薄弱的现实，陈火旺深知问题的重要性，果断采取措施，主要抓以下几个方面的工作：调集人员，充实软件队伍；采取不同形式搞全国横向联合和大协作；狠抓软件工程化、规范化；狠抓软件的审定和阶段成果的考核以及软、硬件的约定和协调。在慈云桂和陈火旺的支持下，由吴泉源牵头研制的软件工程模拟器，由高文国牵头研制的汇编调试工具，有力地争取了软件研制时间，缩短了研制周期。

到 1982 年 6 月，经过四年多时间的攻关奋战，亿次巨型机基本研制完成，全面进入检测调试阶段，准备在 1983 年鉴定。虽然硬件和操作系统、编译系统等都做得不错，但有一个问题，就是应用软件跟不上。

1982 年初，计算机系决定由系副主任陈火旺和自动化室的李思昆、胡运发、盛运焕四人组团，陈火旺任团长，李思昆任副团长，到美国参加第十九届国际电子设计自动化大会和第十届国际集成电路故障诊断与测试大会。

临行前，慈云桂教授对自动化室主任李思昆讲，系党委经慎重研究才决定派陈火旺副主任和你们一起去美国，你们自动化室的两位老师去美国，主要任务是学习和调研国外的大规模集成电路设计与测试自动化技术。陈火旺的任务是代表系领导看望在美国进修的同志，另外，更重要的任务是调研美国的超级计算机软件技术发展动态，并结识几位美国的计算机软件专家，为加强我系在计算机软件领域的国际交流与合作打基础。你这个副团长要好好配合他的工作，圆满完成这次出国任务。

陈火旺一行，于 1982 年 6 月初出发，在美国待了 24 天。为了考察方便和节省出国经费，不住大宾馆，而是选择住在私人开的旅馆。一行四人，陈火旺和李思昆住一个房间，睡一张大床；另外两个老师住一个房间，一人一张床。他俩睡的床比较软，李思昆体重有 150 多斤，陈火旺才 110 多斤，晚上睡觉，李思昆这边低，陈火旺那边高，经常就滚到李思昆这边了。李思昆把他推过去，过一会他又压过来了。李思昆说，我们换个宾馆，找个硬点的床行吗？陈火旺说，别的宾馆价格贵，就这样凑合凑合吧，把节省的经费多买些资料回去。

在美国期间，除了参加两个自动化国际会议外，陈火旺还安排了很多活动，包括参观美国著名大学、拜访美国著名计算机软件专家、考察美国硅谷高科技公司。每天晚上简短总结半小时后，他还抓紧时间修改即将由出版社正式出版的《程序设计语言编译原理》终审稿。

在参加电子设计自动化和测试自动化国际会议期间，陈火旺多次对李思昆发表感慨说，计算机硬件设计和测试自动化技术，近十年来发展很快，应用水平也很高。软件设计和测试自动化技术发展太慢了，主要是缺乏理论指导。我在复旦大学工作期间思考过计算机科学理论问题，曾编写过一本《数理逻辑与控制论》教材，想寻求一条发展计算机科学理论的路子。后来到长沙工学院，忙于工程任务，就搁下了。

在去美国硅谷参观考察 INTEL 微处理器设计中心和微处理器生

产线后，陈火旺感到我国的微处理器的研制与应用与国际先进水平相差了好几代。当时，国内虽有发展微处理器规划，但无微处理器生产能力。1982 年，国内大量应用的是 8 位微处理器，16 位微处理器很少。但美国的生产线上一开始就批量生产 32 位微处理器了，这对我们巨型计算机未来的发展是很大的挑战。他对李思昆说，老李呀，你看看，这么大的差距，今后我们的任务很重啊。本来设计生产微处理器就不容易，每种微处理器都需要开发编译器和操作系统，才能推广应用，我们得奋起直追啊！

陈火旺还带领大家去参观斯坦福大学图书馆，看看世界一流大学的图书馆是什么样子。参观后他说，我们学校的图书馆与斯坦福大学差距真是太大了。

陈火旺先后拜访了在去美国前已有联系的两位著名计算机软件专家。第一位是南加州大学电子工程系的哈曼教授，哈曼教授主要从事程序编译原理教学和研究，曾在美国 CDC 公司主持过一种程序语言编译器的开发，后来因对教学科研更有兴趣，应聘到南加州大学工作。由于陈火旺和哈曼都是既有程序语言编译器设计实践经验，又对编译原理有深入研究的教授，两人一见如故，有相见恨晚之感。交流了两个多小时，仍有很多问题需要探讨。后因要参观该校计算中心的 CDC 公司 SYBER 大型计算机，只得终止交流。在参观过程中，哈曼教授较具体介绍了 SYBER 大型计算机 Fortran 语言编译器的技术特点和不足之处，使陈火旺深受启发。

拜访的另一位是美国斯坦福大学电子工程系的雷德尔教授。雷德尔教授是从事计算机操作系统教学和研究的，学识面宽且很健谈，曾参加过美国国防部预研局多个大型和巨型计算机项目的规划。他很想了解中国的计算机软件发展状况，对陈火旺的到访非常热情。尽管双方出于保密，没有谈及国家和国防工程项目，但对计算机软件发展面临的挑战问题，都有各自的看法。交流了一个多小时，到下班时间了，双方感到话不尽意。雷德尔教授提议第二天即星期六到他家吃早点，然后驱车去游览美国著名的山区风景，继续交流。在游览中，陈火旺与雷德尔教授不仅深入探讨了面向对象的概念和技术方法，而且还具体询问了美国的科研项目管理机制问题。雷德尔教授多次表达了在长沙举行国际计算机软件学术交流会的愿望。陈火旺回国后立即落实了此事，在长沙接待了雷德尔等多位在美国认识的大学教授。

在斯坦福大学访问期间，陈火旺经人介绍，见到了一位在斯坦福大学从事数理逻辑和程序设计方法教学和科研的教授。这位教授叫王华金，是祖籍福建的台湾人。王教授在美国见到大陆来的同行同乡非常高兴，当天下午下班后，他开车载着陈火旺一行四人到太平洋海边的一个茶馆中用国语进行了长时间亲切的交谈。王教授对陈火旺在程序语言编译领域既有渊博的理论知识，又有丰富的工程实践经验很敬重，非常具体地介绍了斯坦福大学计算机科学理论的发展规划和发展状况，谈了斯坦福大学的计算机教育理念和教学方案。王教授非常关注大陆计算机软件和计算机科学的研究发展状况，在听陈火旺的简要介绍后很激动，再三表明愿意到大陆进行学术交流的愿望。

通过在美国与几位教授的交流，陈火旺感慨地说，我们现在的科研体制很适合工程研究，但在原始创新上有缺陷。我们的科研体制和他们不一样，他们是以教授为核心，研究的是前沿技术，适合于创新。其思想观念、文化氛围，是在这种体制下形成的。我们基本上是团队作战，以完成一个工程任务为目标，来组织来干活。这就是我们和他们的体制差距。他接着说，计算机系是以科研项目带学科、带教学，虽然有优势，也有缺点，往往是学生接触不到前沿技术。因为搞工程肯定是用比较成熟的先进技术，这样才能把机子做出来。

回国后，陈火旺就如何推进学科发展的问题，从战略上作了一些思考，提出一个学科要有自己的方向，学科建设必须走在国际国内前面，只有这样才能保证创新活力，保持科研长盛不衰。

他们完成在美国的学习考察行程后，从丹佛乘飞机到旧金山。从旧金山一出机场，在取行李时发现4个人的包全都丢了。机场人员就说对不起，请放心，一定会找回来的。他们只好到中国旧金山领事馆住了一晚上。第二天，美国人就把旅行包送过来了，说对不起，是我们的工作失误。后来，他们才知道，可能由于行李中带了大量在美国购买的图书资料和磁带，实际上旅行箱是拿去安检去了。可见，美国还是对中国人实行了严格监控。

陈火旺这次学习考察，通过对美国先进软件技术的了解，开阔了视野，增强了发展我国巨型计算机的紧迫感、使命感和责任感。同时，对于我国巨型机应用软件的开发使用，起到了有力促进作用。因为，当时我国的巨型机，与国外机的软件指令系统是兼容的，虽然硬件不一样，方法不一样，编译技术不一样，但程序语句是兼容的，完全可以学习借鉴他们的一些先进技术。

1983年1月，“785工程”主机硬件调试完毕，中央军委副秘书长兼国防部长张爱萍，将785机命名为“银河”机，即“银河－Ⅰ”（YH－1）。6月系统软件调试完毕；7月全系统交付用户正式试算，进入考核鉴定阶段；12月4—6日，通过了由国家有关部委领导和专家共32人参加的国家鉴定。

1983年12月，亿次巨型机通过国家级鉴定。鉴定书确认，“银河”计算机是我国自行研制的第一台亿次电子计算机系统，系统稳定可靠，软件较齐全，其主要技术指标均达到和超过了鉴定大纲的要求，具有国内先进水平，某些方面达到了国际水平。它的研制成功，填补了国内巨型机的空白，标志着我国进入世界研制巨型机的行列。“银河”计算机整个研制过程中，贯彻执行了党的十一届三中全会以来的路线、方针和政策，独立自主，自力更生，充分利用我国对外开放的条件，进口急需的元器件和设备，借鉴国外先进技术，结合我国情况，有所创新，高质量地完成了这项重大的国防科研任务，为发展我国的计算机事业，提供了宝贵的经验。

这台巨型机软件系统得到高度评价，被认为达到当时的国际先进水平，其向量 Fortran 目标效率和向量自动识别器的识别率，高于当时一些发达国家同类编译器的水平。

1984 年，“银河－Ⅰ”亿次巨型机获国防科技成果特等奖，陈火旺作为主要完成者，获个人国防科技成果一等奖，并荣立二等功。计算机系荣立集体一等功。

1984 年 10 月 1 日，在国庆 35 周年阅兵后的游行中，“银河－Ⅰ”巨型机模型彩车通过天安门广场，接受国家领导人和全国人民的检阅，慈云桂教授作为科研工作者代表，登上天安门国庆观礼台。

2. 领导 Fortran 语言编译器研制

1978 年，计算机研究所已启动研制亿次巨型计算机的任务，陈火旺具体领导 Fortran 语言编译器的研制工作。

从研制初期研读语言文本，到方案设计、接口讨论和代码调试，直至国家测试题试算，陈火旺指挥调度大型工程的全过程，充分体现了他高水平的学识才能、运筹帷幄的大将风度、求实务真的科学作风，以及为国家利益不畏艰险、勇攀高峰的精神。

1979 年 4 月 17 日，陈火旺因在 718 符号语言和 Fortran 语言系统研制中成绩突出，由国防科技大学计算机研究所批准，荣立三等功一次。4 月 23 日，由国防科学技术大学党委批准，国防科委下达命令，陈火旺由计算机研究所软件教研室副主任、助教，晋升为副教授。

1980 年 3 月，经国防科学技术大学党委批准，陈火旺调整为高教 19 级，时间从 1979 年 11 月 1 日起算。5 月 15 日，由国防科学技术大学临时党委呈报，国防科委政治部干部批准，根据本人德才表现和担负的繁重科研工作，陈火旺由国防科学技术大学计算机系软件教研室副主任，晋升为计算机系副主任兼软件系统研究室主任。

为集中精力搞好软件工作，1981 年 5 月 26 日，由国防科学技术大学电子计算机研究所呈报，6 月 11 日，由国防科学技术大学政治部干部部批准，免去陈火旺兼任的软件研究室主任职务。

1982 年 6 月 5 日，由钱学森签署，国防科委科技干部职级评审委员会同意，6 月 12 日，国防科委批准，陈火旺晋升为教授。

陈火旺在聚精会神思考问题

1983 年，陈火旺因负责研制的 441B – Ⅲ机 Fortran 编译程序获湖南省、全国科协集体奖，参加“718 工程”和“远望一号”中心计算机研制，个人荣立三等功。6 月 21 日，国防科学技术大学干部部评审小组呈报，国防科学技术大学党委同意，10 月 26 日，国防科工委党委批准，陈火旺由技术七级调整为六级。

从 1979 年至 1983 年四年间，陈火旺两次荣立三等功，技术职务从助教晋升为副教授、教授，技术等级由定为八级调整为六级。这既是组织上对他做出突出贡献的肯定和褒奖，也表明他肩上的责任更加重了。

"银河-Ⅰ"上马于改革开放初期，尽管国家迫切需要，但因当时国内计算机技术和工业基础比较薄弱，在计算机系对能不能完成研制任务存在不同意见。面对这样那样的意见，陈火旺的态度非常坚定。

他说，"785 工程"是国家行为，是立下军令状的。军令状意味着什么，意味着只许成功，不许失败。在战场上，立军令状意味着完不成任务就要掉脑袋。现在有些人对我们能否承担这样重大的任务有怀疑，认为我们做不成。我们一定要争气，要以脑袋别在裤腰带上的精神奋发图强，一定要把系统软件研制好！说这番话时，陈火旺的表情很严肃，给了大家很大震撼，充分体现了他豪爽的性格。

其实，陈火旺"脑袋别在裤腰带上奋发图强"的说法，不仅是为了激励大家，更是他自己全身心投入研制工作的真实写照。

从 1979 年 5 月中旬开始，陈火旺任计算机系副主任，从教研室到系里，主要是分管软件工作。俞咸宜后来也调到系里任副主任，主要是分管教学工作。国庆节后，亿次巨型机的硬件研制进展顺利，但软件开发进度跟不上。国防科委张震寰主任指示，软件也要搞好，不能以瓜代菜。

把陈火旺调到系里负责抓软件，正是为了加强软件方向的力量，加快研制进程。由于硬件已经搞一两年了，研制 Fortran 语言编译器和开发系统软件，时间紧、任务重，面临的最大困难是人手紧缺。

1977 年恢复高考制度后，计算机研究所既要研制亿次机，又增加了人才培养任务，教学科研两线作战，人手确实告急。为了保证教学质量，计算机研究所专门成立计算机硬件和软件两个教研室。俞咸宜任软件教研室主任，陈火旺任副主任。我国“文革”前的计算机教育刚刚起步，由于受苏联的影响很大，主要内容是数字电路、模拟电路、数字逻辑、计算机原理、计算机系统结构、程序设计、计算方法等。改革开放后，对照西方发达国家大学的计算机教学计划，发现计算机专业的课程体系已有很大变化。有些课程以前根本没听说过，如数据结构、离散数学、数据库等，有些课程名字虽然知道，如编译原理、操作系统，但真要系统地开展教学就困难了。俞咸宜和陈火旺组织教研室的老师，收集国外大学计算机教学计划、教材，组织大家学习、备课、试讲，观摩老教授上课，克服重重困难，各项教学工作顺利开展。

为了解决计算机研究所软件开发人手不够的问题，国防科委协调从中国工程物理研究院等单位调来几名同志，他们都有丰富的编程经验，但都没有搞过编译器和系统软件的开发工作。面对立下军令状的巨大压力，计算机系党委研究决定，又从教研室抽调力量，陆续给教研室的五位老师安排了“银河－Ⅰ”的软件研制任务，齐治昌也在其中，参加“银河”向量 Fortran 语言编译器的开发。这件事，得到了俞咸宜主任的大力支持，五位老师一边上课，一边搞“银河－Ⅰ”的软件开发，充分体现了计算机系团结协作、奋勇拼搏的精神和教学科研相结合的优良传统和作风。

齐治昌在 441B－Ⅲ计算机 Fortran 语言编译器的开发工作中，曾经完成等价语句、公用语句和目标代码生成等方面的工作，这次陈火旺又把“银河”向量 Fortran 语言编译器的目标代码生成的工作交给了他，跟他一起工作的，是陈火旺刚入学不久的硕士研究生赵克佳。赵克佳工作勤奋上进、一丝不苟，软件设计思路清晰、工作效率高。后来77级硬件毕业生沈志宇又分配到课题组里来，又有四名78级软件专业的学生，结合向量Fortran语言编译器的目标代码生成任务，到课题组做毕业设计。

77级、78级学生毕业以后，有30多人投入“银河”机维护使用中。这30多个学生，人随机器一块走，连硬件带软件，随机器一块到绵阳。这些学生发挥了很大的作用，机器维护得很好，用得也很好。1994年，齐治昌一行到绵阳去考察，特意去看了他们。这批学生是“文革”以后，按照全新的教育计划培养的，上了很多以前没有上过的课程，如操作系统、数据库、编译原理，等等。这也说明，计算机系在人才培养上是成功的。

到1980年，编译器研制搞了一年，但是遇到了不少技术问题，需要闯过一道道难关。由于“银河”机与441B－Ⅲ比起来，要复杂得多了。指令系统很丰富，做编译器，形成目标代码的时候，可选的方案就很多。不像以前，做加法，就是加法，一一对应就可以生成高质量的代码。但在“银河”机上还有高速缓存，如何发挥高速缓存的作用，为运算器及时提供操作数，是一个很复杂的问题。

还有一个问题，它的语言是向量Fortran，“银河”机有向量寄存器，有向量运算的设备，怎么挖掘向量运算的潜能，又是一个复杂的技术问题。

当年，国外有两个学术方向，一个是隐式的，一个是显式的。第一个技术途径是隐式的，就是按照通常的Fortran语言写程序，然后一个软件挖掘出向量的成分来，或者说用现有的Fortran程序，搞一个软件来识别向量的成分，识别好了后，带有向量成分的再进行编译，然后再运行。这个难度就很大了，搞编译器的工作，要解决好这个问题，真是不容易。第二个技术途径是显式的，就是做向量运算了，建立一个向量运算库，然后就用通常标量的 Fortran 程序，要用到向量部分，就调用它，而向量库是用汇编写的，不是用 Fortran 写的。相对而言，显式的就比较简单了，但问题是要建立一个向量库。

随着后来调来的人越来越多，每个人都有自己的想法，临时组建这样一支队伍，什么经历的人都有，时间又很短，要求按照时间节点完成任务，困难是难以想象的。

1981 年的夏天，酷热难忍，办公室没有空调，简直无法工作。湖南省委对“785 工程”非常支持，说你们到滴水洞去干吧，那里是山区要凉快一点，也比较清静。当时正好是暑假，大家在韶山滴水洞干了两个月，在那里做完很多方案。

1982 年底，向量 Fortran 语言编译器进入系统集成和测试阶段。大家团结合作找出一些分系统测试没有发现的缺陷，很快就能算题了，1983 年顺利通过国家测试和鉴定。

在使用过程中大家发现，开发的编译器与国外同类编译器相比，存在编译和目标程序运行效率不高的问题。对此，软件的第一个版本交付后，紧接着就进入了软件维护过程。软件维护包括纠错性维护、完善性维护和适应性维护。现代软件开发的观点是，软件维护是软件的进化，软件开发和维护贯穿软件整个生存周期，必须长期投入大量的人力和物力，采用螺旋迭代的工作模式才能完成。

“银河 - Ⅰ”硬件做出来后，编译和操作系统同时进行联调。因只有一台机器且操作系统尚未完成，所有软件的调试只能在一个单道的小操作系统上进行。大家都需要使用机器，机时非常紧张。为了多得到一点机时，陈火旺总是将编译器的调试安排在后半夜，因为后半夜的机时连续时间长一些。联调是关键时刻。夜班联调时，陈火旺经常和大家一起熬夜工作。Fortran 编译器的总控程序是陈火旺亲自编写的，将编译器各部分通过总控程序连接在一起，也是他在夜班时调试成功的，在“银河”机上编译成功的第一道题也是夜班时调试通过的。

陈火旺、齐治昌、赵克佳等同志，看到高速打印机上“劈劈啪啪”飞快打印出的正确结果时，他们以及在场的每一位参加测试人员，表现出异常的兴奋和喜悦。

在编译器设计方案中，陈火旺对一些关键问题的决策和勇气，表现出一名科技工作者的担当和智慧。

陈火旺做出的重要决策之一，是决定编译器要有自动向量化功能。为此，他从湖南大学调来数学基础扎实的吴健安老师负责向量化的工作，联合湖南大学、武汉大学的老师同时开展技术攻关。在向量化实现途径上，为了规避向量化技术不成熟的风险，同时也便于同步开展工作，陈火旺没有照搬 Cray－1 将向量化放置在编译器内部的做法，而是将其独立成一个工具放置在编译器之外。其效果以及国外随后出现的很多向量化软件的做法，都证明这一决策非常正确。“银河－Ⅰ”Fortran 编译器的自动向量化在国家试算中，对多数程序都获得了较好的加速比。今天看来，当年决定上自动向量化，确实需要有一股不畏艰难、勇于探索的精神。

陈火旺作出的第二个重要决策，是决定在标准 Fortran 77 语言中增加数组运算语法。以往的程序设计语言，包括 Fortran 77，都只支持操作数是单个数据对象的标量运算。数组运算则不同，它的一个运算可以同时操作同一类型的一组数据对象。这种语言功能特别有利于表示“银河”巨型机特有的向量操作，能给程序员主动开发向量程序提供强有力的手段。但当时就连 Cray－1 也未提供此功能，而且提出这种数组运算语法的不过是一个小公司。然而，这种数组语法表示一面世，就被陈火旺敏锐地捕捉到了。尽管当时在实现数组运算上还存在一些技术困难，但他仍然毫不犹豫地决定在“银河－Ⅰ”Fortran77 编译器中，增加对数组运算的语法支持。这一语法扩充，为“银河”机的应用产生重大影响。“银河”机国家试算时，利用数组运算编写的 Fortran 算法库程序，表现出优越的性能。

正是陈火旺的这个决定，使我国自主研制的编译器早于国际标准 10 年，实现了后来 Fortran 90 标准扩充的数组运算功能。正是陈火旺这种事业心、责任感，实事求是、追求卓越的精神，在科学探索崎岖道路上不畏艰险、勇往直前的信心和勇气，确保了亿次巨型计算机研制任务圆满成功。

3. 夫唱妇随勇挑软件研发重担

1957 年 7 月，吴明霞从复旦大学数学系毕业，分配到中国科学院电子研究所搞电子学研究。后来，转向信息论研究。国家的需要，组织和领导的期望，以及一个大学毕业生肩负的使命，让她横下一条心，从头学！经过几年的刻苦钻研，她为中国科技大学编写了信息论教材，亲自为两届学生讲授信息论课，指导学生进行毕业论文设计，受到了领导和学生好评。

1963 年，中国科学院考核年轻科技人员时，她以优异成绩考取了信息论专业的助理研究员。后来，她又参加了中科院为某国防工程研制专用计算机的任务，圆满完成了输入输出及接收方案的研制与模拟。

1970 年底，吴明霞从中科院电子研究所，随同陈火旺一起调到长沙工学院，任计算机研究所软件研究室助教，夫妻一起从事计算机软件研究工作。1978 年 5 月，研制亿次巨型计算机的战斗打响了，陈火旺被任命为软件系统总负责人，吴明霞承担了软件系统中汇编语言系统的任务。10 月，吴明霞随国防科技大学重归军队序列入伍，并由一名普通教员升任软件研究室副主任，她肩上的担子更重了。

吴明霞受领任务后，经常通宵达旦地工作。同年 9 月，她提出了一个汇编语言方案，该方案虽然使用简单方便，但是与发达国家同类巨型机的方案相比还有很大的差距。她下定决心，我国的计算机瞄准了世界先进水平，我们的汇编程序必须达到国际先进水平，一定要研制出一个具有国际先进水平的汇编语言系统。在从事软件研究人员少的情况下，吴明霞废寝忘食，日夜奋战，长期在机房加班加点，晚上经常工作到十二点，有时一天连续工作二十个小时。

经过一番艰苦的努力，吴明霞在掌握大量新资料的基础上，提出了构造工具汇编器的实现方案，为工具汇编器的研制工作打下了基础。软件研制工作全面铺开以后，吴明霞对自己领导和组织的汇编语言系统及时提出了总体设计方案，并为实现这个方案解决了几个关键的技术问题。她还亲自参加设计、编码、分调和联调的全部工作。

吴明霞在工作中顾大局，出了问题首先检查自己。有一次，汇编程序在机器上调试时运行不下去了，她虽然也怀疑是硬件的问

吴明霞（前右1）参加“银河－Ⅱ”巨型计算机编译与并行技术鉴定会

题，但首先还是从自己的程序查起。经过反复分析和检查，没有发现问题，这才找到研制硬件的同志协商。她找到搞硬件的同志，笑眯眯地说麻烦你帮我找一下程序的问题好吗？搞硬件的同志仔细地看了程序，没有发现什么问题。他们又一起研究硬件有没有问题，花了 10 多天时间把 30 多个符合点一个一个地压缩，终于找到了故障点。当吴明霞发现是硬件一个指令缓冲器的设计有逻辑错误时，她没有埋怨，更没有推诿，而是协助搞硬件的同志解决了问题。这件事，让从事硬件研制的同志非常感动。吴明霞这种顾全大局、团结协作的精神，多次受到国防科工委和学校领导的表扬。

吴明霞在政治上要求进步，积极向党组织靠拢，多次向党组织提出入党申请，但由于家庭出身地主，在唯家庭出身的极左年代，被一拖再拖。1985 年 8 月，终于光荣加入中国共产党。

1970 年以后，吴明霞先后参加了“银河－Ⅰ”“银河－Ⅱ”等国家和军队重大科研项目的研究，写出了数十篇科研论文和技术报告，翻译了近十万字的外文资料，获国防科工委科技进步一、二、三等奖各一项。因工作成绩突出，在1984年7月和1992年1月，两次荣立三等功。

正当“银河”机研制紧张阶段，吴明霞的大儿子要高考了。热心的班主任找上门恳切地对她说：“你们哪怕抽一点点时间辅导一下孩子，还有考上大学的希望。”

吴明霞有点动心了，找了块小黑板挂在寝室门上，一连几个晚上，给孩子辅导数学，孩子的长进很大，几何测验得了从未有过的一百分。

而陈火旺却冲着吴明霞说：“你这是干吗？你的程序编完了吗？”她含泪收起小黑板，晚上继续到实验室加班。

1982年，吴明霞按期完成了汇编语言系统，而她的大儿子却高考落榜了。他们这种舍小家顾大家、一心扑在工作上的无私奉献精神，一直为大家所敬佩、所称赞。

这个时候，吴明霞的年龄快到50岁了，她对党中央关于干部年轻化的战略措施，打心眼里赞成，向所领导恳切建议让比她年轻而又有能力的同志担任室里领导工作，得到了所领导的同意。她从领导岗位上退下来后，对新领导很尊重、很支持，鼓励他们放开胆子干，并经常给他们出点子。工作上，她主动给自己压担子，争取为计算机事业做出新的贡献。

1985年3月，在“三八”节前夕，吴明霞被全国妇联授予“全国三八红旗手”的称号，并光荣出席了全国妇女改革创新先进人物表彰大会。这是她长期对科技事业执着追求、敢于创新、成绩优异而受之无愧的奖赏和荣誉。

1986年12月，吴明霞由助教晋升为副教授。1992年12月，

陈火旺、吴明霞和学生合影

专业技术等级调整为五级。1994 年 1 月，文职干部级别定为三级。1994 年 12 月，由副教授晋升为研究员。1995 年 4 月，批准退休。

1999 年下半年，吴明霞感到身体不舒服，经常咳嗽、疲劳乏力。开始以为是患了肺结核，治疗了三个月还不见好转，就到湖南湘雅医院进行检查，结果出来后，确诊是肺癌，全家人吓了一跳。赶紧送到湘雅医院治疗一段时间后，陈火旺又专程陪着到上海治疗。由于到了肺癌晚期，治疗效果不够理想，她的身体状况越来越差，后来到了骨瘦如柴的程度。

2000 年 3 月 8 日凌晨 2 点 45 分，吴明霞因医治无效在长沙逝世，享年 65 岁。对夫人的早逝，陈火旺无比悲痛，也感到有些自责。他经常说，这可能是我抽烟造成的，导致她在家里被动吸烟过多而患病。

吴明霞的许多亲人、同事、朋友和学生，至今还常常深切回忆和缅怀她的一些往事。大家感到，她不仅要肩负起参与“银河”机研制的重任，还扛着一个家庭，照顾丈夫和两个孩子，尽最大可能给予关照关爱。她在几个姐弟中，是最显苍老的一个，看上去比大姐都显得老态，又瘦又干又老，头发很早就白了，这都是由于长年辛苦劳累所致。

她不管工作多忙多累，一回到家里，缝补浆洗等家务，一切全包了。她个头矮小，每次打扫卫生时，都是自己爬到窗子上去，把窗帘拆下来洗干净，再挂上去。陈火旺工作负荷重，他总是想方设法照顾他，经常注意给他补充营养。有一年冬天，她为了做他爱吃鱼头炖豆腐，竟然从学校走路到离家很远的太平街集贸市场去买食材。有一次，吴明霞和宁洪一起坐火车去上海出差，她对宁洪说，千万不要透支自己，还讲到家里卫生马虎一点算了，再就是不要耽误了孩子。陈火旺、吴明霞夫妇与宁洪，既是师生、又是同事，关系比较密切，吴明霞讲到的这两点应该是她本人最深切的感受，因为她退休后不久就发现了癌症，回顾自己这一生，觉得太累了。

有一次，陈火旺给殷建平一篇论文，反面有吴明霞写的字：“老陈，牛奶已热好，在锅里，你起来以后去吃。”可能是头天晚上陈火旺加班了，早上起不来，她自己做早饭吃了以后上班去了，她担心陈火旺不吃早饭，就在论文上面写上字提个醒。可以看出，她在生活上对陈火旺的关爱是无微不至的。

陈火旺和谈正信有一次一起到北京出差，相约出发前到陈火旺家碰头。谈正信到后，看到吴明霞正在帮陈火旺整理行李，并一一给他交代。谈正信问吴明霞：“这还要你整理?”吴明霞说：“你问问他。”谈正信开玩笑对陈火旺说：“你真舒服啊！”吴明霞是软件研究室副主任，是研制“银河－Ⅰ”汇编器的组长，为了保证陈火旺的工作，除了自己必须高质量完成本职工作，还承担了所有的家务。

有一天傍晚，吴泉源与爱人一起散步路过陈火旺家，正好遇到吴明霞急得像热锅上的蚂蚁，很着急地问有没有见到陈火旺。原来陈火旺晚饭后独自一人外出已有一二个小时了，吴明霞打电话几乎问遍了所有熟人，都没有见到陈火旺，那个时候还没有手机，吴明霞生怕陈火旺外出摔倒在什么地方了，还让儿子骑摩托车到处找，也未找到。一直到晚上 10 点左右，陈火旺终于悠哉回来了，原来他是到校门外的理发店理发去了。吴明霞心里的一块石头终于落了地。

吴明霞和陈火旺，在事业上、工作中，可以说是齐头并进、比翼双飞。但工作之余，吴明霞还要肩负照顾家庭的重任。陈火旺是一个眼里只有工作、不管家的人，而且还是一个生活自理能力不强的人。陈火旺取得的成就，离不开吴明霞的关爱，离不开她幕后的全力支持，吴明霞是劳苦功高、功不可没。

第七章 Chapter 7

抢占前沿 推进软件技术创新

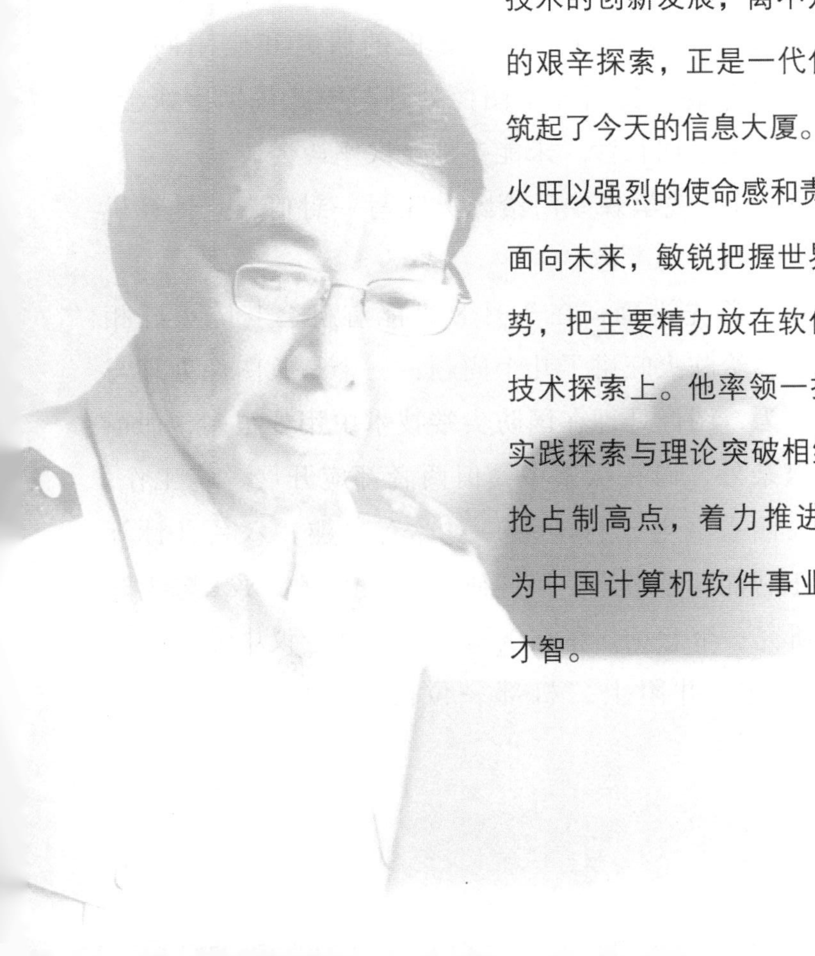

计算机技术的突飞猛进，离不开软件技术的创新发展，离不开许许多多科学家的艰辛探索，正是一代代人的奋斗，才构筑起了今天的信息大厦。1983 年以后，陈火旺以强烈的使命感和责任感，面向世界、面向未来，敏锐把握世界软件技术发展趋势，把主要精力放在软件理论研究和软件技术探索上。他率领一批年轻学者，坚持实践探索与理论突破相结合，瞄准前沿、抢占制高点，着力推进软件技术创新，为中国计算机软件事业发展贡献了全部才智。

1. 率先研制面向对象的集成化软件开发环境

1980年7月上旬，正当“银河－Ⅰ”软件系统研制紧张攻关之际，陈火旺到北京开会，8日与钱学森有过一次相谈。他对计算机软件技术、计算机智能系统的发展，汇报了一些想法和建议，得到钱学森的充分肯定。

当时，国防科委正在谋划推进人工智能的研究和应用问题。1980年7月9日，钱学森主持召开了图像处理与模式识别座谈会，由于陈火旺9日下午离京回长沙，未能参加这次座谈会。

1980年7月13日，钱学森专门给陈火旺写一封信，就计算机图像识别和处理谈了自己的考虑。

钱学森在信中，首先讲到，在7月8日能有机会与陈火旺相谈，很高兴。然后，给陈火旺讲了几个问题：一个是，图像处理与模式识别座谈会认为，图像处理在国防尖端技术中用处很多，而模式识别除统计法繁杂外，尚在探索中，但两者都应开展一定工作。二个是，国防科大四系（电子科学系）对此有兴趣，六系（计算机系）也应从人工智能角度考虑，搞些研究。三个是，要求陈火旺和学校有关同志研究一个意见，将在国防科委规划会议中专题研究这个方面的科研工作。并附上二机部一位留美访问学者给他的来信。

可以说，访问学者的来信，引起钱学森的高度重视。是促成钱学森和国防科委进行谋划决策的因素之一，也是钱学森给陈火旺写信的重要原因。

钱学森在给陈火旺写信的同一天，还特别告知国防科委张震寰副主任："拟给陈火旺去一信，促他们考虑图像处理和模式识别，请过目。可否请示。"

当天，张震寰做出批示："云桂、景华同志：此件请阅毕转火旺同志，就你们系的意思，是否也考虑一下这个问题，钱副主任见火旺同志谈，因时间短未能尽意，他说整体不仅是亿次机，而是更长远一些的人工智能，似乎教研室、全校都要考虑这个问题，请报告一下张、李首长。"

云桂为时任国防科技大学计算机系主任的慈云桂，景华为时任国防科技大学计算机系政治委员的张景华。张、李为张衍、李东野。

1978年9月13日，中央军委任命张衍为国防科技大学校长，1983年12月离任。1979年2月10日，中央军委任命李东野为国防科技大学政治委员，1983年12月离任。

国防科技大学对钱学森的来信高度重视，校长张衍、政委李东野召开会议，专题研究贯彻张震寰批示和钱学森来信和问题，就如何抓好落实进行部署，提出明确要求。

随后，计算机系主任慈云桂、政委张景华，组织陈火旺等搞软件的专家，研究贯彻落实钱学森来信的措施和要开展的工作，明确由陈火旺牵头组织实施。陈火旺受领任务后，深感责任重大，立即组织力量进行研究，很快将形成的研究报告报国防科委。

从此，陈火旺的探索开始拓展到人工智能领域。在陈火旺的带领下，国防科技大学在这个领域的学科建设、人才培养和科学研究，都取得了卓越成就。

从钱学森给陈火旺的信中，看到了一位大科学家的远见卓识，也体现了对陈火旺的高度信任。陈火旺不负重托，作为主管计算机系教学和学科建设的系副主任，以强烈的责任心和踏实的工作作风，积极组织落实人工智能教学和科研工作。

为了确定计算机系人工智能与模式识别的主要研究方向，他对校内单位的人工智能与模式识别研究状况进行了认真调研，并安排人工智能与自动化研究室的李思昆、计算机软件教研室的刘凤岐、情报资料研究室的杨逢春三位老师，对国内人工智能与模式识别研究起步较早、水平较高的单位和团队进行了半个月的调研。通过调查研究，陈火旺敏锐地把握了人工智能的研究发展动态和前沿，从计算机系实际出发，明确提出，应重视人工智能人才培养，抓紧调整计算机系的本科生和研究生教学计划，增加人工智能方向的课程；计算机系人工智能的研究重点，应和学校自动化系和电子技术系有所区别和分工，一方面应发挥在计算机科学理论研究方面的优势，加强人工智能基础科学问题研究，另外应发挥计算机应用软件系统开发方面的优势，重点研究开发领域专家系统，以应用促进人工智能技术发展。

在陈火旺的领导和带动下，计算机系陆续开设了人工智能原理、专家系统、自然语言理解、模式识别等课程。陈火旺本人带领研究生开展非单调推理这一人工智能基础前沿问题研究，取得了高水平研究成果，并带领年轻教师和研究生研制成功我国最早的英汉机器翻译系统之一——Matrix。在陈火旺的支持和鼓励下，计算机系多位年轻教师积极主动承担人工智能方向的课题研究。刘凤岐与湖南中医研究院的专家合作，研制成功中医诊断专家系统；李思昆结合设计自动化的需求，主持研制成功逻辑设计专家系统；吴泉源先后与多个军队单位合作，主持开发了多个军事指挥决策专家系统；殷建平主持开发了具有国际先进水平的指纹识别专家系统，等等。所开发的各领域专家系统都取得了良好的应用效益和社会效益。经过十几年的努力，计算机系在人工智能人才培养、基础前沿研究以及应用系统开发中，取得了国内同行公认的成就，为推动我国人工智能技术发展做出了重要贡献。

1985 年，陈火旺率先在国内倡导和开展面向对象方法的研究，提出加速基本类的运算方法。

1987 年春季开始，陈火旺率领一批年轻学者，在“863 计划”和国家自然科学基金资助下，在国内率先开始了研制“面向对象的集成化软件开发环境”的艰难探索。

软件开发环境，是指在基本硬件和宿主软件的基础上，为支持系统软件和应用软件的工程化开发和维护而使用的一组软件，简称 SDE。它由软件工具和环境集成机制构成，前者用以支持软件开发的相关过程、活动和任务，后者为工具集成和软件的开发、维护及管理提供统一的支持。

软件开发环境，在欧洲又叫集成式项目支撑环境。软件开发环境的主要组成成分是软件工具。

面向对象的集成化软件开发环境的功能，包括软件开发的一致性及完整性维护，配置管理及版本控制，数据的多种表示形式及其在不同形式之间自动转换，信息的自动检索及更新，项目控制和管理，对方法学的支持。

面向对象的方法是二十世纪八十年代流行的软件开发方法，是当时世界计算机软件行业最热门的研究课题之一，是极具挑战性的前沿技术领域。二十世纪八十年代末，陈火旺开始“面向对象的软件开发环境”和“可信软件开发工具”研究，并将从事程序理论和程序设计方法学研究的学生，也引导到这两个实践性很强的方向上。

陈火旺带领课题组，在对国际上已有软件开发环境进行大量分析和研究的基础上，研制了国内第一个面向对象的软件开发环境GWOOSE。该系统以面向对象程序设计语言Smalltalk为核心，集多种软件开发工具于一体，能够为用户编制、调试和运行程序提供全面而又友善的支持。该系统可运行环境是VAX/VMS，用C语言实现，便于移植。

陈火旺在指导年青教员

陈火旺带领参加这一课题的年轻人，有的是在参与国家和军队重大工程实践的人员，有的是正在攻读学位的研究生。他们在陈火旺的指导下，发挥了极大的主动性和创造性，把实践中的探索同理论上的突破紧密结合起来，撰写和发表了一批高质量论文。1990年，“面向对象的集成化软件开发环境”研制成功。1993年，与王献昌合作完成的《真值维护系统的语义》，在《中国科学》上发表；与王怀民联合署名的《人工智能软件中的面向对象程序设计》，在《软件学报》上发表。

1990年3月，“面向对象的集成化软件开发环境”通过由国家教委主持的成果鉴定。参加鉴定的国内计算机软件专家们一致认为，该系统达到了国际80年代同类软件开发环境的先进水平，在国内尚属首创，具有实用价值和很好的应用前景。12月，该成果获国防科技进步一等奖。

在陈火旺的指导下，王怀民是学习和研究面向对象的软件开发方法，并将此方法应用于人工智能领域的年轻专家。王怀民博士毕业后，在陈火旺的鼓励下，又将此方法应用于当时刚刚兴起的网络计算领域，在面向对象中间件技术领域取得成果。

王怀民是王兵山教授的硕士，是陈火旺的博士，后来成长为国防科学技术大学教授、博士生导师。历任国防科学技术大学计算机系兼研究所研究室主任、教授，国防科学技术大学计算机学院网络技术与信息安全研究所所长、教授，计算机学院训练部部长，计算机学院副院长，国防科学技术大学训练部总工程师，国防科学技术大学副教育长，国防科技大学副校长兼教育长。还是国家“863计划”信息技术领域专家组成员，国家杰出青年基金获得者，长江学者特聘教授，国家“万人计划”首批百千万工程领军人才和军队科技领军人才。担任过“十一五”国家“863计划”“高可信软件生产工具及集成环境”重点项目总体组组长，“十二五”国家“863计划”“大型网构化软件的可信开发、运行和演化技术体系与服务支撑环境”主题项目首席专家，国家自然科学基金委信息科学部第

四、五届专家咨询委员会委员，军委科学技术委员会需求、体系设计与规划领域专家委员会副主任，英国利兹大学高级访问学者，中国计算机学会常务理事。长期从事分布计算领域研究，在网络时代的分布计算体系结构与支撑平台关键技术方面做出系统性和创造性贡献，社会、经济与国防效益显著。获国家技术发明奖、国家科技进步奖多项。发表论文 160 余篇，他引约 4000 余次，授权发明专利 43 项。承担中国科学院、中国工程院、国家自然科学基金委发展战略研究课题，为我国计算机相关学科建设和高层次人才培养做出了重要贡献。

之后，他又支持王怀民、王戟等年轻博士，与企业合作将成果产业化，与应用部门合作将成果应用于国家和军队信息化的关键领域。2007 年，王怀民、王戟参加了国家自然科学基金“可信软件基础研究”重大研究计划和国家“863 计划”重点项目“高可信软件生产工具及集成环境”的立项论证工作。9 月，他们向陈火旺报告了立项获得批准的消息，以及未来参与工作的思路，陈火旺听后十分高兴和欣慰。

王戟是陈火旺的硕士、博士，一直在他身边学习工作，也成长为国防科学技术大学教授、博士生导师。历任国防科学技术大学计算机系讲师、副教授，国防科学技术大学计算机学院并行与分布处理重点实验室副主任、教授，国防科学技术大学计算机学院计算机科学与技术系副主任、主任、教授。是国防科学技术大学软件工程学科的中青年带头人，主要从事高可信软件、高性能计算环境方向的研究和教学工作。负责了国家安全重大基础研究项目、武器装备预研项目、武器装备预研重点基金项目、国防基础科研项目、载人航天预先研究项目、国家自然科学基金重大国际合作项目、国家高技术计划（863）课题等多项，任国防 973 项目技术首席、国防基础科研核科学挑战专题百亿亿次高效能实现研究方向首席专家；作为主要研究人员参与了国家自然科学基金创新群体项目、重大项目、重点项目和国家重大基础研究计划项目。面向军用软件自主可控的重大需求，突破了武器装备控制软件和并行计算软件自动分析与验证的可扩展性瓶颈，主持研发了一组具有国际先进水平的高可信软件代码保证工具环境，为我军重大装备型号的软件可靠性与安全性保证发挥了重要作用。

1988 年，中国人民解放军恢复军衔制度，实行新的军衔，9 月 1 日，由邓小平签署的中央军委〔1988〕政干衔令字第 203 号命令，授予陈火旺大校军衔。

鉴于陈火旺做出的突出成绩和贡献，1991 年 11 月 27 日，国防科学技术大学党委呈报，陈火旺由技术五级提前调整为技术四级。1992 年 4 月 20 日，国防科工委批准提前调级。

1991 年，陈火旺获国家“有突出贡献中青年专家”称号，1991 年享受由国务院批准的政府特殊津贴，获“光华科技基金奖”一等奖。

光华科技奖，是中国光华科技基金设立和颁发的国家级奖项。中国光华科技基金会，是在民政部登记注册、共青团中央主管的全国性公募基金会。基金会早期通过颁发“光华科技基金奖”，奖励在我国科技领域做出突出成绩的科技人员，在科技奖励领域独树一帜，赢得广泛的社会赞誉。

国务院政府特殊津贴，是中华人民共和国国务院对于高层次专业技术人才和高技能人才的一种奖励制度。获得者被称为享受国务院特殊津贴专家。1990 年，党中央、国务院决定，给做出突出贡献的专家、学者、技术人员发放政府特殊津贴。这是党中央、国务院为加强和改进党的知识分子工作，关心和爱护广大专业技术人员而采取的一项重大举措。这对于进一步营造“尊重知识、尊重人才”的良好社会环境，加强高层次专业技术人才队伍建设发挥了重要作用。

陈火旺连续获得“有突出贡献中青年专家”称号、“光华科技基金奖”一等奖和享受国务院政府特殊津贴，不仅充分体现了党中央、国务院对知识分子的关怀和爱护，更是对他做出突出贡献的鼓励和褒奖。

2. 推动非单调逻辑研究向实用化方向发展

推动非单调逻辑研究向实用化方向发展，是人工智能领域的一个理论问题，对于人工智能的研究和应用具有重要意义。

非单调逻辑，是推论关系不是单调性的形式逻辑。多数形式逻辑都有单调性的推论关系。就是说，如果一个句子可以从前提的集合中推理出来，则它也可以从把这个前提集合作为子集包含的任何前提集合中推理出来。这意味着向理论增加一个公式永不引起它的推论集合的减小，在直觉上，单调性指示出，学习一些新知识不能减小已知知识的集合。

单调逻辑不能处理各种推理任务，比如，缺省推理，事实可以是已知的，只是因为缺乏反面的证据；溯因推理，事实只按最合适的解释演绎出来；关于知识的推理，在事实变成已知的时候，对一个事实的无知必须被撤销；信仰修正，新知识可以和旧信仰矛盾。

陈火旺在给学生上课辅导

二十世纪九十年代初期，陈火旺在探索“面向对象的集成化软件开发环境”的同时，提出了将传统 PROLOG 从单调发展到非单调，又率领另一支由中青年专家学者组成的队伍，开始了向国际前沿另一目标“非单调推理系统”的进击。

为了培养年轻教师和硕士、博士研究生的创新能力，推进计算机科学理论和软件技术研究，陈火旺十分重视创新思维、创新方法问题。他对科技哲学、创造心理学十分关注，在复旦大学读书期间，就坚持参加自然辩证法小组的活动，也撰写过研究文章。后来，经常与国防科学技术大学人文与社会科学学院朱亚宗教授，探讨交流哲学范畴中的原始创新、科技创新等方面的问题。

朱亚宗教授是著名的科技哲学专家，博士生导师，1967 年中国科学技术大学物理系毕业，1981 年复旦大学哲学系硕士毕业后，到国防科学技术大学工作。他俩同是复旦大学的校友，联系交往比较多，在工作和学习中经常交流。陈火旺还几次邀请朱亚宗教授为计算机学院的老师和研究生讲授创新思维课。他们在科技创新问题上的思考和交流，有许多共同之处。认为原始创新、源头创新对科学技术研究和发展十分重要，在科学研究和大工程中，科学、技术、工程要一体化，既要发挥团队攻关的优势，更要“散兵游勇”的个人智慧。

陈火旺与课题组的中青年专家学者，针对国内当时非单调推理理论所存在的问题，在 Horn 逻辑基础上引入缺省逻辑推理，使表达常识性的经验知识和非单调推理在逻辑程序中成为可能，创立了新一代逻辑程序设计的理论、方法和技术，主持研制完成了非单调推理系统 GKD—NMRS。

这个系统，作为一项集理论、技术于一体的高科技成果，在国内外产生了重要影响，30 多篇论文在国内外一级刊物和会议上发表，其中一篇被 1990 年国际泛太平洋人工智能会议评为优秀论文，一篇被国际上最有权威的 AI 会议 IJCAI’91 发表。

1991 年，非单调推理系统 GKD—NMRS，通过“863 计划”专家组鉴定，认定达到国际先进水平。1993 年，这一重要成果，获国防科工委科技进步一等奖。

3. 主持完成国家自然科学基金、“863 计划”项目

二十世纪八十年代初，为推动我国科技体制改革，变革科研经费拨款方式，中国科学院 89 位学部委员，致函党中央、国务院，建议借鉴国际成功经验，设立面向全国的自然科学基金，得到党中央、国务院的首肯。随后，在邓小平同志的亲切关怀下，1986 年 2 月 14 日，国务院批准成立国家自然科学基金委员会，简称“自然科学基金委”。

自然科学基金坚持支持基础研究，逐渐形成和发展了包括探索、人才、工具、融合四大系列组成的资助格局。随着国家财政对基础研究的投入不断增长，自然科学基金项目资助强度稳步提高，推动我国基础研究创新环境不断优化。

陈火旺先后主持完成了国家自然科学基金、国家“863 计划”等项目 10 余项，在计算机软件和理论方面有重要影响。在《Journal of Logic and Computation》和《中国科学》等国内外刊物和学术会议上发表论文 100 余篇，为我国软件事业的创新发展做出了杰出贡献。

1980 年以来，科学技术迅速发展，对人类产生了巨大的影响，引起了经济、社会、文化、政治、军事等各方面深刻的变革。许多国家为了在国际竞争中赢得先机，都把发展高技术列为国家发展战

陈火旺与专家组成员一起研究问题

略的重要组成部分，不惜花费巨额投资，组织大量的人力与物力。1983 年美国提出的“战略防御倡议”（即星战计划）、欧洲尤里卡计划，日本的今后十年科学技术振兴政策等，对世界高技术大发展产生了重大影响和震动。

1986 年 3 月，王大珩、王淦昌、杨嘉墀、陈芳允四位老科学家给中共中央写信，提出要跟踪世界先进水平，发展我国高技术的建议。他们的信得到了邓小平同志的高度重视，这位有着大智慧、大远见、大气魄的世纪伟人，亲自批示：此事宜速做出决断，不可拖延。

经过广泛、全面和极为严格的科学和技术论证后，11 月，中共中央、国务院批准了《高技术研究发展计划纲要》，简称“863

计划”。“863 计划”承载了中国几代科学家的激情与梦想，也让曾经辉煌的古老中国在 21 世纪终于再次在世界科技领域获得了瞩目与荣光。

高技术研究发展计划纲要，选择了对中国未来经济和社会发展有重大影响的生物技术、航天技术、信息技术、激光技术、自动化技术、能源技术、新材料 7 个领域，确立了 15 个主题项目作为突破重点，以追踪世界先进水平。信息技术领域包括智能计算机系统，光电子器件和光电子、微电子系统集成技术，信息获取与处理技术，通信技术 4 个主题项目。

在陈火旺看来，“863 计划”使中国再一次点燃科技圣火，开启了新中国科技腾飞的历程。新中国成立之初，科技发展也曾有过好的时代机遇。当时，世界上一些主要大国争相进入“原子时代”和“喷气时代”，在科技领域一跃千里。1956 年初，中央关于知识分子问题的大会上，“向科学进军”的号召点燃了一代科技工作者心中的激情，由此创造了“两弹一星”的辉煌。但动乱的中国又一次被甩在了时代的后面。他感到，自己作为新中国培养的科技工作者，庆幸赶上了科学发展的好时代，一定要为国家高技术发展再出力、再做贡献。

他带领一帮年轻教员和研究生，加紧项目申报，加快研究进程，完成多项“863 计划”课题。1990 年起，陈火旺指导英汉机译文法研究，主持研制成功的英汉机器翻译系统 Matrix，1994 年 5 月通过“863 计划”专家组组织的评测。结果表明，比国内已有机译系统的翻译速度要高 1 至 2 个数量级。鉴定意见认为，Matrix 是世界上最快的翻译系统，技术上处于国内领先地位、达到国际先进水平，该系统把中国的英汉翻译技术提高到一个新水平。1995 年，该软件获全国优秀软件二等奖。紧接着，陈火旺又指导王挺、史晓东等研究生，继续开展了机器翻译系统研究，相继取得多项成果。

王挺也成长为国防科学技术大学教授、博士生导师。历任国防科学技术大学计算机系讲师、副教授，国防科学技术大学计算机学院计算机科学与技术系613室主任、教授。长期从事教学工作，主讲本科编译原理课程、大学计算机基础、人工智能导论（双语课）、万维网科学导引、研究生自然语言处理等课程。负责建设的国家精品课程“编译原理”2011年顺利通过复核，并入选国家精品资源共享课。负责建设的“大学计算机基础”2010年被评为学校精品课程，并成为中国学MOOC平台首批开课课程。积极推动培养计算思维的教学改革，获得国家级教学成果二等奖，并多次在全国教学研讨会上做报告宣传教学成果。作为第一作者编写的《C++程序设计》被列入了教育部“十一五”国家级规划教材。在科研工作方面，作为负责人承担国家自然科学基金面上项目3项、武器装备预研基金项目1项、国家242计划项目1项，作为合作单位负责人承担国家自然科学基金重点项目1项，获得了5项软件著作权。坚持在自然语言处理和网络信息处理等领域进行深入研究，也取得丰硕成果。

1994年7月16日，由国防科工委党委呈报，10月1日，中央军委命令，因工作需要，陈火旺改为文职干部，从事教学科研工作，保留副军职待遇。

1996年12月，陈火旺被湖南省科协命名为首届“湖南科技之星”。

一次又一次突破，一项又一项成果，一个又一个荣誉，陈火旺在探索创新的征程上，永无止境、永不停歇。

4. 两次申报院士实至名归

院士制度，由法国在十七世纪中叶最早建立。此后，其他国家纷纷仿效法国，成立科学院，聘选院士。新中国成立后，中国科学院酝酿建立学部制。1955 年，中国科学院正式宣布成立学部。自 1997 年起，中国科学院与中国工程院同步进行每两年一次的院士增选。中国工程院，是我国工程技术界的最高荣誉性、咨询性学术机构。

陈火旺长期从事计算机软件技术、人工智能研究和计算机软件人才培养，为我国计算机事业的发展做出了重要贡献，在国内计算机领域一直享有很高的学术声望。

1994 年 12 月，国防科技大学提名推荐陈火旺，为 1995 年度中国科学院院士遴选候选人，这是他第一次申报院士，在经过两轮评审公示后，最后一轮没有通过。

在计算机领域和学校，普遍认为陈火旺评上院士是理所当然，但落选的结果让人意外，大家都为他感到惋惜。然而，他却非常平静和坦然，认为是自己存在差距所致，还再三告诫身边人，不要怨天尤人，是不是院士并不重要，关键是要好好干工作，多出成果、多做贡献。

1996 年底，中国两院院士增选工作开始。12 月 3 日，国防科技大学提名推荐陈火旺，为 1997 年度中国工程院院士遴选候选人。

在陈火旺看来，申报院士不是个人的事情，是组织决定和推荐的，必须高度重视、认真对待。于是，他又细致地填写了院士申报表，精心准备答辩，按要求一一做好申报工作。

在申报表中填写的主要学历是，1953 年 9 月至 1956 年 8 月，复旦大学数学系，函数专业；1956 年 9 月至 1958 年 2 月，北京大学，数理逻辑专业；1964 年 9 月至 1965 年 9 月，上海外语学院，英语专业；1965 年 9 月至 1967 年 2 月，英国国家物理研究所（National Physics Lab），计算机软件专业。

主要经历包括工作单位、职务职称，除填写了在复旦大学、长沙工学院、国防科技大学技术职务、行政职务外，还有从 1984 年至 1996 年兼任的多个学术职务。1984 年 3 月至 1992 年 10 月，中国软件行业协会副主任委员；1987 年 6 月至 1991 年 8 月，863 信息领域第一届专家委员会委员；1988 年 7 月，武汉大学软件工程国家重点实验室学术委员会主任；1990 年，南京大学、北京航空航天大学、中科院软件所软件和计算机科学国家重点实验室学术委员会委员，国家智能中心、东北大学、武汉大学软件工程中心学术委员会委员；1992 年 5 月，国务院学位委员会计算机学科评议组成员；1996 年 2 月，全国工科院校计算机专业教学指导委员会主任委员。这么多的学术职务，反映出陈火旺在全国信息领域、计算机技术、软件工程和计算机人才培养等方面，具有很高地位和重要影响。

在工程科技方面的主要成就、贡献，作了比较翔实的填写，主要反映他作为计算机软件专家，长期从事计算机软件技术和人工智能等方面的工作，为我国计算机事业的发展做出的重要贡献。

1965 年至 1966 年，在英国国家物理研究所从事计算机程序语言的研究。1967 年至 1968 年，在上海华东计算所主持我国第一个符号宏汇编器的设计与实现，用在 655 机上。所提出的递归结构式的符号宏指令产生技术为许多单位，如上海计算所、中科院计算所和长沙工学院、国防科技大学等所引用。

1971 年受国防科委的指派，主持和领导了全国第一个 Fortran 编译程序的会战，负责编译器的总体设计，并于 1974 年完成 441B－Ⅲ的 Fortran 编译系统。其直接成果为国内许多单位，如电子部 15 所、738 厂、七机部、天津电子仪器厂等采用。该成果 1978 年获全国科学大会奖。

1973 年至 1979 年，负责“718 工程”中心计算机 151 语言系统的研制，为符号宏汇编系统（MPL）和 FortranⅣ编译系统设计师。设计了 MPL 和 Fortran 编译器的全部框图。提出了因子分解式全局优化技术，使目标码运行效率大为提高，是国内第一个具备全局优化的编译系统。

1978 年至 1984 年，参加我国第一台巨型计算机“银河－Ⅰ”的研制工作，是主要领导人和技术负责人之一，软件系统总负责人，负责“银河－Ⅰ”软件系统的总体设计。包括软、硬件间的接口、软件系统内部各部分的功能、接口及测试方法的研究和制定。提出了一整套用软件工程方法研制大型软件的方案和规划，贯彻于工程始末，获得良好效益。直接主持了向量 Fortran 语言和向量识别器的设计与实现。探索了 DO 循环向量化的方法，为向量识别器的研制奠定了基础。设计了向量 Fortran。提出了适应单指令流和多数据流的目标代码生成方法，适应指令链接的循环组织法和降低树高大基本块优化技术。在国家鉴定中，“银河－Ⅰ”软件系统被肯定为达到二十世纪七十年代末八十年代初的国际先进水平，而其向量 Fortran 目标效率和向量自动识别器的识别效率高于当时美国的 Cray Fortran 编译器的水平。“银河 - Ⅰ”的研制成功使我国跻身于国际上少数生产巨型机的国家行列。它在我国尖端武器研制和石油勘探数据处理等方面发挥了重要作用。“银河 - Ⅰ”软件系统 60 多万行，是当时国内第一个大型软件工程。1984 年“银河 - Ⅰ”获特等国防科技成果奖，个人获一等奖。

1985 年，率先在国内倡导和开展面向对象方法的研究，提出加速基本类的运算方法。主持设计了国内第一个面向对象集成化软件开发环境 GWOOSE，该成果于 1991 年获国防科工委科技进步一等奖，排名第一。其日文版已交流于日本。

1990 年起，指导英汉机译文法研究，主持研制成功的英汉机器翻译系统 Matrix，于 1994 年 5 月通过 863 专家组组织的评测，结果表明，它比国内已有机译系统的翻译速度要高 1 至 2 个数量级。鉴定意见认为，Matrix 是世界上最快的翻译系统，技术上处于国内领先地位、达到国际先进水平，该系统把中国的英汉翻译技术提高到一个新水平。1995 年该软件获全国优秀软件二等奖。

在人工智能方面，提出了将传统 PROLOG 从单调发展到非单调。主持研制完成的非单调推理系统 GKD - NMRS，1991 年经“863 计划”专家组鉴定，认定达到国际先进水平。该成果于 1993 年获国防科工委科技进步一等奖，排名第一。

长期坚持工程、教学、科研三结合，在完成国家重点工程的同时，先后撰写发表论文、报告 60 余篇；编（译）著 4 部，其中编撰的《程序设计语言编译原理》一书于 1988 年获国家级高等学校优秀教材奖，直至 1996 年已重印 15 次。重视科技人才的培养，先后培养出博士 14 名、硕士 30 名；正在培养博士生 15 名、硕士生 6

名。1989 年获国家级优秀教学成果特等奖。1991 年获“光华科技基金”一等奖。1996 年 12 月被湖南省科协命名为首届“湖南科技之星”。

反映主要工程技术成就、贡献的有代表性的成果和报告、论文、著作目录，工程成果有 8 项，论文和报告有 16 项，编（译）著有 4 项。

1996 年 12 月 3 日，国防科技大学以院士推荐提名单位出具了意见，对陈火旺给予了客观公正、恰如其分的评价。

认为陈火旺是我国自行研制和实现宏汇编和 Fortran 编译程序的开拓者，是“银河－Ⅰ”巨型计算机软件总负责人，面向对象软件环境和高性能英汉机器翻译系统的组织者和负责人。六十年代末率先在国内研制实现符号宏汇编器。七十年代初主持全国 Fortran 编译程序会战，负责设计与实现，1974 年装备 441B－Ⅲ等机器，实现了在国产机上装备 Fortran 编译器。在“银河－Ⅰ”巨型计算机研制中，为软件总负责人，负责软件系统总体设计，并直接主持向量 Fortran 语言和向量自动识别器的研究和实现，使其目标码的效率和向量识别率可以与当时美国的 Cray Fortran 编译器媲美。八十年代中后期，领导面向对象软件开发环境和非单调推理系统的研制，成绩显著。将 PROLOG 从单调发展到非单调，经“863 计划”专家组鉴定认定达到国际先进水平。九十年代初领导实现英汉机器翻译系统 Matrix，经“863 计划”专家组评测，表明它是个质量高、速度快的系统。

陈火旺具有良好的道德修养和崇高的敬业精神，为人正直，作风正派，治学严谨，注重教书育人，为人师表。具有求真务实、严肃认真的科学态度，勤于钻研，勇于开拓进取，无私奉献。

鉴于陈火旺同志在高等教育事业及计算机工程和计算机科学技术等方面的突出贡献，国防科技大学慎重提名陈火旺同志为中国工程院信息与电子工程学部院士候选人。

1997 年 11 月 28 日，国务院批准公布中国工程院新增选院士名单，陈火旺增选为中国工程院信息与电子工程学部院士。这一年，中国工程院新增选院士 114 人，信息与电子工程学部新增选院士 19 人。

1998 年，陈火旺获“何梁何利基金科学与进步奖”。何梁何利基金是香港爱国金融家何善衡、梁銶琚、何添、利国伟先生基于崇尚科学、振兴中华的热忱，各捐资 1 亿港元，于 1994 年 3 月 30 日，在香港注册成立的社会公益性慈善基金。1994 年 5 月 13 日，在北京人民大会堂举行了隆重的成立庆典。基金成立后，捐款创立者的善举、义举和创举，受到了中央人民政府、香港特别行政区政府的高度赞许和社会各界的热烈欢迎。

基金的宗旨是通过奖励取得杰出成就的我国科技工作者，促进中国的科学与技术发展，倡导尊重知识、尊重人才、崇尚科学的良好社会风尚，激励科技工作者不断攀登科学技术高峰，加速国家现代化建设进程。

基金设有科学与技术成就奖、科学与技术进步奖、科学与技术创新奖三个奖项。1998 年，全国有 60 人获“何梁何利基金科学与进步奖”，2 人获科学与技术成就奖。

陈火旺增选为中国工程院院士，获“何梁何利基金科学与进步奖”，是对他多年来，在计算机软件领域取得的研究成果、创新成就、学术造诣的高度认可、充分肯定。

院士这个学术界的最高荣誉称号，对于陈火旺来说，纵然有获得殊荣的喜悦，更多的只是鼓舞和鞭策，更加感到肩上沉甸甸的责任。

随着信息技术在全球迅猛发展，陈火旺始终关注和思考我国计算机软件技术的创新与应用问题。世纪之交的1999年春天，陈火旺与汪成为院士联合执笔，完成了“对计算机软件技术的展望和对发展我国软件产业的建议”咨询报告。

中国工程院信息与电子工程学部对这个咨询报告高度重视，1999年2月，组织有关院士和专家，就计算机软件技术的发展趋势、软件产业的特点和发展状况，进行了深入调查分析研究，并邀请部分两院有关院士进行了研讨。

咨询报告指出，信息产业正成为全球经济的主导产业。软件是信息产业的核心，软件作为典型的知识产业被视为二十一世纪的战略产业，不仅对国民经济的发展具有极其重要的作用，而且关系着一个国家的经济安全、军事安全和国家安全。

报告认为，七十年代末至八十年代中由于开放的个人计算平台的出现，软件产业发生了全局性的转折。计算机制造商垄断软件产业的局面被打破，独立软件厂商成为软件产业的主体。当前软件产业发展正面临着新的战略转折点。软件产业的格局、主流产品形态、软件传播方式和利润来源，都在发生巨大变化。

报告分析了软件技术发展的重要客观规律，提出在今后几年中，需要特别关注六个方面的技术，包括软件体系结构和构架/构件技术、基于网络的通信与分布协同计算技术、海量信息存储和处理技术、超高速信息处理技术、实用的信息安全与容错软件技术、先进的人机交互与虚拟现实技术。

报告强调，发展我国软件产业应把握好新的战略转折点，并提出了五项具体政策建议：一是开发网络化软件；二是重视网络基础设施和网上信息资源建设，推动计算机使用的社会化进程；三是以应用软件作为发展软件产业的突破口；四是扩大内需，优化产业环境，促进软件企业在有序的市场竞争中自我发展；五是加强软件人才特别是管理人才的培养、引进和使用。

1999 年 3 月 3 日，中国工程院把这个咨询报告呈报国务院，并抄送国家科技教育领导党小组、信息产业部、计划发展委员会、国防科工委、科技部、教育部和总装备部等部委，为国家发展软件技术和产业提供决策咨询。充分体现了陈火旺作为院士，抢占计算机软件技术发展前沿，推进我国软件技术创新发展的使命担当。

第八章 Chapter 8

全神贯注 国家计算机科学发展

一枝独秀不是春，百花齐放春满园。陈火旺深切认识到，中国计算机科学的发展，只靠几所大学不行，仅依托几家科研院所也不行，必须形成百花争艳的局面。从二十世纪八十年代初开始，他着力推进计算机专业领域发展，创立中国计算机学会理论计算机科学专业委员会，主持建设武汉大学软件工程国家重点实验室，鼎力相助地方部分高校发展计算机学科专业。以勇于担当、敢于超越和忘我工作、无私奉献的精神，为中国计算机科学发展殚精竭虑，倾注了毕生精力。

1. 着力推进计算机专业领域发展

随着计算机技术的飞速发展，计算机在经济、社会和能源、环境、军事、生命科学等各个领域的广泛应用，计算机专业领域越来越引起人们的重视，各种研究机构和组织纷纷成立，新兴交叉学科专业应运而生。陈火旺在全国计算机领域身兼数个职务，着力推进计算机专业领域发展。

1980 年 12 月 4 日，湖南省宇航学会在国防科技大学成立。学会受湖南省科学技术协会和中国宇航学会的领导，挂靠在国防科技大学，下设 9 个专业委员会，陈火旺担任电子计算机专业委员会主任。

湖南省宇航学会是中国宇航学会下属的地方宇航学会。中国宇航学会是由全国航天科学技术工作者组成，并依法登记的学术性机构和法人社会团体。由钱学森、任新民、张震寰发起，于 1979 年 10 月成立。

中国宇航学会成立初始就有明确的宗旨，团结和组织广大航天科技工作者，促进航天科学技术的创新和发展，推动航天科学技术的普及与推广，不断提高航天科技人才的素质，促进国民经济的发展，为社会主义物质文明和精神文明建设服务。根据开展专业活动需要，学会下设一个无人飞行器专业分会和 26 个专业委员会，负责组织开展各自领域的航天科技学术交流活动，计算机应用是其中的一个专业委员会。

湖南省宇航学会计算机专业委员会，主要以中南大学、湖南大学和国防科技大学为重点，把湖南省高校的从事计算机教学与研究老师联合起来，推进计算机科学技术的发展与应用。专委会每年都开展活动，陈火旺作为专业委员会主任，都是积极参加，他带头做学术报告，事事亲力亲为，总是尽力组织和做好学术研讨、对外交流、咨询服务、专业培训等工作，为推进湖南省经济社会发展做出了应有贡献。

同年，陈火旺担任湖南电子学会出版社委员会副组长，还任武汉《科学探索》编委和重庆《计算机科学》编委。这两本杂志，是国内外公开发行的学术期刊，主要刊载科学探索和计算机科学领域，具有创新性、前沿性、导向性、开拓性及探索性的科研成果。陈火旺认真履行编委职责，主动参与编委会工作，注重推进国内计算机科学新理论、算法设计与分析、人工智能与模式识别、软件工程等方向的研究和成果的传播，为探索计算机的发展规律，活跃计算机科学与技术领域的学术气氛，开拓计算机科学技术发展的新思路，做了大量卓有成效的工作。

陈火旺长期任《计算机与自动化》编委会主任，时刻关心刊物的发展建设，经常在百忙之中亲自义务审稿、荐稿，出席编委会会议。在他的关心支持下，刊物质量不断实现新跨越，2005 年跻身湖南省一级期刊行列，2006 年被中国科技部信息情报所列为核心期刊。

陈火旺任湖南省计算机学会第三、四届理事会理事长，2006 年后任荣誉理事长。任理事长期间，在积极倡导科学道德的优良学风、坚持百家争鸣的学术氛围、团结组织会员及会员单位、促进计算机科学技术的繁荣发展等方面，开展了一系列卓有成效的工作，做出了重要的贡献。

1987 年，湖南省计算机学会成立。学会是湖南省范围内从事计算机科学技术的科研、教学和开发应用人员自愿参加的学术性群众团体，是非营利性的社会团体法人单位。主管单位为湖南省科学技术协会，业务上还接受中国计算机学会的指导，挂靠在湖南大学，下设五个专业委员会。拥有国防科技大学、中南大学、湖南大学、长城信息产业股份有限公司、湖南天工远科信息技术股份有限公司等 97 个团体会员单位。学会下设学术工作委员会、组织工作委员会和青少年信息学奥林匹克竞赛工作委员会。在学术工作方面，按学科分设有软件工程技术专业委员会、智能卡工程技术专业委员会、金融电脑技术专业委员会和网络及多媒体工程技术专业委员会。学会每四年召开一次会员代表大会，选举产生理事会和常务理事会，学会办公室和秘书处设在湖南大学。

湖南省计算机学会不仅与陈火旺有很多的交往，而且与国防科技大学有着密切的联系。学会的主要创始人刘尚威，中南大学原计算机系主任、教授，与慈云桂是大学的同学。通过他俩的关系，与国防科技大学计算机系建立了联系。二十世纪七十、八十年代，早在长沙工学院时期，国防科大计算机研究所与中南大学计算机系，就开展了设备引进、项目研究等方面的合作，陈松乔教授参加了研制“银河－Ⅱ”的鉴定。

学会创立后，刘尚威任第一、第二届理事长。刘尚威退下来以后，推荐陈火旺当理事长。经过选举，陈火旺任第三、第四届理事长，湖南省计算技术研究所粟福璋、中南大学信息工程学院陈松乔、湖南大学网络学院林亚平任副理事长、湖南大学师文谦任秘书长。

从陈火旺任学会理事长开始，国防科技大学是湖南省计算机学会理事长单位，中南大学、湖南大学是副理事长单位。后来，国防科技大学王志英任第五、第六届理事长。2016 年 7 月，湖南省计算机学会第八次会员代表大会，国防科技大学计算机学院院长廖湘科院士当选为理事长。

湖南省计算机学会现任名誉理事长陈松乔，是陈火旺任理事长期间的副理事长，他们之间交往了 30 多年，非常敬佩陈火旺的为人做事。现任秘书长湖南大学李肯立教授，在王志英任理事长期间是秘书长，在华中科技大学读博士时，就知道陈火旺在计算机领域非常有名，就已耳闻他的良好声誉。李肯立感到，虽然陈火旺不是湖南人，但是有湖南人的性格，做事风风火火。

当时，湖南省需要计算机学会这样一个机构，来组织和领导湖南省的计算机力量，为湖南省的学术发展、科技创新和经济建设来做些事情，刚好陈火旺院士学术上造诣很高，品德也很高尚，在湖南省计算机界号召力很强，大家认为他来作为带头人和召集人比较合适。长期以来，学会一直保持着陈火旺的那种执着精神和工作热情。

陈火旺任学会理事长虽然只有八年时间，但大家对他有很高的评价，认为他对湖南省计算机学会做出了不可磨灭的贡献。

第一个是，致力学会的建设发展。陈火旺尽管那个时候学术和公务事情很多，作为院士他的学术活动很多，但是他对学会的工作非常重视，经常过问学会工作的一些细节，像按照惯例每年要开两次常务理事会，一个计算机大会，他对这些细节的事情都是很关心。开湖南省的计算机大会，请一些什么人来做学术报告，怎样进行学术交流，等等这样工作，都亲自过问、亲自安排。他一上任，就重视学会走正规化和规范化的发展道路，学会会员、会员单位、常务理事的职责、权利义务和管理等等，整个一套的规章制度都是在他手里建立起来的，学会的章程、条例非常完备，得到了中国计算机学会的充分肯定。他注重推进学会的团结一致，在科技领域做一些创新性的工作，确保学会在全国有地位，甚至在世界上能够有湖南的声音。

第二个是，推动计算机技术发展应用。陈火旺提出，学会每年开一次计算机大会，不能固定在中南大学、湖南大学和国防科技大学开，也不固定在长沙开，要形成一个惯例，在长沙开一届就必须到下面各个地市开一届。因为长沙的计算机技术比较发达，湘中、湘南、湘西等地区虽然有高等院校，但是计算机力量比较薄弱，希望长沙的力量去开发和普及。哪怕这些地方再偏僻、再艰苦，总要安排开一次湖南省计算机大会，这对于各个市州地方计算机的科普，以及计算机科技发展，起到了重要的推动作用。通过把学会作为一个桥梁，有效利用湖南省的计算机资源，乃至全国或国际的计算机资源，邀请国内国际一些非常知名的专家到这些地方开展学术活动，这样紧跟世界计算机技术发展前沿，对普通教师学生和当地科技界有很大收获。他很重视计算机技术的应用，每一次开学术研讨会的时候，总是提倡和支持企业的工程师写文章来参加会议，支持在各个行业各个领域成立专业协会，比如网络协会、软件协会、数据库协会等等，由此推动计算机技术到各个企业推广应用。湖南省制定“十一五”“十二五”规划，他就信息技术发展及产业化等等问题，不仅亲自参加论证、开展咨询，而且还动员组织许多专家教授为其出谋划策。

第三个是，热情支持年轻人成长。在他的领导下，扩大学会理事会，主要是增加年轻人，大量从新成立的一些高校和企业里面，选拔年轻人才当理事或常务理事，不断为理事会吸纳新生力量。他选拔的一批年轻人，许多人成长为湖南计算机和信息领域的领军人。在评审优秀科技论文时，虽然坚持优先从年轻人和企业中间评选，但是在学术上要求很严，论文不是马马虎虎凭关系就送审过去，总是认认真真严格把关，然后再送到湖南省科协去评审，确保每一篇论文的质量和水平。

第四个是，帮助湖南高校计算机学科建设。在这方面，对中南大学的支持是最大的。中南大学计算机学科创建比较早，为了推进计算机学科发展，学校组织很多研讨会，每一次研讨会都请陈火旺参加了。他对计算机学科应该怎么发展，教学科研应该怎么发展，包括学科规划、学科建设有些问题怎么解决，都提了很多有意义的具体建议。从二十世纪八十年代开始，对于硕士点、博士点的申报，包括上面有什么要求，材料申报怎么准备，他都一一进行指导，这对中南大学计算机学科发展产生了重要作用。他经常自己或者请国防科大的其他专家，还有社会上知名教授，到中南大学做学术报告，参加一些学术活动，支持参加计算机领域全国、国际的学会和学术会议，指导学术报告要研究哪些领域、哪些问题，应该怎么做，有力促进了学术水平的提高。他指导、评审过很多博士生的学位论文，每次当答辩委员会主任，非常认真、非常严格。对研究生的论文，在某些方面存在不足，甚至详细到某个公式、具体的数据，或者某个地方用的不恰当，对于一些观点认为不恰当的或者不科学的，他会直接指出来。陈火旺这种严谨治学的态度，光明磊落的品格，连同他所做出的贡献，一直在湖南省计算机学会传颂着。

1984 年 3 月至 1992 年 10 月，陈火旺任中国软件行业协会专家委员会副主任委员。中国软件行业协会，英文全称：China Software Industry Association，英文缩写：CSIA，成立于 1984 年 9 月 6 日。由从事软件研究开发、出版、销售、培训，从事信息化系统研究开发，开展信息服务，以及为软件产业提供咨询、市场调研、投融资服务和其他中介服务等的企事业单位与个人组成，经国家民政部注册登记，是唯一代表中国软件产业界并具有全国性一级社团法人资格的行业组织，民政部首批授予的 AAA 级行业组织。

中国软件行业协会共有接近 1000 家直属会员单位，加上各分会的会员单位共有 3000 多家。会员单位以广大软件企业为主，在中国软件及信息服务业中排名前一百名的企业大多为协会会员单位。另外，还包括研究机构、大专院校等，范围十分广泛。全国有 40 多个省市、计划单列市成立了地方性软件行业协会，都是中国软件行业协会的会员单位，在业务上接受 CSIA 的指导。中国软件行业协会成立了专家委员会，是协会的咨询和智囊机构，由软件产业界资深人士、著名专家以及对软件产业有较大贡献和影响、有较高声望的人士组成。

陈火旺担任专家委员会副主任委员期间，围绕跟踪软件产业最新的技术动态和发展，组织和参与开展了一系列咨询活动，在软件产品的研发、鉴定与评审方面做了很多工作，为软件新技术的推广应用发挥了重要作用。

1987 年 6 月至 1991 年 8 月，陈火旺任“863 计划”信息领域第一届专家委员会专家。“863 计划”设立了专家委员会，各领域设立了主题专家组。专家委员会先期按生物技术、航天技术、信息技术、激光技术、自动化技术、能源技术、新材料七个领域设立，后来把七个领域调整为六个领域，再在这些领域分设主题专家组。如“十五”“863 计划”第二届领域专家委员会和主题专家组，在信息技术领域，分设了计算机软硬件技术主题、通信技术主题、信息获取与处理技术主题、信息安全技术主题。

“863 计划”专家委员会，由技术、管理、经济等方面专家组成，聘期为四年。主要负责对计划发展战略和目标、战略任务和部署等重大事项的决策提供咨询，并对计划的实施进行监督。主题专家组成员，在各部门、地方、行业协会及军队系统推荐的基础上，经过初选、答辩、公示等环节遴选产生，聘期为三年。主要负责对本领域各主题方向的发展战略和组织实施提供咨询与技术指导，参与项目管理。

陈火旺能聘为“863 计划”信息领域第一届专家委员会专家，充分展示了他在这个领域的学术水平和学术影响。他在任期内，坚决贯彻科教兴国战略部署，本着对科技事业和国防建设高度负责的精神，着眼战略性、前沿性和前瞻性，为我国计算机科学技术的发展战略目标、战略任务和战略部署出谋划策，矢志不移推进中国信息技术发展。

1988 年 7 月，陈火旺任武汉大学软件工程国家重点实验室学术委员会主任；1990 年，任南京大学、北京航空航天大学、中科院软件所软件和计算机科学国家重点实验室学术委员会委员，国家智能中心、东北大学、武汉大学软件工程中心学术委员会委员。这些学术职务，对陈火旺来说，并不是一个空洞的头衔，他都要做一项项实实在在的工作。他每年都要到这几所大学跑几趟，无论是实验室、研究中心的建设发展问题，还是课题项目申报、开题、鉴定，都是亲自到场。每一次，总会提一些建设性意见和建议，或是帮助总结经验教训，有时还采用学术报告或座谈会等形式，进行具体的指导。其中武汉大学，他去的次数最多。

1992 年 5 月，陈火旺任国务院学位委员会计算机学科评议组成员。国务院学位委员会是中华人民共和国教育部直属单位，在教育部和国务院的领导下开展工作。国务院学位委员会设主任委员一人，副主任委员和委员若干人，均由中华人民共和国国务院任免。

国务院学位委员会，负责贯彻实施《中华人民共和国学位条例》，领导全国的学位工作，贯彻国务院关于学位工作的重大方针和政策，统筹规划学位工作的开展和改革，指导、组织和协调各部门、省市的有关学位工作。学位委员会学科评议组，是国务院学位委员会领导下的专家组织，从事学位与研究生教育的指导、审核、监督、研究和咨询等工作。其主要任务是贯彻实施《中华人民共和国学位条例》及其暂行实施办法，根据学科发展趋势和国家发展要求，就学位与研究生教育发展和改革的重大问题进行研究，向国务院学位委员会提供咨询或提出建议。

学位委员会学科评议组成员的职责主要是对新增、调整和撤销学位授予单位及其学位授权学科进行评议，提出审核意见；对调整和修订学位授予和人才培养的学科目录进行研究，提出意见或建议；参加质量检查和监督，对本学科领域学位授予和人才培养的质量进行调查研究，向国务院学位委员会和教育部就学位授予单位的学科建设、人才培养和学位授予等工作，提供咨询或提出建议；承担国际交流中学位相互认可及评价等专项咨询工作。

陈火旺长期任国务院学位委员会计算机学科评议组成员，作为我国著名计算机软件与理论学科的专家，国内许多大学都慕名前来汇报学科建设和学位点申报情况，期望得到他的支持。他是一位既重感情、又重原则的学者，有朋自远方来，总是以礼相待。一次，一所大学计算机学科专业领导和老师来长沙，请他光临学校指导工作。当时，他的身体状况不是很好，同事提醒他那里的吃住条件欠佳，请他慎重考虑，最好不要前往，有问题就在长沙解决好了。但他却说，那里的老师是真诚的，吃得不好心情好就行。最终，他还是去了，在这所学校坚持工作了好几天。

1996 年 2 月，陈火旺任全国工科院校计算机专业教学指导委员会主任委员。高等学校教学指导委员会是教育部领导的专家组织，主要任务是组织和开展本学科教学领域的理论与实践研究，指导高等学校的学科专业建设、教材建设、教学改革、实训基地建设、实验室建设等工作，制定专业规范或教学质量标准，接受委托承担专业评估任务，接受委托承担本科专业设置的评审或高职高专专业设置的核定任务，组织师资培训、教学研讨和信息交流等工作，完成教育部委托的其他任务。

高等学校教学指导委员会，是由各教材编审委员会发展而来的。教材编审委员会极大地推进了我国高校的教材建设，使我国高校的教材从无到有、从引进到自编、从单一品种到多品种配套，形成了具有我国特色的高质量教材建设的局面。

1990 年 7 月，在兰州召开了全国高等理科教育工作会议。会后，国家教委决定将原来的教材编审委员会改建为教学指导委员会。1990 年 12 月，原国家教委下发《关于高等学校理科教材编审委员会改建为高等学校理科学科教学指导委员会有关事项的通知》，决定将 10 个高等学校理科教材编审委员会，改建为 7 个高等学校理科教学指导委员会，包括数学与力学、物理学、化学、生物学、地理学、信息与电子科学、计算机科学，并新建环境科学教学指导委员会。

1995 年 9 月，国家教委下发《关于国家教委高等学校理科各学科教学指导委员会换届和国家教委第二届（1995—2000 年）高等学校理科各学科教学指导委员会成立的通知》，第二届理科数学与力学、物理与天文学、化学、生物学、地理学、地质学、大气科学、环境科学、计算机科学与技术、信息与电子科学教学指导委员会，以及首届高等学校理科海洋科学、材料科学、心理学教学指导委员会正式成立。

高等学校教学指导委员会和以前的教材编审委员会，汇聚了一大批我国高等教育战线的著名专家、学者以及教学管理专家，具有丰富的教育教学实践经验。苏步青、王竹溪、唐敖庆、张维、程守洙、彭泽民等一批著名教授，曾经担任过教材编审委员会有关委员会的主任委员。他们既是教学指导委员会文件的研究制定者和高校教学研究活动的组织者，又是高等教育教学改革的实践者，在高校具有广泛的影响。

陈火旺上任伊始，就将专委工作任务明确为培养计划与主干课程建设、教学改革、教学质量评估和教材建设四个方面，亲自主持了我国最早的工科计算机专业教学计划与专业目录的编制，参与了修订专业目录、制定教学基本要求，制定和实施国家级教材建设规划，指导教育教学改革、建设优质教学资源和教学评估工作，对推进计算机学科建设，提高计算机教育质量和水平做出了重要贡献。

陈火旺在任期内的五年间，组织规划出版了“九五”国家规划教材一套共 45 部；联合全国高校计算机教育研究会、中国计算机学会教育委员会及上海计算机学会，召开了国内近百所高校 150 余位计算机系的领导和代表参加的大型研讨会，就“面向 21 世纪计算机学科教学内容和课程体系改革”进行了广泛讨论；在深入教改研究的基础上，编制了“计算机学科教学计划 2000”，该计划充分考虑计算机学科近年的发展和 21 世纪计算机人才的需要，以及我国高等教育的现状和潜力，具有先进性、实用性和可操作性。在他的领导下，“专指委”所做的工作，有效地促进了各院校计算机教学的发展，对国内计算机学科产生了深远影响。

2. 创立理论计算机科学专业委员会

中国计算机学会（China Computer Federation，CCF）专业委员会（Technical Committee，TC）是根据计算机及相关领域的研究、开发及应用的发展需要，由中国计算机学会设立的二级专业分支机构，是中国计算机学会开展学术活动的主体，专业委员会接受中国计算机学会的直接领导。

团结、联合、组织计算机及相关领域的专业人士，按照不同领域或专业开展学术技术交流、发展战略研究、专业技术标准制定、专业资格认可、专业培训等相关活动，提高所从事领域的科研、教学、应用水平，促进研究成果的应用和向产品的转化，提升在国家科技活动和国际学术方面的影响力，这是中国计算机学会专业委员会的宗旨。

专委会坚持学术民主和组织上的开放，根据学科发展和技术应用的需求开展活动。中国计算机学会专业委员会，根据各自特点开展各种形式的学术活动，如专题学术研讨会、学术年会、学术论坛、沙龙，组织会员参加国际学术会议和技术展示会，加强与国际同行的交流与合作。

1983 年，陈火旺创立中国计算机学会理论计算机科学专业学组，担任组长。1986 年，经中国计算机学会批准，专业学组改为中国理论计算机科学专业委员会，陈火旺任专业委员会主任。2006

年，陈火旺任专业委员会荣誉主任。

陈火旺（前左8）参加全国理论计算机科学学术年会（1994年）

中国计算机学会理论计算机科学专业委员会，把促进计算机科学理论的普及和推广，促进全国范围内的学术交流，作为宗旨并写入专业委员会的章程。

中国计算机学会理论计算机科学专业委员会，是从最早的理论计算机科学专业学组发展起来的。学组在中国计算机学会里面当时也算一个分支，是二级学科的一个分支。当时，学组规模比较小，以前一直挂靠在国防科技大学，陈火旺一直作为负责人。

1986年，中国计算机学会批准学组作为专业委员会，在贵州大学召开成立大会的时候，陈火旺被选举为专业委员会主任。副主任是贵州大学校长李祥，他也是搞数理逻辑的。

其实，在专业学组时期，陈火旺就一直想让李祥来当组长。这次在贵州大学成立专业委员会，在酝酿主任人选时，他提出让李祥当主任。但是，大家一致请他出任主任，理由是因为贵州大学地点有点偏僻，作为挂靠单位不方便，加之李祥自己也是坚持不干，最后结果，陈火旺任主任，李祥任副主任，曹新普任秘书长。第二年开年会的时候，李祥提议，要把几位资历老的常委增补为副主任，经过提交大会讨论，苏锦祥、徐美瑞、徐洁磐、苏有明增补为专业委员会副主任。

在全国理论计算机科学专业委员会，陈火旺有非常好的人缘，与大家的关系很融洽，与很多同志有很深的交往和友情。每次开年会，贵州大学李祥总会带两瓶茅台酒，找陈火旺、苏锦祥等人一起喝一次。1997 年开会的时候，李祥还给他带来了自制的烟丝，是用贵州茅台酒浸泡的烟叶，搓一搓，用纸一卷，就可吸了，很是过瘾。这种以烟酒会友的方式，只有交往比较深的朋友才能做得到。

理论计算机科学专业委员会，先后在长沙、贵阳、重庆、广州、青岛、厦门、苏州、兰州、南宁、舟山、郑州、昆明、上海、西安、南昌、金华、福州、武汉、秦皇岛、长春、哈尔滨、呼和浩特、海口、天津、济南等地，多次主办全国性的学术会议，出版多部论文集。经过多年的建设与发展，已成为拥有 8 个专业学组和 3 个工作组织的学术性团体。

多年来，理论计算机科学专业委员会，坚持与时俱进和理论联系实际，始终以开阔的眼光、开放的态度，着眼抢占前沿、紧贴需求，紧紧围绕软件开发、硬件设计、应用研制、网络建设和信息安全中提出的理论问题，不断拓展研究领域，深入开展研究工作，取得一批高水平的创造性成果，在国际国内产生较大影响。

陈火旺在担任全国理论计算机科学专业委员会主任期间，始终保持高度的事业心和责任感，和睦亲善、兼容并蓄的态度，竭诚普及与推广计算机科学理论，促进国内外学术交流，以高尚的人格、高水平的学术造诣，立起一面旗帜。在他的带领下，不断收编和新建专业学组、吸收新委员，理论计算机科学专业委员会日益发展壮大。

2006 年，理论计算机科学专业委员会在吉林大学召开年会，考虑到专委会的长远发展，陈火旺坚决要求从主任的岗位上退下来。当时，身体欠佳的他，执意参加专委换届选举，亲自参加投票。会议选举陈火旺担任荣誉主任，国防科学技术大学殷建平教授，以高票当选为主任。一直等到选举结果出来后，他才依依不舍的退出会场。此时，参加会议的全体委员，报以热烈的掌声，向陈火旺致以崇高的敬意。

2007 年，陈火旺作为荣誉主任，还出席了在集美大学召开的审稿会。在了解到专委会的一些新举措和未来国际化的一些思路时，他给予了充分肯定。在殷建平主任的努力下，专委会已争取到 2008 算法前沿国际研讨会的承办权，并邀请陈火旺当大会主席，且邀请到图灵奖获得者 J. E. Hopcroft 与会，希望能见到中国的大师与美国的大师牵手的精彩场面。

编撰我国第一部《计算机科学技术百科全书》，是陈火旺晚年付出大量心血的工作之一。该书基本上覆盖了整个一级学科的方方面面，编撰工作动用了我国计算机领域的大多数权威和专家教授。他作为理论分支编委的主任，负责其中的六分之一，有 40 余万字。从框架的制定，条目撰写人的遴选，到书稿的初审、复审、终审，在一次又一次编委会议和审稿会议上，一字一句地推敲修改过程中，体现出陈火旺严谨治学、精益求精的学者风范。

2008 年初，陈火旺从北京出差回到长沙，身体状况很不好，就到湘雅医院住院治疗。

他在住院期间，殷建平第一次去医院看望他，向他汇报了 2007

年广西理论年会的情况，以及2008年西安理论年会的计划，并告之由殷建平指导的祝恩博士学位论文，已评上“全国百篇优秀博士论文”，等他出院后再庆祝一下。他强忍病痛坚定地坐着，不时欣慰地点点头。当提到他的一名博士生有一份材料要导师签字时，他坚持要亲自签上自己名字。

2008年2月1日，殷建平上完两节课后，收到宁洪发来的短信：“陈老师今早告急，清醒时曾跟儿子陈予说要你来。”宁洪是计算机科学与技术系主任，她作为陈老师的学生和直接领导，一直在医院陪伴。

殷建平看到短信后直奔医院，看到的是校、院领导都来了，专家会诊正在紧张进行，结论是转重症监护室。在进重症监护室时，陈火旺还睁开眼睛看了大家一眼。他在昏迷中念叨过几个人，其中有殷建平、王戟、王挺等爱将。陈火旺在弥留之际，还牵挂着战友、学生，放不下为之奋斗一生的事业。

3. 主持建设第一个软件工程国家重点实验室

1978年至1984年，陈火旺是“银河－Ⅰ”巨型机软件系统的总负责人，他邀请武汉大学计算机系的何克清、孙江龙等教师，参加了软件系统的研制。从此，陈火旺与他们建立了紧密的联系和合作。

1983 年底，武汉大学向国家计委、国家科委、国家教委，申请建设软件工程国家重点实验室。当时，国家开始支持高校、科研院所和企事业单位建设重点实验室。武汉大学在第一批实验室申请开始时，就启动了申请建设软件工程国家重点实验室，陈火旺一直参与和大力支持这项工作。

1984 年 11 月 13 日，在武汉召开了实验室建设论证会，论证专家组组长就是陈火旺，还有一批国内计算机软件方面的知名专家教授参加。

论证小组人员包括，国防科技大学计算机研究所教授陈火旺，中国船舶工业公司 709 研究所高级工程师王振宇，华东工学院计算机系教授邹海明，武汉水利电力学院教授戚秉一，中科院沈阳计算所高级工程师赖翔飞，华南计算机公司总工程师王卓人，复旦大学计算机科学系副教授钱家骅，吉林大学计算机科学系副教授周长林，武汉测绘学院副教授胡笔蕊，武汉水运工程学院计算机研究室副教授张金昌，武汉工业控制机外设研究所副所长单大年，武汉工业控制机外设研究所高级工程师陆际光，国家科委武汉培训中心副教授肖佑恩，中国软件技术公司工程师应明，总参通讯部工程师李德毅。

论证会后，又在北京经过了国家教委组织的一次论证。当时的情况是武汉大学、北京大学、中科院软件所等单位，都想得到这个软件工程国家重点实验室。最后，由于陈火旺和其他专家教授的支持，实验室才花落武汉大学。

1985 年 7 月，国家教委与国家计委、国家科委联合下文，批准武汉大学建设软件工程国家重点实验室。这个实验室，是国内计算机学科较早的一个国家重点实验室。

1989 年 11 月 27 日，国家教委下发国教技字〔1989〕021 号通

陈火旺参加武汉大学软件工程国家重点实验室学术委员会会议

知，同意武汉大学、天津大学、华中理工大学，建立开放的国家重点实验室。同时聘任这些实验室的主任和学术委员会主任。武汉大学软件工程实验室，主任何克清，学术委员会主任陈火旺。天津大学是内燃机实验室，华中理工大学是激光技术实验室。

何克清，武汉大学软件工程国家重点实验室原主任、教授，武汉大学软件工程研究所所长，在陈火旺的领导和指导下参与了实验室的筹建全过程。何克清是我国改革开放后，1979 年底第一批派到日本的进修生，在日本的计算机工厂进修，1982 年初回国后，就倡导开展软件工程研究。

1983 年至 1985 年这个时期，我国的软件工程才刚刚起步，大家都知道软件工程很重要，什么叫软件工程，还没有人去研究和回答。实验室在陈火旺的带领下，对这个问题进行了系统研究。

陈火旺认为，软件工程是软件生产、开发的工程化的方法，一个很重要的问题，就是软件不等于程序，软件的核心是文档，软件等于文档加上程序，以文档为核心适于工程化开发的方法叫软件工程。

当时软件工程搞得最好的是日本，世界上唯一的软件工厂就在日本，就是日立公司。何克清在日立公司进修了 2 年，回国后参与了陈火旺主持的“银河”机操作系统软件开发。当时，陈火旺和何克清，经常讨论什么叫软件工程的问题。何克清就谈了许多看法和体会，陈火旺认同何的观点，说自己在“银河”机软件工程的开发过程中，也有一样的体会。鼓励何克清把这些认识体会进行归纳总结，回去写本书。

这本书就是何克清在 1983 年出版的《计算机软件工程学》，书店卖得比较好，一下子就销售了几万册，是一本比较有影响的畅销书。

陈火旺对这本书给予了很高的评价，说这本书写得好。还说何克清是国内第一个说清楚了什么是软件工程的人。为此，他用毛笔给何克清写了一封信，信中写道：“科技中的大中至道，真是及时雨，是我国自编的第一本软件工程学专著。”《湖北日报》把陈火旺信中的部分内容作为专家评价，在报上公开刊登了。

实验室建设起来后，当时学术圈子内有一句话，叫“软件工程北杨、东徐、中陈”。“北杨”是指北京大学的杨芙清教授，“东徐”是指南京大学的徐家福教授，“中陈”是指国防科技大学的陈火旺教授。这句话可能不是很准确，但在一定程度上说明，陈火旺是中国计算机软件工程的开拓者之一，在中国计算机软件发展史上占有一席之地。

杨芙清，女，1932 年 11 月 6 日生，江苏无锡人。计算机软件专家，中国科学院院士，北京大学教授、北京大学信息与工程科学学部主任，软件工程国家工程研究中心主任，北京大学软件与微电子学院理事长、名誉院长，中国计算机学会、中国软件行业协会副理事长，北京市人民政府专家顾问团顾问，IEEE Fellow，贝尔实验室基础科学研究院（中国）高级顾问，《中国科学》《科学通报》《电子学报》副主编，复旦大学、浙江大学、香港科技大学等校兼职教授。杨芙清院士是新中国第一代计算机科学家和软件学科奠基人之一，也是我国女性科学家的杰出代表。

杨芙清、徐家福、陈火旺同是中国计算机软件工程的开拓者，他们在同一领域都做出了卓越贡献。

软件工程国家重点实验室为什么能放在武汉大学，当时何克清才 30 多岁，还是一个讲师，领头申请这个国家重点实验室，这种情形是可能批不了的。主要得益于陈火旺的支持，得益于当时的科研体制，没有陈火旺的支持就没有这个实验室。

创建国家重点实验室，背景是当时国际上软件工程兴起，特别是日本和美国发展很快。如果不发展我国的软件工程，中国在这方面又要落后于人、受制于人。为此，国内很多专家纷纷给中央提建议，要求国家重视软件工程，大力推进软件工程开发和生产。

面对这种形势，国家下决心要把软件工程搞起来。国务院对专家的建议高度重视，张震寰是国防科委副主任，受国务院主要领导的委托，召开了三次座谈会。最后一次是 1985 年 8 月，在北京回龙观开了三天会，进行研究讨论，最后定了个给国家的《关于发展我国软件产业的建议书》。杨芙清、徐家福，还有吉林大学的吉振刚等专家参加了会议。当时，也邀请了陈火旺，但是由于其他工作没有到会。建议书定稿以后，大家就把对软件发展的看法，国际上发展软件产业的趋势，还有日本、美国的情况，写了一个报告。张震寰以国家科委的名义上报国务院，国务院主要领导对报告做出了批示。

随后，实验室建设的各项工作就陆续地展开了。在筹建实验室的过程中，首先是起草申报书，实验室方向是什么，第一步怎么办、第二步怎么走，然后是规划方案，都是在陈火旺的指导下完成的。

国家投资实验室的资金，是350万人民币，这个数额现在看来不是很多，但在1985年可是武汉大学一个大的科研项目。武汉大学软件工程国家重点实验室，是国内在这个领域的第一个国家重点实验室，后来陆续有南京大学的新技术新概念实验室，北京航空航天大学的软件环境国家开放实验室，以及其他的实验室。

时任武汉大学校长刘道玉，写了一本书叫《一个大学校长的自白》，用了不少篇幅写了这个实验室的情况，写了陈火旺在实验室建设中的作用，这也是一本畅销书。

刘道玉，1933年11月生，湖北枣阳人。中共党员，著名教育家、化学家、社会活动家。1953年至1958年在武汉大学化学系学习，1961年至1963年先后在留苏预备部学习和苏联科学院读元素有机化学研究生。1977年，出任国家教育部党组成员兼高教司司长，为高教战线上的拨乱反正和恢复统一高考起到了很大的作用。1981年至1988年起担任武汉大学校长，是当时中国高等院校中最年轻的一位校长。他倡导自由民主的校园文化，从教学内容到管理体制率先推行了一系列改革措施，探索实行学分制、主辅修制、转学制、插班生制、导师制、贷学金制，等等，拉开了中国高等教育改革的序幕，其改革举措在国内外产生了重大影响。在教育学研究方面，从事创造教育和高等教育改革理论与实践的研究，先后出版了《高等教育改革的理论与实践》《创造教育概论——知识·智力·创造力》《创业与人生设计》《创造思维方法大纲》《创造教育新论》等多部著作。1985 年获法国总统密特朗最高荣誉勋章，1987 年获日本东洋哲学学术研究奖章，1993 年获英国剑桥名人中心二十世纪勋章。刘道玉作为校长，对实验室建设非常支持，做了许多工作。

1985 年 10 月。实验室建成不久，国家教委就委托办一个全国的软件工程培训班。陈火旺参加了开学典礼，亲自讲课。实验室建立起来后，武汉大学和国防科技大学的研究生培养，就成了一个紧密的整体，实验室的研究生派到国防科大，国防科大的研究生派到武汉大学，一直进行研究生联合培养。

陈火旺作为学术委员会主任，为实验室的建设发展做了大量的工作，实验室取得的每一项成果，都凝聚着他的心血。每一次实验室的学术委员会开会，都是他亲临主持，亲自审查实验室的各项研究、学科方向、规划，以及实验室的开放课题。他每年多次到实验室参加一些重要的会议、学术活动，牵头支持实验室重大项目、“863”项目申报，还负责计算机软件方向研究生的培养。

面向国际和国内，开展软件工程基础研究，推动国家软件工程产业发展，是实验室创建的主要任务。在陈火旺的领导下，很快就出了具有先进水平的成果，1987 年获得湖北省科技进步一等奖。发展到后来，又取得了一系列很有影响的研究成果。

2001 年底，陈火旺主持召开学术委员会会议，研究实验室建设发展方向。这次会议是个重大的转折点。那个时候，互联网刚刚在国内兴起，陈火旺把实验室的研究方向确定为互联网上的软件工程。会议形成决议后，他郑重地在会议记录上签上了自己的姓名。陈火旺的决策，既是实验室发展的一个历史转折点，也为推动我国基于互联网的软件事业发展发挥了重要作用。

大范围的推广应用互联网，必须实现互联互通。从做软件来讲，互联互通是基础，最终目的是为了不同的信息系统之间实现互操作。否则，就产生不了新的价值。

“沟通形成一切，互动创造价值。”这是网络时代的一句名言。不互操作就创造不了价值。从那时开始，实验室的团队就开始搞互操作，重点研究互联网上在业务模型机不同信息系统之间，怎么样交互协作和创新价值。聚焦解决互联网上业务模型机的互操作问题，这是个难点。现在互操作停留在数据源问题上，通过协议源来交换，上层的就是业务模型机。互操作谁来做，团队就抓住这个难点一直在做。2009 年 10 月 15 日，该实验室完成了 5 个 ISO 标准，被国际 IT 行业全部采纳和颁布，成为当前国际上承认和执行的行业标准。国际 IT 行业是 IBM 牵头的，HP、奥尔卡等 50 家企业联合的一个国际企业技术开发局，就用这个标准。

陈火旺领导的实验室，以国家队应有的担当，攻克了从国际标准系列，到国家标准和现行行业标准一套关键技术，不仅为中国软件事业的发展做出了贡献，而且促进了世界互联网应用互操作技术的发展。

4. 鼎力相助多所大学计算机学科建设

陈火旺凭借自己在计算机领域的学术声望、人脉资源，鼎力相助厦门大学、黄河大学、浙江师范大学、燕山大学等高校，建立和发展计算机学科专业，以此推动计算机科学发展和计算机人才培养。

陈火旺对厦门大学的计算机学科专业建设，倾注了大量心血。很显然，可能是由于浓浓的家乡情，使他在行动上更早一些，精力上投入得更多一些。在二十世纪八十年代初期，他就开始支持厦门大学办学。

厦门大学是著名爱国华侨领袖陈嘉庚先生创办的，具有 80 多年历史，是教育部直属重点综合性大学，首批国家“211 工程”和“985 工程”重点建设高校。学校位于太平洋西海岸的“国际花园城市”厦门，拥有国内一流的校园和优美的生活工作环境。

厦门大学计算机科学系是 1982 年才正式成立的，曾为计算机与系统科学系，先后设有计算机软件专业、控制理论专业和系统工程专业，在国防科技大学计算机系主任陈福接教授和副主任陈火旺教授的大力支持下，以姊妹系结对，使厦门大学计算机学科得到了长足发展。1991 年，根据学科发展的需要，分别成立了系统科学系和计算机科学系。1996 年获批计算机应用技术专业硕士学位授予权，2003 年获批计算机软件与理论和计算机系统结构两个专业的硕士学位授予权，2004 年计算机软件与理论这个二级学科被评为福建省重点学科。2001 年获批试办示范性软件学院，成为全国 35 家办软件学院的单位之一。先后获得“211 工程”一期、二期和“985 工程”一期、二期创新研究平台项目重点建设。

厦门大学能成为计算机科学技术一级学科博士授予点，计算机科学技术一级学科硕士授予权单位，涵盖计算机应用技术、计算机软件与理论、计算机体系结构三个二级学科，这与陈火旺的鼎力相助是分不开的。

厦门大学信息科学与技术学院原副院长、计算机科学系原主任李堂秋教授，经历和见证了陈火旺对厦门大学计算机系的鼎力支持。

1980 年的时候，厦门大学并没有计算机系，只在数学系的下面设一个软件专业。而当时几乎国内主要大学都建立了计算机系。学校领导在基层的要求下，跟上形势的发展，把数学系中原来软件专业的老师、搞控制论的老师和系统科学的老师拉出来，成立一个计算机科学系。刚刚开始，计算机专业人才缺乏，缺少办学经验。如何把计算机科学系办好，当时面临一个重要关口。大家都觉得，需要学习与借鉴国内同类院系的发展经验，而国防科技大学计算机系当时在国内很出名，于是就作为参考学习的对象之一。

与此同时，虽然国防科技大学计算机系闻名全国，研制的“银河－Ⅰ”巨型计算机名声遐迩，在国外也都有重要影响，但是在改革开放形势下，如何进一步扩大学科学术影响，如何在沿海经济特区设立一个窗口，也正在酝酿之中。国防科技大学计算机系的领导们具有远见，厦门市是沿海开放城市，选择了与厦门大学开展合作。虽然，厦门大学计算机系当时还比较弱小，但厦门大学在全国还是一所不错的学校，有自己的强项与特色。因此，这时双方都存

成立于2002年2月的厦门大学软件学院（2015年）

在合作的意向和条件。

除了“银河”巨型计算机，厦门大学还通过陈火旺的影响，对国防科技大学计算机系有一个比较全面的了解。陈火旺是“银河－Ⅰ”软件的负责人，主持我国计算机程序设计语言编译系统的研制并做出了成就，他作为第一作者的《程序设计语言编译原理》一书，是全国主要的计算机院系最广泛采用的最重要的专业教材之一，在国内有相当大的学术影响。

1984年底，厦门大学计算机系主任李文清、副主任黄国柱和计算机系部分骨干教师，到国防科技大学参观学习。目的主要是学习取经，争取两个单位之间建立密切联系。

国防科技大学的领导，对厦门大学计算机系同志的到来，热情接待，也非常重视、亲自接见。这次长沙之行非常成功，作为直接成果，国防科技大学计算机系与厦门大学计算机系确立了合作关系，签订了一系列协议。包括国防科技大学与厦门大学互相委托培养急需专业的研究生，在厦门联合进行计算机人才培训，以及国防科技大学计算机系与厦门大学计算机系合作在厦门建立“银河”计算机研究所，等等。从此，上述的协议都得到较好的实施，两系的领导和教师也经常通过各种机会开展学术活动，如研究生答辩，定期或不定期地进行相互的交流和访问，等等。后来，两个单位一直保持密切的合作关系。

以此为契机，厦门大学计算机系长期聘任陈火旺教授为兼职教授和特聘院士。尽管这些聘任基本上没有物质待遇，但这并不影响陈火旺对厦门大学计算机系的关心和帮助，他几十年如一日，与厦门大学，尤其是厦大计算机科学系保持密切关系，给予大量无私的帮助。可以说，他参与和见证了整个厦门大学计算机科学学科的发展历程，并对此倾注了精力，做出了重要的贡献。

20 多年当中，陈火旺每年都多次来到厦门大学，而厦大计算机系的领导和教师们，每当教学和科研有新的思路或新的进展，都会征求他的意见和建议，大到系的中长期教学科研发展规划，小到教学计划的修订等。只要需要他，不管什么事情他从不推脱。他的悉心指导，对计算机系的发展起了非常重要的作用。

陈火旺承担了厦门大学计算机系第一批送国防科大部分研究生的指导工作，即使后来身体状况很差，也还在为选送的在职博士生或博士后进行指导。如智能科学与技术系主任李绍滋教授，计算机系副主任张德富教授，智能科学与技术系副主任史晓东教授，等等，都是他的博士生。

陈火旺注意寻找问题和培育双方科研的共同兴趣点，进行科研项目深度合作，以此提高厦门大学计算机系的科研能力和水平。他的长期努力帮助，促使了厦门大学计算机学科的一些研究领域，特别是机器翻译和自然语言处理，能与国内少数几所著名大学一起，在这方面的研究走在前列。

陈火旺特意邀请李堂秋作为主要参加人，参加“多语种实用机器翻译技术与系统”和“网络化英汉双向翻译技术与系统”项目的研究工作，这是两个“863”课题。共同申请了福建省科技重点项目“机器辅助汉英互译系统研究”并获得资助，研究成果后来获得福建省科学技术奖三等奖。通过这几个项目的合作，使他们的研究有了明确的方向，锻炼了师资队伍，培育了一批研究生。这些学生后来留校工作，成了厦门大学智能系的重要科研力量，奠定了在这个研究领域发展的基础。

厦门大学智能科学与技术系副主任、博士生导师史晓东，是陈火旺的硕士、博士研究生。陈火旺教授如何指导厦门大学计算机科学学科建设、人才培养和科学研究，是亲身经历者和重要见证人。

史晓东印象最深刻的是陈火旺指导学科建设。他为厦门大学做了很多的事情，特别是在建设省重点实验室上，起到了很大的作用。在申请博士点的时候，好多学校要参评，竞争非常激烈。由于陈火旺在国内影响很大，抓学科建设很有经验，后来经过他指导终于评上了。史晓东认为，如果没有陈火旺帮助打下的扎实基础，厦门大学的博士点建设是不可能有如此好的成效。

史晓东与陈火旺更多的是师生关系，印象深刻的还有一点是，陈火旺很正直，学识很渊博，对人很热心。他是福建人，他对厦门大学，对家乡有一颗赤子之心、有一种浓浓乡情。他感到，要说一个人好不好，首先是看他对家庭好不好，对家乡好不好。陈火旺恰恰就是这样的一个人，他是一个很孝的人，对他母亲特别好，经常回来看望母亲。作为学生，时刻被他的这种高尚品格所感动。

陈火旺在学术上很严谨，从来不到处去说怎么样，只是踏踏实实地做事情。史晓东是 1989 年跟他攻读硕士，一直到博士毕业。

1990 年，史晓东读硕士的专业方向，是机器翻译语言研究。厦门大学计算机系副主任李堂秋，正在美国做访问学者，也是做这方面研究的。陈火旺就派他到厦门大学向李堂秋取经，探讨研究方向。史晓东博士毕业后，在国防科大工作了一段时间。2002 年，史晓东与李堂秋有一次在北京开会，当时李堂秋已是系主任了。李堂秋说，你到厦门大学来吧。就这样，史晓东转业来到了厦门大学。

史晓东在陈火旺的指导下开展中文信息处理研究工作，在提高机器翻译速度上独树一帜。史晓东开始读的是国防科大系统工程与数学系周曼殊教授的硕士，后来转到陈火旺名下。史晓东的专业是做语言理解，有一次，陈火旺给他指导，给他解释什么叫语言理解。陈火旺说，理解就是让计算机读一段文本，然后用动画表述出来，比如说一只鸭子在飞，就画出一只鸭子在飞的动画。还说，翻译也是理解，比如一篇英语文章，翻译成汉语也是理解。说在他之前，国防科大还没有人做翻译理解。在陈火旺的指导下，史晓东开发出当时速度最快的中英文翻译器，“863”计划评测中获得第一名。

二十世纪八十年代末九十年代初，厦门大学计算机系还没有硕士点，成立了计算机研究所，第一任所长是高庆狮院士。厦门大学就通过计算机研究所，以陈火旺的名义招收硕士生，学习在厦门大学，毕业答辩在国防科技大学，厦门大学颁发毕业证书，国防科技大学授予学位。

陈火旺一直挂帅厦门大学的机器翻译的研究，是国家“863 计划”支持方向，史晓东博士一毕业就申请这方面的课题，这一方向成为在国内很有影响的研究方向。

厦门大学计算机科学系教授、博士生导师，时任计算机系副主任、主任李翠华，对与陈火旺开展合作的一些情况，至今历历在目。

陈火旺与厦门大学交往很多年，很早的时候，他只要回家或者出差路过福建，都要到厦门大学。

早期主要是与老系主任李堂秋教授联系，开展工作主要是在人工智能方面，机器翻译这一块合作也比较多。李翠华是1999年西安交通大学毕业过来的，当时陈火旺来过几次，有一次就住在李翠华的楼下。那是在厦门大学白城校区，三楼下是校长用房，校长也是外请的。陈火旺来了以后，就住在这里。李翠华安排人给他打扫卫生，有时去看看他。

厦门大学有个双聘院士基金，安排了一些经费给陈火旺。他把这笔经费主要用于指导一些年轻老师开展研究。有一次，陈火旺住在云顶园，过来研究学科建设的事，住了好几天，对学科建设进行指导。大家研究比较深入，既是整理材料，也是开展研讨。

厦门大学计算机科学与技术学科建设起步比较晚，本来教学科研力量并不弱，但是方向比较散，也走过一些弯路。在申报学科点的时候，对学科带头人要参与几个点，怎么划分，包括设立哪些方向，陈火旺的指导都很具体，非常细致。

厦门大学的计算机学科建设早期是计算机应用，基础相对好一点，与此相关的教师偏好报应用的，还有一些从事软件方面的，就想报软件的，这两派意见很尖锐。2005年的时候，就是把整体力量分散了，当时没有上学科点。当时的同行评议也还不错，评了70分，但是最后没有成功。

就这个问题，陈火旺提出了非常好的建设性意见。他觉得有这种矛盾也都是很正常的，他指导怎么去协调，怎么去折中。提出让厦门大学报一个计算机科学与技术的一级博士点，就可以把软件什么的都涵盖了，再报一个计算机应用的二级点，一级的不是很容易上的，万一不行了，计算机应用这个有特色的学科还可以缓冲一下。

厦门大学有陈火旺的一间办公室，他到了以后，就会到系里去，到有合作项目的老师那里去，问一问项目进展，帮助解决一些难题，深入现场进行指导。

陈道乾，厦门大学计算机科学系原党总支书记，参与了接待陈火旺的工作。他说，陈院士对系里学科的发展起到了较好的作用，把原来的一个研究方向，发展到一个室，再到一个系，再到现在的3个方向。过去是一个计算机系，现在是计算机系、自动化系、智能科学系、电子工程系、通信工程系合在一起，组成信息科学技术学院，这个学院又把所有的实验室整合在一起，叫做实验中心。这些都有陈院士付出的心血。

李绍滋，厦门大学智能科学与技术系主任、教授，陈火旺的博士研究生。他说，陈院士后来做双聘院士，学校给他的钱，他一分都没有花。支持当时计算机系副主任薛永生做数据库给了40万，给人工智能方向支持了20万，张德福教授做数据挖掘也给了20万，一个叫李新的年轻教师做软件中间件支持了20万。他的钱都投到计算机系设立的几个重点方向上了，这也是给厦门大学计算机科学这个领域一个很大的贡献。

1998年以后，李绍滋开始与陈火旺接触多了。陈火旺经常来厦门大学，经常参与一些接待。2003年的时候，李绍滋到国防科大读在职博士，在学校待了一年时间。在这个过程中，陈火旺无论是从学业还是生活方面，都对他很关心、很关照。那时，李绍滋年龄在学生中是比较大的了，40多岁仍坚持住校学习。有几次，在校园里散步，两人碰到了，陈火旺就拉着李绍滋，非要拉到家里去吃饭。但是，学业上陈火旺要求特别严格，不会因为他是在职的年龄又比较大的学生，就放松了要求。

2007 年 3 月的时候，李绍滋已经学了 4 年了，小论文有 SCI 文章 3 篇，当时学校要求只要 1 篇，加上 1 篇综合性的文章就可以做毕业论文了。本想这也准备得差不多了，就去给陈火旺汇报，想做博士论文，把大论文写了，做答辩准备。陈火旺听了以后，就指出有一些地方做得还不尽完善，本着严格要求，要李绍滋继续做好研究，没有让他马上写毕业论文。

陈火旺的呼吸系统不是很好，即便身体不好的时候，每年都来厦门大学做几次交流。2003 年有一次，李绍滋陪他坐飞机从长沙到厦门，他一路上一直在咳。可是，一下飞机，到学校后，顾不上休息，就与几个学科方向的负责人进行交流，听取他们的汇报，提出意见建议。充分体现了老一代科学工作者，孜孜不倦、竭诚奉献的一种精神。

雷蕴奇，厦门大学计算机科学系主任、博士生导师，国防科技大学张良起校长、教授的学生。他说，虽然与陈院士不是一个系的，但当时大家都知道他。当时，自动化系也有一些老师在与计算机系合作，做仿真机。他和陈院士的有些学生是一批的，有殷建平、王献昌、景宁、马庆鸣，大家经常在一起，当学生时就受到潜移默化的影响。

黄河大学创办初始，得到了陈火旺的大力支持。黄河大学是中国第一所中外联办综合性高等学府，于 1985 年 5 月在河南省郑州市正式成立。

黄河大学由河南省人民政府和美籍华裔联合创办，河南省提供位于郑州花园口附近、黄河之滨的原省委第三招待所作为校址。

黄河大学的创办，是邓小平教育要“三个面向”的产物，是中外合办的第一所现代化大学。学校成立之初，《人民日报》海外版、《参考消息》均对这所学校进行了大幅报道。学校成立时，办学层次定位很高，是国内唯一一所全面实行美式教育和全英文教学的高等学府。开设研究生专业有：美国研究、英美语言文学、经济管理、计算机等四个专业，设生物工程研究所。学校首任校长由两院院士、两弹功勋科学家秦元勋担任。

秦元勋（1923—2008），贵州贵阳人，1943 年毕业于浙江大学数学系。1947 年获美国哈佛大学哲学博士学位。1948 年回国，历任西南军政委员会文教部调研室副主任、科学普及处处长，中国科学院数学研究所研究员，中科院应用数学研究所研究员、副所长，中国计算物理学会理事长，中国人工智能学会理事长。长期从事数学理论及其应用的研究，开辟了计算物理学这一新的分支学科，1982 年获国家自然科学奖一等奖。

黄河大学是河南省政府和诸多美籍华人共同努力的成果。从 1980 年起，时任美国大学天普少数民族学院副院长的程君复，提出了一个计划，要在大陆创办一所新型大学。

1984 年，河南省委书记联系上程君复，表示欢迎程君复到郑州商量创建大学的事宜。当时，国家教委认为海外有一批知识分子很支持祖国，愿意与我们联合办学，这是一件非常好的事情。感到我们都是中华儿女，学校就办在黄河两岸。于是，国家教委就给河南省委省政府联系，省里得知要在河南办学，表示坚决支持。经过协商，河南省委同意把省委第三招待所，作为黄河大学的校址。省委第三招待所位于郑州市北郊的花园口，在黄河边上，占地面积 45000m^2，这是当时全省最高级的宾馆。把这样一家招待所作为黄河大学的校址，可见河南省委、省政府重视教育和高度重视办好黄

黄河大学校园一角

河大学。

黄河大学的筹建过程中，受到了大批美籍华人的帮助，有孙中山的孙女孙穗芳女士，她主持的孙逸仙基金会捐款10万美元。袁世凯之孙袁家骝，也为黄河大学捐了款。海外筹委会刚成立时只有70多人，很快发展到300多人，在夏威夷等地还成立了分会。

陈火旺帮助黄河大学，主要是由于他与苏锦祥的关系。苏锦祥，郑州大学教授，1956年7月吉林大学数学系毕业，历任河南省计算机学会理事长，中国计算机学会理论计算机科学专业委员会常委、副主任，中国计算机学会形式语言与自动机学组组长。长期从事理论计算机领域的研究工作，成绩显著。凸语言以及ω-语言与ω-自动机理论，是他于1981年最早引进到国内并深入开展工作的。他主持完成的国家自然科学基金项目，研究并解决了当前国际

上在 ω－语言与 ω－自动机领域的一些前沿课题。

1984 年河南省在筹备创建黄河大学时，从郑州大学、河南大学、湖南师范大学，抽调一些干部和教师。1984 年暑假，郑州大学计算机系刚成立不久，苏锦祥被抽调过去筹备黄河大学计算机系，与美国对口的专家进行磋商，怎样招收研究生，怎么制定教学计划。计算机系就设在第三招待所的 6 号楼。

当时没有准备办本科，国家教委要求直接办研究生教育，要尽可能多地为国内培养研究人才，要求办规模比较大的研究生班。由于改革开放不久，1979 年前后，国内很多大学也才恢复研究生招生，并且规模很小，一个专业只招 1 到 2 个人，到 1984 年国内大学的研究生还不是很多。国家教委要求黄河大学 1985 年正式招生，一个专业要招多名研究生，所面临的困难是可想而知。

黄河大学计算机专业创办初期，只有苏锦祥一个人，他的工作关系还在郑州大学，既要在郑州大学上课，又要做黄河大学的筹备工作，经常是两头跑，真是忙得不可开交。

办好黄河大学这样一所学校，大家都很看重。得到了很多专家学者的支持，陈火旺是比较早的一位。他不仅积极呼吁，给苏锦祥出主意，而且身体力行，坚持到黄河大学给学生讲课。他说，办这个学校不容易，自己能帮个忙就帮个忙，能出点力就出点力。苏锦祥对此深有感触，说陈火旺不仅是对朋友的情谊，对兄弟院校的关心和爱护，更是一种事业心，也是对中国计算机人才培养的事业心，是对党的教育事业鞠躬尽瘁。

在每次全国开会的时候，陈火旺就说，老苏在参加创建黄河大学，这是中美合办的，老苏就一个人在那里，大家要去支持，别让他成为光杆司令。很多有名的专家学者，像杨芙清、董韫美，吉林大学的管纪文，北京大学的马希文、周巢尘，都到黄河大学来讲座和上课。来黄河大学的专家学者，在自己的单位都比较忙，陈火旺正在忙着研制“银河”机，但是该上课时都是按时来。

黄河大学实行单科突进方式教学，就是每门课按照学时，早晨、上午、下午、晚上，一天 4 个单位时间上课，基本上一个星期就能把这门课完成。陈火旺的身体不太好，在黄河大学上课也是连轴转，一干就是一个星期，白天上课，晚上还要答疑。他这样不辞辛苦为兄弟院校工作，从来不计报酬，都是无私奉献。

苏锦祥的夫人林白英，与陈火旺是泉州高中和复旦大学的同学，与陈火旺的夫人吴明霞也是复旦的同学。林白英的祖籍是福建南恩，离泉州很近。陈火旺是安溪人，他们都在泉州读高中。林白英毕业后从事数学分析教学，一直在郑州大学工作。苏锦祥最早认识陈火旺，是他和夫人林白英结婚之后，回福建去要到上海转车，经过上海时，夫人要回母校看看，陈火旺就接待苏锦祥、林白英。吴明霞和林白英的关系特别好，吴明霞分到中科院电子所工作，苏锦祥去北京参加中科院第一届全国计算机培训班，经常到电子所去看望吴明霞。

陈火旺到郑州讲课，一般都安排到专家楼入住。他和吴明霞只要来郑州，都会到苏锦祥家里去看一下。苏锦祥有时就说，吴明霞别回去了，就在我家里住吧，有时她就真的住在苏锦祥家里了。

第一次来黄河大学上课的时候，陈火旺、吴明霞，还有他的小儿子陈予来了，住了一个星期。有一年，陈火旺到兰州开会，他和吴明霞也是先到苏锦祥家。吴明霞留在郑州陪林白英，陈火旺、苏锦祥就一起到兰州去开会了。

1991 年，黄河大学合并到郑州大学后，陈火旺一直是郑州大学的兼职教授，对于学校硕士点、博士点的申报和建设，都给予很大的帮助。1992 年，他问苏锦祥，你们是不是在申报硕士点。锦祥说正在申报，但还没申报下来呢。陈火旺就学科建设、硕士点的发展，讲了很多建议。郑州大学成为河南最早有计算机硕士点的学校，也有陈火旺的贡献。

2005 年，郑州大学申报博士点，陈火旺又帮助做了不少工作，鼓励积极申报，给予很大的帮助和关心。郑州大学申列 211 工程的时候，陈火旺作为学校的兼职教授，多次趁着在学校开会的机会，围绕人才培养、学科建设和科学研究等问题，做了几场学术报告，从来不拿一分钱的报酬，完全是在尽义务。

苏锦祥说，那时陈火旺对学生很严肃，脾气也大，他的学生都怕他，像王献昌等人都喊他“老火”。有一次，中国计算机学会到国防科大开会，有一位参加会议的院士跟陈火旺在讨论时，说着说着两人就顶起来了。苏锦祥就对陈火旺说，他比我们大十几岁，不管怎么样，这是在你这里开会，他又是长辈，说起来算是老师，你怎么能这样呢。陈火旺虽然情绪冷静了，但还是坚持自己的意见。还说，他是中国计算机方面最早的院士，应该尊重。但是不能说他什么都是对的，该听的就要听，不该听的就不听。

在郑州大学，周清雷、庄雷这一代教师，对陈火旺的感情非常深。周清雷，郑州大学信息工程学院院长、教授，河南省计算机学会理事长；庄雷，郑州大学教授，河南省计算机学会秘书长。两位都是陈火旺的面授弟子。他们在黄河大学读研究生的时候，周清雷是第一届，庄雷是第二届，是陈火旺亲自上的课。后来，作为中国计算机学会成员，特别是理论计算机科学专业委员会成员，他们与陈火旺成为同事了。

周清雷说，我们黄河大学几届毕业的研究生，都算是陈火旺老师的授业弟子，大家也都把他当作自己的老师。当时，陈老师讲软件工程、软件工具、计算语义学、人工智能课程，讲课非常严谨，同学们喜欢听他讲课。在陈火旺的支持下，苏老师把当时那些计算机前辈们请过来，上课的都是名师大家，还有复旦大学的施伯乐，上网络课的最早是中科院的曹中启，包括马希文，等等。即使是北大、清华的学生，也不可能一下子有那么多有名望的老师给学生上课。由于陈老师与苏老师的这种关系，郑州大学计算机专业的学生读研，首选是报考国防科技大学，然后是报考吉林大学。

在郑州大学，庄雷与陈火旺接触比较多，每年都跟着苏老师去开会，与陈老师都有见面。在她的印象中，陈老师对人特别好，不是太爱说话，但是很大度。在学会里面很多的人，各有各的想法，有南派、北派什么的，但是陈老师有海纳百川的胸怀，他对每个人特别宽容，也很真诚。当时，她和周清雷都是年轻人，跟在后面看得比较清楚。陈老师不管是对哪一派的、什么学校的，在讨论时都是平等相待，对于年轻人，只要是好苗子，都非常支持，进行扶持，不会因为你不是名牌学校就不看重你。理论组开会经常是针锋相对，一个人提出问题，马上就有人提出不同意见。但是陈老师对人很温和，不管对与错，都认真倾听，讲自己的道理。

有一次，苏锦祥的研究生张浩民与陈火旺发生争论，认为讲自己的一点想法还是可以的。陈火旺不急不躁，一步步引导，让张浩民自己发现自己的错误。不了解陈火旺的人，觉得他是那样的威严。其实，与他熟悉了，也能跟他开玩笑，很亲切、很容易接近。

庄雷说，陈老师很博学，有深厚的人文素养。1991 年，在兰州开会的时候，他用《陇西行》古诗做的总结。

当时她很年轻，觉得陈老师很了不起。在总结会上，陈火旺说，就用一首诗来评价这次会议，并表达自己的感受。后来，还有好几次，他没有专门作诗，却引用一些诗词，从传统文化讲起，引导年轻的后辈如何做人做事。

陈火旺给人的感觉是做事公平公正、很豪爽，干脆利索、有主见，大家在会上争吵，他总结时，一针见血，话非常少，却说到点子上，最关键的几句话就把问题解决了。

庄雷与他的博士生也有接触，一位博士生说，在论文答辩的时候，陈老师找的是在这个领域最好的一位专家。学生有点担心，因为以前在某个会议上与这位专家有过争论，现在把文章发给他，会不会评审通过不了。陈老师却坚决要给，因为陈老师觉得这个人在这个领域做得好，就要向他学习，要由专家来决定。这反映了陈火旺治学严谨，做事较真。

无论是在黄河大学，还是郑州大学，大家都很羡慕计算机系的学生。要在其他大学，只能跟一位有名的导师，能够有全国最好的老师来上课，就是中科院研究生院也没有这么好的条件，把这么多好的老师集中在一起上课，他们讲的都是自己最拿手的那一部分。

庄雷还说，我们学生很敬仰陈老师，因为上课的教材用的就是《程序设计语言编译原理》那本书，学生读他写的书，又听他讲的课。从王献昌开始，郑州大学可以向国防科大免试推荐读研究生，大家就更加努力学习了，想自己能够被推荐到国防科大继续深造。陈老师对于调动郑州大学学生的学习积极性，也是起到了很重要的作用。

1996 年，郑州大学搞 211 工程预审，学校指派庄雷跟着陈火旺负责联络。预审是很关键的一环，如果预审不过，后面就不用评审了。陈火旺非常认真细致，看材料不光是计算机方面的，而且还有全校各个方面的材料。他不时问庄雷，这个人是不是做这个的，这个点有多少老师，把学校各学科点的情况摸得清清楚楚，比如谁是搞物理的，谁是搞化学的，等等。他对计算机学科专业的指导更加具体，一一指出材料中的重点是什么、存在什么问题。

陈火旺作为专家，不仅仅只是评审一下学校行不行，更多的是关注郑州大学的长远发展。他特别强调，不能只盯着争取进入 211 工程，要注重进入 211 工程以后，学校怎样生存和发展，应该在哪些方面寻找突破，在哪些方面形成学校的特色和优势。陈火旺是国务院学位委员会委员，对全国高校的情况比较了解，注意把郑州大学与全国高校来进行比较，让学校明白自己的特色优势是什么，存在的弱项差距在哪里，就学校怎样发展，提出了许多建设性的建议。

庄雷把陈火旺的意见详细给学校领导做了汇报，学校根据陈火旺的建议，就学科建设、人才培养、科学研究、队伍建设、条件建设等规划及时做了相应调整，这对郑州大学的后续发展产生了很大影响。

陈火旺为了支持地方大学办学，还一度出任浙江师范大学计算机学院院长。

浙江师范大学位于浙江省金华市。金华是一个浙江省辖地级市，自秦王政 25 年，公元前 222 年建县，已有 2200 多年的历史，简称金，古称婺州。今日的浙江师范大学，已经发展成为一座风光秀丽、气象万千的现代大学城，是一所省属重点高校，2011 年进入全国高校百强排行榜。

然而，在二十世纪九十年代中期，由于金华地处浙江中西部，浙江师范大学没有得天独厚的办学条件，建设发展受到一定的制约。学校的计算机系，师资力量薄弱、学科发展停滞不前，在学校不仅没有地位，而且面临被撤掉的处境。如何求存图强，成为计算机系面临的严峻考验。

当时的计算机系，是数理信息科学学院下设的一个系。这个学院由数学、物理、计算机组成，数学、物理是传统学科，这两个系的历史跟浙江师大同年，力量比较强。而计算机系就显得弱小了，几乎被数学、物理系淹没掉。计算机系的老师们很是着急，纷纷找到在另外一个学院当院长的赵建民，因为他是从计算机系出去的。一致要他跟学校领导反映，信息技术发展迅速、计算机科学非常重要，能不能把计算机系独立出来，成立计算机学院。赵建民就去找学校党委书记毛华岳、校长徐辉汇报，经过研究，认为这个建议还是可行的。于是，他们对赵建民说，就看你有没有牛的人当院长，如果能够引进一个有影响的人，像院士这样的人，就可以成立独立的计算机学院。

1998 年 10 月，全国理论计算机科学专业委员会在江西师范大学召开年会。陈火旺是专委会主任，殷建平是专委会秘书长。会议期间，有人提出专委会从来没有在浙江开过年会，能不能在浙江办个年会，浙江师范大学刚好有两位老师参加了这次年会，他们回去后汇报这次会议精神的同时，也把有人想在浙江办年会的提议告诉了赵建民。当听到专委会有到浙江开年会的意向后，赵建民的反应非常积极，赶紧向学校领导做了汇报。紧接着以学校党委的名义，给陈火旺、殷建平写了一封信，盛情邀请下次年会到本校举办。殷建平心想，他们以党委的名义发出邀请，办好这个会应该是没问题的。但是，陈火旺心里没底，怕把会办砸了，就让殷建平去考察一下这所学校。

经过赵建民的精心准备，1999 年 10 月，全国理论计算机科学专业委员会学术年会在浙江师范大学召开，这次年会开得非常成功，陈火旺也非常满意。办完这个会后，赵建民与陈火旺、殷建平的联系更加多了，进一步增进了互相之间的了解。

有一次，赵建民给殷建平谈了想聘请陈火旺当院长的想法，并请他征求陈院士的意见。殷建平转告陈火旺后，他没有明确表态，但也没有反对。殷建平要赵建民最好当面来说说。事不宜迟，赵建民鼓动了学校分管人事的党委副书记奚建华，人事处处长刘剑虹，专程赶到长沙拜访陈火旺，盛情地邀请他去支持浙江师大计算机学科专业的发展。陈火旺不但非常关注计算机学科的建设发展，而且还是个重感情的人，看到他们又是写信又是专程拜访，就答应了这件事。奚建华后来到浙江传媒大学任党委书记，刘剑虹任湖州师范学院党委书记。

2000 年 9 月 18 日，浙江师范大学下发通知，聘任陈火旺任计算机科学与工程学院院长。同时，任命赵建民为计算机科学与工程学院执行院长。2000 年 10 月，陈火旺被聘为浙江师范大学双聘院士。2003 年 7 月，计算机科学与工程学院更名为信息科学与工程学院，聘任陈火旺为院长，赵建民为执行院长，任期至 2006 年 3 月。2001 年 9 月至 2005 年 12 月，陈火旺兼任计算机科学研究所所长，赵建民任执行所长。

当年长沙到金华既没有高速公路，也没有高铁，交通很不方便。陈火旺第一次来浙江师范大学，是从长沙黄花机场乘飞机到萧山机场，再乘车走省道从义乌到金华，走了将近 4 个小时，还堵了 4 个小时，路上就花了 8 个小时。这时的陈火旺已年过花甲，一路奔波兼程，一路风尘仆仆，真是非常辛苦。

2000 年 9 月 21 日，浙江师范大学召开计算机科学与工程学院成立大会，同时举行陈火旺院士聘任仪式。在成立大会暨聘任仪式上，陈火旺神情庄重，只讲了简短的几句话。大致意思是，推进中国计算机科学的发展，是我毕生的事业；浙江师大聘请我当院长，深感责任重大，一定要尽力干好；学科建设、科学研究、人才培养等教学科研方面的问题，当院长的要说了算。后来，学校按照他的要求，赋予了比较大的权利，就是把学院交给他来办。

浙江师范大学举行计算机科学与工程学院成立大会暨
陈火旺院士聘任仪式，校长徐辉向陈火旺授聘书

陈火旺出任院长后，主要抓了这么几件大事：

首先，是青年教师培养和人才引进。当时学校扩大招生，计算机专业招的学生特别多，教师不够用。赵建民从全国各地引进一大批教师。那时候引进人才比较难，想引进一位硕士都感到不容易，引来的都是本科学历。陈火旺对赵建民说，这样不行啊，教师队伍的学历层次太低了，起码要研究生毕业，但是这么多人都送出去念硕士，上课没人了。他就提出来，能不能与国防科技大学协商一下，在浙江师大设一个工程硕士点，培养青年教师。2001 年，国防科大就开办了软件工程硕士点，第一期，招生 38 人，计算机学院就有 23 人，另外还有浙江工商大学、温州大学等其他高校的教师参加学习。第二年，又在金华市公安局信息处也招了一期。这个点在浙江师大共招了两批。这些青年教师从软件工程硕士班毕业后，使学院教师队伍的学历得到了提高，师资结构得到了改善，后来有不少人成为博士、知名教授，有的还获得国家级科研成果奖。

第二，是带来一批学术带头人支援办学。陈火旺邀请王怀民、殷建平、王戟、毛新军等年青学术骨干力量，一起前来指导教学科研工作。他们不仅亲自参与教学，重要的是对教学、科研进行指导。比如，计算机网络等课程是在他们的指导下开设的，还具体指导编写了一批高水平的教材。由于有院士这面旗帜，加之很快打下了一个好的基础，接着引进了很多博士、国家优秀青年基金获得者和国家杰出青年基金获得者。

第三，是学科建设发展。陈火旺有一个重要的理念，认为一所学校要提高办学水平、增强知名度，不抓学科不行、学科抓不好不行、没有学位点就更不行，缺少这一点，就无法进入评价体系。这个理念不仅改变了计算机学院，而且改变了整个浙江师大。全校都开始重视学科建设、重视人才引进。从这个时候起，学校建设发展起来了一批硕士、博士学科点，从国内外引进一批了领军人才、拔尖人才。

再一个，是抓科研。陈火旺总是强调一个问题，作为高校不是单纯搞教学，作为老师不能只是上好课，还要搞科研，还要为社会服务。实现从纯教学型、纯教师型到教学科研相结合型的角色转换，并不是一件容易的事，如果没有方向、没有指路人，是很难做到的。陈火旺的指点，使大家豁然开朗，这也是理念上的一个彻底转变，学院很快从原来纯教学，变成教学、科研、社会服务齐头并进。计算机学院成立以后的几年发展特别快，科研项目从无到有，紧接着就有了国家基金项目、省基金项目、省科技项目和省重大科技项目，一个个上去了。学院是学校第一个拿到教育部科技奖、第一个拿到浙江省科技奖的单位。如果没有陈火旺的指导，这个事情以往连想都没有想过。

陈火旺当这个院长、所长，是实实在在地做工作，从学科建设的规划到师资队伍建设，从人才培养到科学研究，教学怎么搞、科研怎么搞、实验室怎么建、对外交流怎么开展，都是一一给他们出主意。经过短短几年的建设，浙江师范大学计算机学院很快就发展起来了。学院下属 8 个研究所、2 个实验中心，设有计算机科学与技术系、电子工程系、通信工程系等 3 个系和 1 个计算机文化基础公共教学部。已成为全国计算机师范教育学会、全国 CBE 学会的常务理事单位和全国理论计算机科学学会的会员单位。后来，在理论计算机科学专委会有一句开玩笑的话，我们这个会办到哪里，哪里就兴旺。因为专委会主任是陈火旺，火旺就会带来兴旺。

当时的执行院长赵建民教授，一直对陈火旺充满敬仰、感激之

陈火旺（左4）、殷建平和浙江师范大学计算机科学与工程学院教师座谈

情，认为陈火旺对浙江师大计算机学院的发展，做出了不可磨灭的贡献。他的高尚品德，学术造诣，为人处事，都显示出大家风范。赵建民和陈火旺可以说是忘年之交，年龄相差一代，但是没有代沟，成为亦师亦友的关系，在多年的交往中结下了深厚的友谊。

后来的数理与信息工程学院书记周军强，对陈火旺聘任院长期间做出的贡献，也有很高评价。认为，虽然信息科学与工程学院和数理学院合并后，陈院士就不再担任院长了，但是一直都是浙江师大的双聘院士。2015 年，学校有 11 个学科进入了省一流行列，软件工程在浙江省高校排名第一，这都得益于陈院士打下的基础，他对浙江师大的贡献载入史册。

吴樟兴是原来的执行副院长，是陈火旺当院长以后任命的。对陈火旺感受最深的，首先是他的到来，让学校有了一面学术上的旗帜，扩大了学校的影响和知名度。再一个就是，陈火旺总是竭尽全力支持学校，许多事情是亲力亲为，学校的一些活动，包括校庆、新生开学典礼，他也能在百忙之中设法抽出时间，亲自参加。2008年2月，得知陈火旺因病去世的消息，学院师生感到无比悲痛。

童吉是陈火旺任院长时期的学院办公室主任，对陈火旺在浙江师大工作的整个过程比较了解，许多事情留下了极为深刻的印象。童吉经常负责文字材料的起草工作，包括学科规划、教学计划、工作总结等等，对陈火旺的办学思想理念、眼界视野、思维方式和学术水平，有深切的感受。他在抓队伍、抓学科、抓好科研上，具有远见卓识；在抓教学等具体工作上，非常严谨细致。童吉还感到，陈火旺很平易近人，一点架子都没有，对人也非常客气，在生活上没有什么要求。他任院长六年多时间，每一次来了都是马上开展工作。金华有双龙洞、冰壶洞、横店影视城、金华大佛寺、郭洞、磐安十八涡、太平天国侍王府、六洞山、武义牛头山等景点，陈火旺有很多景点都没有抽空去看过。

朱信忠教授当年是一位20岁才出头的青年教师，从1999年后，每年都参加理论计算机科学年会，聆听了陈火旺的很多次学术报告、讲座。通过陈老师的引荐，也认识了很多同行的专家，极大地开阔了视野、增强了学科自信。现在已经成长为浙江师大的学术带头人，2016年获国家科技进步二等奖。陈火旺的教诲、指导，使他获益匪浅、终身受用。首先是指导怎么搞科研，陈火旺鼓励他们多申报项目，要形成科研特色，理论上有难度，但是可以结合浙江的经济产业发展，加强应用方面的研究。后来，两个教育部的科技进步二等奖是一个突破，获国家科技进步二等奖的项目也是工业互联网结合当前智能制造的技术课题。在陈火旺的推荐下，朱信忠成为殷建平教授的硕士和博士。陈火旺对年青教师的这种关心关爱、引导鼓励，让他们心中充满温暖，时刻感受到力量，一步一步成长起来，不断走得更高更远。

陈欣也是一名青年教师，她说，自己应该是陈火旺院士来到浙江师范大学计算机学院之后，整个项目的一个受益者。因为她当时也是每天在上课中度过日子的人，没有意识到学位和学历提升的迫切性和重要性。陈火旺来到之后，首先有一个提升学历的建议，她就报考国防科技大学的计算机专业，一直跟着熊岳山老师读了硕士，随后又读了博士。

在整个过程当中，因为人在长沙学习，没有其他同事跟陈火旺院士面对面交流的机会多，但是在她脑海中有几件印象很深的事情。第一件，就是看到陈火旺这个名字时，脑子有被突然点亮一样的感觉，因为在大学修计算机软件课程的时候，用的就是陈火旺主编的教材。2002 年秋天，到国防科大读硕士的第一个学期，赵建民院长、吴樟兴副院长，来长沙到医院看望陈院士，他身体不是太好住院了。学院几位在国防科大读硕士的老师，也想趁这个机会去看一看，大家心里怀着一种很敬仰敬畏的心情走进病房。陈院士躺在病床上，一见到大家，谈起学科专业的建设、国家科技的发展状况起来，精神振奋，滔滔不绝，根本不像一个在生病的状态。当时，正值国家科技进步奖刚刚落地，袁隆平拿了最高奖。他由此有感而发，讲了不少有关国家要鼓励创新创造的想法，谈了许多对加快推进科技发展的关切。他在病床上还在关注着国家科技进步的大事，让在场的每一个人，倍受感动、感触颇多。

陈火旺这种爱国情怀、科技情结、使命责任，一直激励着浙江师大的青年教师们在科学探索的征程上奋力前行。

陈火旺也给燕山大学信息科学、软件工程学科专业的建设发展，给予了无私的支持。

燕山大学坐落于河北省秦皇岛市，北依燕山，南临渤海，故得名燕山大学。这所大学是河北省人民政府、教育部、工业和信息化部、国家国防科技工业局四方共建的全国重点大学，河北省重点支持的国家一流大学和世界一流学科建设高校，北京高科大学联盟成员。

进入新的世纪，以信息技术发展水平为主要特征的综合国力竞争日趋激烈，软件技术作为信息技术的核心和国民经济信息化的基础，越来越受到世界各国的高度重视。燕山大学为了适应信息技术发展潮流，加快信息科学、软件工程学科专业的建设发展，强力实施高层次拔尖人才延揽计划，聘请国内外知名专家教授来校工作，或开展指导交流。

这个时期，陈火旺的身体状况已经不太好，呼吸比较困难，走路也很吃力，本来可以不接受聘请了。但是，他感到无论哪一所学校、哪一个单位需要帮助，都是自己应该尽的责任。他推掉了所有聘请条件和待遇，毅然接受了燕山大学的聘请。

陈火旺前后五次到燕山大学，每次工作大约一周左右时间。他不顾年迈体弱多病，总是冒着酷暑进入实验室、研究室，与师生广泛交流、深入座谈和参加学术活动，对年轻教师开展帮带，对学科专业建设进行指导。

2001 年 8 月，应燕山大学和全国数据库学术会议（NDBC2001）组委会的邀请，陈火旺作为全国数据库学术会议的名誉主席，由国防科技大学贾焰教授陪同出席会议，并在 NDBC 开幕式上致辞。会议期间，他与燕山大学相关领导，信息科学与工程学院院长孔令富、副院长郭景峰，以及计算机系教师代表进行了座谈，就计算机学科建设和申报项目等有关学科发展方面的问题进行了交流。

陈火旺（中）、贾焰与燕山大学孔令富教授

2002 年 8 月，陈火旺在贾焰的陪同下，参加在秦皇岛召开的国家自然基金信息学部项目评审会议。会议结束后，到燕山大学指导计算机学科建设和科研团队建设。

2004 年 7 月，陈火旺受燕山大学邀请，到秦皇岛参加河北省院士联谊会，王怀民、王戟一同参加会议。会后，一并到燕山大学指导工作，开展学术活动。

2005 年 8 月，陈火旺作为理论计算机专委会主任，在殷建平、王怀民、王挺、王戟的陪同下，参加在秦皇岛召开全国理论计算机学术会议。会议期间，到燕山大学指导学科建设工作。

2006 年 7 月，受燕山大学的邀请，陈火旺在王挺的陪同下来秦皇岛参加河北省院士联谊会，到燕山大学与部分教师座谈，指导学科建设工作，王挺还做了专题学术报告。

陈火旺每次到燕山大学，分别由贾焰、宁洪、王怀民、殷建平、王戟、王挺等教授陪同，这几位教授有的是他的学生，都是计算机软件领域的专家，一是可以给他有个照顾，二是协助他一起开展工作。

燕山大学计算机科学与工程学院，后来发展为信息科学与工程学院、软件学院两个学院。信息科学与工程学院已拥有 5 个一级学科工学硕士学位授权点，10 个二级学科工学硕士学位授权点，4 个工程硕士学位授权点，4 个一级学科博士学位授权点，8 个二级学科博士学位授权点，2 个博士后流动站，3 个省（部）级重点学科，2 个省级重点实验室。软件学院拥有河北省唯一的软件工程一级学科博士及相应的所有硕士学位授权，是河北省强势特色学科覆盖学科，拥有河北省计算机虚拟技术和系统集成重点实验室、国家大学科技园软件中心等科研机构和工程中心。

燕山大学的信息科学与技术学科，能够发展成为强势特色学科群，这是与陈火旺的指导、支持分不开的，凝聚着他的心血和智慧。

第九章 Chapter 9

呕心沥血 陶育计算机英才

师者，传道授业解惑也。在陈火旺的心里，自己既是一名科技工作者，更是一名教师。他感到，在计算机发展进入快速而又崭新的时代，要在激烈的世界竞争中保持优势，创新是关键，育人是根本。他作为教授、博士生导师，长期担任全国高校计算机学科建设和教学指导的专家，始终着眼重大工程攻关、理论探索，不遗余力推进计算机学科建设、计算机研究生教育体系建立完善，始终扛起教书育人的神圣使命，坚守三尺讲台初心不改。以对党的教育事业的忠诚，慈父严师般的大爱，甘当人梯的情怀，为我国计算机教育事业竭诚奉献。

1. 倾力计算机学科建设与教学

二十世纪七十年代末期、八十年代初期，“文革”结束以后，中国恢复高考招生和研究生培养。对于怎么建设发展计算机学科和培养计算机人才，如何学习借鉴和赶上西方发达国家先进水平，这是中国计算机教育面临的而且必须解决的一个重大问题。

这个时期，陈火旺任国防科技大学计算机系副主任、计算机研究所副所长，在负责“银河－Ⅰ”软件研制的同时，还负责计算机系的人才培养工作。从 1984 年至 2008 年，陈火旺一直任教授、博士生导师，还担任多个行政职务和学术职务，参与和领导了计算机学科建设。一连串的任命和任职，不仅是对陈火旺能力水平的认可，更是赋予他更多的责任和期待。

一年之计，莫如树谷；十年之计，莫如树木；终身之计，莫如树人。陈火旺身兼数职，更加深刻认识到人才培养的重要性，始终坚守教书育人这个本分。

他为此倾注了大量精力，与国防科技大学计算机系的同志们一道，作了许多有益探索，进行了一系列成功实践，为计算机科学理论体系建设和软件工程学科体系建设，计算机学科研究生教育体系建立，付出大量心血，做出了开创性贡献。

1977 年恢复高考，这是中国教育领域拨乱反正的一件大事。为了适应人才培养的新形势新要求，长沙工学院电子计算机系，决定成立计算机及应用、计算机软件两个教研室。

1978 年，长沙工学院重新回到军队序列，改建为国防科技大学。在时任国防科委副主任钱学森的指导下，按照以学科设系，理工结合、落实到工的原则办学。贯彻按学科设系的要求，就要按学科建立师资队伍、制定人才培养计划、编写教材、建设实验室。同时，老师既要搞科研、也要搞教学。

当时，计算机软件教研室，由俞咸宜任主任，陈火旺任副主任，开始时只有 17 个人。当时一些教员还有些想法，觉得以前一直在搞科研，比较顺手，如今搞教学得从头学起，感到有比较大的压力。

一天晚上，教研室的教员正在加班备课，计算机系主任慈云桂到每间办公室，与大家讨论搞好教学的问题。他对大家说，我们科研搞得不错，人家都说我们是中国计算机界“四小龙”，但我们的教学不行，不仅在校外没名气，在校内也不行。系党委下决心，抽调一批骨干，加强教学工作。二十世纪七十、八十年代，日本、韩国、新加坡、中国台湾由于经济发展迅速，被世界誉为亚洲“四小龙”。中国计算机领域有国防科大计算机研究所、电子部 15 所、科学院计算所、华东计算所四个实力强的科研单位。他说这番话的意思，是要求大家把教学搞得和科研一样好，既要出成果，又要出人才。

应该说，当时由俞咸宜、陈火旺领衔的计算机软件教研室，教师阵容是比较强的。很多教员都是“哈军工”时期从全国各大名校调来的，有浙江大学、复旦大学、清华大学、北京大学、南开大学、西北工业大学、吉林大学、中国科技大学、武汉大学等，也有“哈军工”毕业留校的。经过“哈军工”多年的科研实践，教员们的个人能力、事业心和团队精神都很强。

由于“哈军工”计算机的教员，在“文革”十年动乱期间，也一直在拼命搞科研，这是与全国高校不同之处，因而多数教员有丰富的科研经验，但是缺少教学经验的积累，加之又没有教材，搞好教学确实面临不少困难。慈云桂的话，给大家很大鼓励，觉得既然党委和领导这样信任我们，一定要加倍努力，像搞科研一样搞好教学工作。

我国“文革”前的计算机教育，受苏联影响很大，主要内容是数字电路、模拟电路、数字逻辑、计算机原理、计算机系统结构、程序设计、计算方法等。当国门一打开，睁眼看世界时，发现美国等西方国家大学的计算机教学计划，计算机专业的课程体系已有很大变化，如数据结构、离散数学、数据库等课程以前根本没听说过，有些课程名字虽然知道，如编译原理、操作系统，但要开设这些课程，系统地开展教学就困难了。

俞咸宜、陈火旺带领教研室的同志克服了很多困难，组织大家查资料、找教材，制定教学计划，边学习边备课，一回生二回熟，教上三回就像个样子了。

1978 年，研制亿次巨型计算机任务上马，学校和计算机系技术人员十分缺乏。于是，系党委采取了很多措施，其中之一是从教研室抽调力量，把陈火旺调去主持软件开发工作，此后，又陆续给 5 位教员安排了“银河 - Ⅰ”的软件研制任务，参加向量 Fortran 语言编译器的开发。陈火旺和大家一起，一边上课一边搞科研。

1981 年，国务院实行学位条例，按照学科培养研究生。这时，国防科技大学计算机系，按学科规划、建设和培养人才，已经有三年了。为学位授权点和博士导师申报，重点学科和博士后流动站申报，赢得了宝贵的时间，打下了很好的基础。计算机体系结构是第一批博士点，是全国五个重点学科中的一个。后来计算机软件也成为博士点，计算机系成为全国首批三个计算机博士后流动站中的一个。1988 年计算机及应用专业参加全国教学评估名列第二。

从 1946 年世界上第一台电子计算机诞生，到二十世纪八十年代初，国际上计算机教育已逐渐成熟。如，美国计算机联合会的 ACM78 推荐教学计划，对计算机科学的教学目的、课程、教材、实践性教学环节、教师等都提出了具体要求。几年后，国际电子电气工程师协会的计算机委员会，也推出了 IEEE/CS83 推荐教学计划。

陈火旺与大家一起，注意学习借鉴计算机教育的先进理念和成功经验，把英国和美国的比较成熟的、世界上最先进的课程体系引进来，把先进的教材引进来，并结合培训任务、教学科研实践，对教学计划、课程体系进行深入研究，形成了具有自己特色又与国际接轨的课程体系、教材体系，计算机教学水平不断跨上新台阶，学科建设日趋成熟完善。

为了解决计算机教学的教材问题，陈火旺与大家在学习借鉴的基础上，认真总结教学科研经验，写出了十几部教材，在全国产生了很大的影响。

陈火旺与孙永强、钱家骅合作编写的《程序设计语言编译原理》，被全国多数高校作为基本教材；郑若忠编写的《数据库系统原理》，是我国第一本数据库教材；王广芳编写的《数据结构》，成为全国影响最大的三本数据结构教材之一；王兵山等编写的《离散数学》，简洁严谨，其内容深度和广度处于国内领先水平；郭浩志等编写的《程序设计语言概论》很适合计算机专业学生，与《程序设计语言编译原理》结合紧密，特别是他还精心组织出版了一本《计算机软件实践教程》，在国内高校广为流传。这期间，齐治昌编写的《数值分析及其应用》，把数值算法、编程、应用三个方面捆掷起来，反映数值计算的最新成果。

二十世纪八十年代中期，我国刚刚开始建立学位制度，计算机学科基础比较弱。陈火旺根据自己早年在复旦大学、北京大学和英国物理研究所求学和工作的积累，参照英国爱丁堡大学等国际著名大学的计算机科学理论课程体系，组织力量为研究生开设了数理逻辑、可计算性理论、形式语言与自动机、形式语义学、计算复杂性等理论课程和研讨班。他还亲自编著《程序设计方法学基础》，编译国外最新的有关时态逻辑方面的学术论文和著作。为了赶上教学需要，他经常亲自刻蜡版、油印教材，有力保证了教学工作的经常开展。

二十世纪八十年代，国家教育部发布的本科专业目录中，计算机学科有两个专业。一个是“计算机及应用”，另一个是“计算机软件”。陈火旺和大家认为，计算机及应用范围很宽，应包括计算机软件。从人才培养的角度看，也应该把两者结合起来。事实上，按照两个专业培养的学生，毕业生已出现学硬件的软件基础不够，学软件的怕“电”的问题。另一方面，国际上 ACM78、IEEE/CS83 等计算机教学计划，都不是按照“硬”“软”划分专业的，而是按照理科和工科划分的。ACM78 是计算机科学（理科）推荐计划，IEEE/CS83 是计算机工程（工科）推荐计划。

到了八十年代末，计算机科学教学计划也非常注重实践教学环节，而计算机工程教学计划也非常重视算法和理论课程。因此，陈火旺和大家研究，决定把两个专业合并成一个，即计算机科学技术，实施宽口径培养。

1989 年，新招收的学员培养，就把两个专业合并成了一个专业。围绕计算机专业人才应掌握的知识和能力结构，设计了电路、计算机数学、程序设计语言和程序设计、计算机硬件、计算机软件、计算机应用6个系列课程，通过优化课程设置，深化教学内容改革，系统培养学员6个方面的知识和技能。

直到1991年，ACM和IEEE/CS联合推出CC1991推荐教学计划，才提出按计算机科学技术实施教学。1992年，国家教育委员会也将计算机及应用和计算机软件合并，按计算机科学技术招生和培养。比国防科技大学计算机系的实践，晚了整整三年。陈火旺和大家在计算机学科专业上进行的探索和实践，具有很强的前瞻性。

1978年，恢复高考后的第一批大学生，作为时代骄子，满怀青春理想走进国防科大。计算机系78级的学生非常幸运，亲身领略了陈火旺的讲课风采，是唯一一届完整聆听了他讲授编译原理课程的学生。

陈火旺和计算机系的一批教授，在系六楼的大教室为这批学生上课。陈火旺在讲课时，如数家珍般地讲计算机发展史，以培养同学们对专业的兴趣。当他边讲边在黑板上写下相关英文单词时，一帮新生齐声嚷嚷，“没有音标不会念”。陈火旺笑笑说：“可我没学过音标呀，晚上我查查吧。”第二天，他果真在黑板上一一标出了音标。

有时他就一个知识点，洋洋洒洒讲上两小时，问题是如何提出的，解决的过程有多少曲折，目前的解决方法有何利弊，深入浅出、娓娓道来。有时他一节课就讲故事，快下课时才提纲挈领地讲一下教材，然后说“大家课后好好看书”，于是同学们就老老实实利用晚上和周末啃书本。他还给同学们发一本英文教材，让大家对照着看。当时大家感到苦不堪言，但却受益匪浅。他在传授知识的同时，十分注重培养，学生分析解决问题和独立思考的能力。

在课间休息，经常有一些勤学好问的同学围上讲台，向陈老师请教这样或那样的问题，他总是说“请等一下”，然后麻利地点上一支烟，深吸一口后说，“什么问题呀?”不厌其烦地一一解答。这批学生中，有许多人成长为学科带头人和知名专家教授，贾焰、宁洪是其中的代表。

贾焰，国防科学技术大学教授、博士生导师。历任国防科学技术大学计算机系新一代计算机研究室副教授，国防科学技术大学计算机学院国家并行与分布计算重点实验室教研室主任、教授，国防科学技术大学计算机学院网络与信息安全研究所副所长、教授，国防科学技术大学计算机学院国产基础软件工程中心副主任、首席科学家。“十二五”国家“863”信息安全主题专家组专家，中国网络空间安全协会副理事长，中国中文信息处理学会常务理事、副书记，中国网络空间安全协会竞评比演练工委会主任，国际未来数据和大搜索高峰论坛 FFD&BigSearch 发起人、领导委员会主任委员，IEEE 网络空间数据科学国际会议 ICDSC 发起人、领导委员会主任委员。20 多年来，致力于网络空间安全领域的研究，在面向网络内容安全的舆情分析、面向网络系统安全的态势分析及其支撑数据处理平台方面，带领团队突破了多项世界性技术难题，获国家科技进步等奖、省部级、军队科技进步等奖多项、发表 SCI/EI 论文 241 篇，出版专著 5 部，获授权中国发明专利 51 项，获软件著作权 62 项，参与制定国家行业标准 7 项，是我国网络空间安全领域学术带头人、“863”专家。

宁洪，国防科学技术大学教授、硕士生导师。历任国防科学技术大学计算机系副教授，国防科学技术大学计算机学院计算机科学与技术系主任、教授。国防科学技术大学计算机计算机软件与理论学科带头人，全军军事训练信息网专家组成员，军队院校核心课程体系研究组成员。湖南省长沙市第八、九、十届政协委员，湖南省第十一届人大代表。被评为全军优秀教师，被授予全国城镇妇女

“巾帼建功”标兵荣誉称号，获军队院校育才奖金奖，享受军队优秀专业技术人才一类岗位津贴，被评为第三届湖南省优秀专家、第四届湖南省普通高等学校教学名师。

陈火旺当时身兼“银河－Ⅰ”软件总师，要一边为第一台国产巨型机的设计操劳，一边为恢复高考后的第一批软件专业学生制订教学计划、编写教材，一边上讲台亲自为学生讲课，多忙多累可想而知。

2008年的前几年，陈火旺身体日渐衰弱，身边的几个学生常去他家坐坐，与他一起聊聊天。但他的话题并不是自己的身体状况，而是关心学校、学院和学生的发展。每当聊到学校或学院取得哪些成果、在哪些方面取得突破、什么研究项目取得新进展时，都让他欢心并给予赞誉。当有的学生聊到遇到问题和困难时，他一边鼓励一边给出中肯的指点。陈火旺的教诲和精神，永远激励着他们前行。

多少年来，每次同学相聚，只要说起陈老师当年上课的情景，一桩桩、一件件萦绕心头、挥之不去，大家深深地被他的道德、人品、学识、才能所折服，无不追忆和缅怀深受敬重的一代名师。

2. 荣获优秀教学成果国家特等奖

艰辛的耕耘，必然换来丰厚的收获。在系党委和系主任慈云桂的领导下，经过陈火旺和大家的探索和努力，国防科技大学计算机系的教学、科研硕果累累。

1989 年 9 月 7 日，《国防科大报》刊载长篇通讯，报道了计算机系学科建设取得的丰硕成果。报道记述了国防科大计算机系，从党的十一届三中全会以来，紧跟形势发展，着眼国家和军队对计算机科学科技和人才的需要，大力加强学科建设，涌现了一大批优秀人才和成果。

在人才培养上，先后有 935 名本科生、296 名硕士和博士研究生从这里毕业，每年毕业分配的时候，用人单位纷纷上门来“抢”，年年供不应求。被分配到各地的学生，很快就能施展自己的才华，多数同志已成为优秀的技术骨干，有的走上了领导岗位，有的成了颇有名气的学者。

在科研成果上，成功研制蜚声国内外的我国第一台“银河”亿次电子计算机，第一台全数字“银河”仿真计算机，“银河”超级大型计算机，并行推理模拟实验系统和石油部合作的“银河”地震数据处理系统，一共有 200 多项。其中一项获国防科技成果特等奖，两项获国家科技进步一等奖，一项获国家发明奖，175 项分别获部委级以上科技进步奖，多项成果填补了国家空白，达到或接近国际先进水平。在国内外各学术刊物或学术会议上发表300余篇论文，其中在国外学术刊物和国际学术会议上发表论文90多篇。

随着大批人才和成果的涌现，学科得到了迅速发展，形成了从本科生到博士生的完整教学体系。本科生培养，设有计算机及其应用、计算机软件两个专业。硕士研究生培养，设有计算机组织与系统结构、计算机科学理论、计算机器件与设备等五个专业，26个研究方向，都具有硕士学位授予权。博士研究生培养，设有计算机组织及系统结构、计算机软件两个专业，还设有两个专业的博士后流动站。1988年，计算机系的计算机及应用专业，参加全国29所高等院校教学质量评估试点，取得优异成绩，总分在全国29所高等院校中名列前茅。同年，国家教委批准计算机组织及系统结构专业为国家重点专业。

计算机系的教学工作能够在较短的时间内取得这么多成果、发展这么快，主要经验是教学、科研、生产三结合，相互促进，形成良性循环，在体制上实行系、研究所和计算机工厂三位一体，统一指挥和协调全盘工作。

在以科研促进教学、生产上，其做法和成效主要有四个方面：

通过充实和更新教学内容，提高了教学质量。科研中大量的课题研究成果，直接转化为研究生和本科生的课程内容，开设的深受学生欢迎的“高性能计算机系统结构”“模型与模拟技术”“并行算法”“数据结构”等10多门新课，都是由科研成果直接引用的，取到了很好的教学效果。教师参加科研，对于编写高质量的教材提供了极为有利的条件。过去，选用的教材，主要有全国统编的和国外出版的，这些教材有的老化，有的脱离实际。随着科研工作的深入开展，大量的新成果、新经验、新知识出现了，认真吸取这些新鲜的东西，在总结过去经验的基础上，先后编写了25种、1000多万字、总发行量达 40 多万册，具有本单位、本学科特色的新教材。其中，《程序设计语言编译原理》获国家优秀教材一等奖，《数据库原理与方法》获电子部优秀教材奖，还有 12 种教材获得学校优秀教材奖。

培养和锻炼了一支学风严谨、锐意进取、敢打硬仗的高水平、高质量的教师队伍。教师参加科研极大地锻炼和提高了自己的创造性和开拓性思维能力，进入学术的“前沿阵地”涉猎和掌握许多新知识，这对教师完善知识结构、提高学术水平、改进课堂教学十分有利；严密的科学方法的训练，严格的科研作风的熏陶，大大提高了教师的综合素质和治学水平。

坚持为研究生的课题研究、本科生的毕业设计，提供方向多样内容丰富的课题。几乎每年精选一百多个紧贴学科前沿，而且军队建设急迫需要的课题，组织学员开展研究，经过“真枪实弹”的锻炼，巩固和丰富所学的知识，培养和锻炼了独立工作能力，大大提高了实践技能，为学员毕业后适应实际工作打下了良好的基础。

壮大了生产能力，加强了实验室建设。科研成果转化为产品，销售后所得到部分费用添置计算机生产和实验设备。近几年来，为科研、生产先后购置了 80 多台套、价值数千万元的各种先进的生产和实验设备。

在以教学促进科研、生产上，其做法和成效主要有三方面：

把教学过程既作为一个传播知识的过程，也作为一个理论学习的过程。教师通过科研实践，学到了新知识，积累了丰富的实践经验，将自己的实践经验通过总结和提高，上升到理论，使之系统化、理论化，有利开阔了思路，加深了对事物本质的认识。许多教师正是通过这样的总结提高后，又开辟了一些新的研究领域，使科研工作更上一层楼。

大量的研究生和本科生作为一支生力军加入科研队伍，加速了科研的进程。在“银河”巨型机研制中，许多研究生结合课题研究，大批的研究生的论文和本科生的毕业设计，投入了进来，壮大了科研力量，运用到科研工作中去，78级本科生中50多名学生的毕业设计课题都与“银河”机软件研制结合，有6万多行程序直接运用了他们的毕业设计成果。

培养的一大批技术骨干，充实到科研、实验和生产基地，大大改善了科研和生产部门队伍老化的状况。

1989年，全国开展第一届优秀教学成果评奖，系领导十分重视，认为这是对计算机学科建设进行总结提高的好机会，提出要通过总结教学科研相结合的经验，提高学科建设和教学水平。经过系党委研究，确定以“坚持教学科研生产三结合，促进计算机学科建设”成果报奖。在认真组织整理上报材料和录像资料后，推荐陈火旺、李勇、彭心炯为代表，申报全国优秀教学成果奖。

陈福接是计算机系主任，1983年12月接任慈云桂的，任至1993年9月。教学成果奖申报工作由齐治昌负责，他在1988年8月至1992年12月任计算机系副主任，分管教学工作。如何确定教学成果申报选题和申报人选，让他费了一番脑子。根据评奖条件要求，他认为教学、科研、生产是优势，学科建设也是优势，确定“坚持教学科研生产三结合，促进计算机学科建设”这样的选题，能真实客观反映计算机系多年来的教学实践成果，有比较大的获奖把握。

按照教学成果申报要求，规定申报名额只能三个人，但符合条件的人很多。对于如何推荐这三位人选，系里的意见是，确定的申报人选，既要做出了突出贡献，又要有代表性。于是，就提议陈火旺、李勇、彭心炯作为代表申报。因为，陈火旺一直在教学一线给学生上课，任系副主任后又分管研究生教育，在教学大纲制定、课程设置、教材编写等学科建设上，做了大量开拓性的工作。李勇也是系的副主任，分管本科生教育。科学研究这个方面也要有一名代表，鉴于彭心炯做出的贡献，大家就推荐了他。

1989 年 9 月，陈火旺、李勇、彭心炯
获全国第一届优秀教学成果特等奖

经系学术委员会投票评议推荐，系党委研究决定，陈火旺、李勇、彭心炯为教学成果奖申报人。随后，经学校评审委员会评审和领导批准，国防科技大学有 13 项优秀教学成果，分别参加国家级、军队级和省级教学成果评审。

总参谋部、总政治部、总后勤部〔1989〕参训字第 283 号文件，下发《关于表彰军队院校优秀教学成果军队级一、二等奖的通报》，国防科技大学有 5 项成果获一等奖，2 项成果获二等奖，陈火旺、李勇、彭心炯的教学成果奖为一等奖。

国家教委〔1989〕第 029 号文件，下发《国家教育委员会关于奖励全国普通高等学校优秀教学成果的决定》，公布这项教学成果被评为全国第一届优秀教学成果特等奖。1989 年 9 月 10 日，教师节这一天，李勇在人民大会堂参加了庆祝教师节暨优秀教学成果颁奖大会。

在获奖之后，计算机系又开始了新的探索和实践，在学科建设方面已经取得新的成效，按计算机科学技术宽口径培养的学员深受部队好评，在为军服务上也做了很多工作，除了教学内容和实践性环节体现军队需要外，还多次到部队举办计算机培训班，现场解决部队计算机使用中的困难，深受部队欢迎。

1993 年，开展全国第二届优秀教学成果奖评选，“加强计算机学科建设，主动适应军队建设需要”教学成果，获得全国优秀教学成果一等奖，国防科技大学计算机系在学科建设、科学研究和人才培养上，又取得了新的成绩。

3. 编著《编译原理》培养几代软件人才

陈火旺作为我们国家比较早出国学习的人员，回国后就开始为我国计算机配高级语言，开展和推进计算机软件研究。他不仅善于运用先进理论和技术做工程，还十分注重理论与实践相结合，写出了非常有水平的教材。

在科研领域，许多人认为，做了工程就很难做研究，甚至很难著书立说。因为做工程，人的时间和精力都被占用了，很难再有时间去做其他事情。然而，陈火旺却坚持在做工程的过程中著书立说。

陈火旺的专著教材具有非常高的学术水准，主要特点是具有很强的逻辑性、理论性，同时又有很强实践性。有的书或者工程性很强，或者理论性很强，要把两者有机结合起来，有相当大的难度。但在陈火旺的书中，得到了非常好的体现。

许多年轻教师和学生，都见证了陈火旺著书立说的过程。当年的教室在办公楼里，每天晚饭后，学生都要到教室晚自习，总是经常在楼梯上碰到陈老师，同学们亲切地问候一声“老师好”。每到下自习时候，他的办公室还是灯火通明，正在挑灯夜战。后来，同学们才从年轻的助教那里得知，陈老师正在编写一本教材，是关于程序语言编译方面的，国内还没有这样的教材。这部教材，凝聚了他多年的心血和精力，是他理论研究、科研实践和教学经验的总结，既让几代人受益，也牢牢地奠定了他在中国计算机教育界的地位。

为了把国外先进技术引入国内，用于教学和人才培养，陈火旺在百忙之中，挤出时间进行译著。1980 年，翻译的《结构程序设计》一书在科学出版社出版，1991 年再版，被不少高校选用为基本教材。

1981 年，与复旦大学钱家骅、清华大学孙永强合作完成的《程序设计语言编译原理》，由国防工业出版社出版。1984 年修订再版，到 1996 年第 15 次重版，1988 年获国家级高等学校优秀教材奖。2002 年 12 月，获 2002 年全国普通高校优秀教材一等奖。2006 年 3 月 1 日，《程序设计语言编译原理》第三版，由国防工业出版社再版发行。

《程序设计语言编译原理》第三版，是在陈火旺、钱家骅、孙永强三位教授1981年版的基础上，结合编译技术的最新研究成果和作者多年的教学经验编写而成的。比较全面、系统地介绍了编译程序构造的一般原理和基本实现方法，内容包括词法分析、语法分析、属性文法与语法制导翻译、语义分析与中间代码产生、符号表与运行时存储空间组织、优化与目标代码生成、并行编译技术。与原版教材相比，第三版将编译技术的最新发展，例如属性文法、面向对象语言的编译技术、并行编译技术、编译程序自动构造工具等内容系统地融合到教材中。在语言背景方面，以C语言和Pascal替代原教材中的Fortran和Algol，并在一些重要的章节中增加了必要

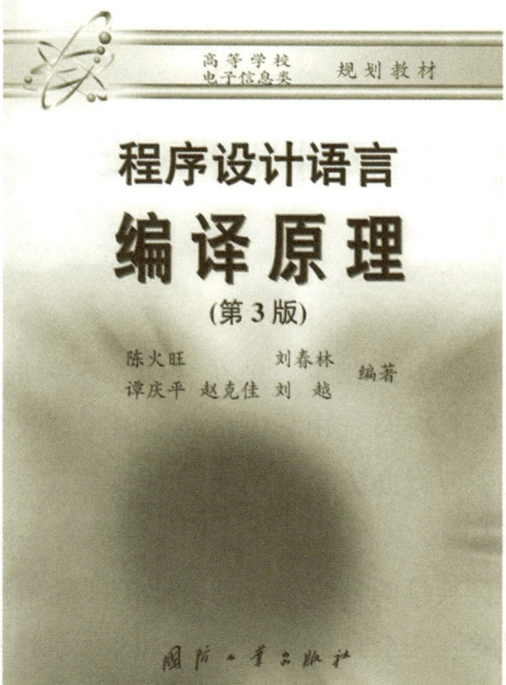

《程序设计语言编译原理》第3版封面

的例题，以帮助读者理解和自学。

《程序设计语言编译原理》，是国内迄今为止影响最为广泛的教材之一，被重印十几次，再版三次。他的这本书影响了几十年中国大学的计算机教育，有这么长的一段时间，特别是二十世纪八十年代的大学生，无论是在读本科，还是在读研究生，只要是在大学期间学习与计算机相关专业的，都会读到这本书，都因为这本教材知道陈火旺，也了解到这位令人崇敬的名师。

中国科学院院士、国家最高科学奖得主王选，曾经这样评价："火旺同志的一本书，哺育和造就了我国改革开放以来一代软件精英。"

4. 任研究生院专职副院长

国防科技大学培养研究生，是在"哈军工"时期从1955年开始的。1953年11月27日，中华人民共和国高等教育部发布了《高等学校培养研究生暂行办法（草案）》，明确规定："凡有苏联专家（或人民民主国家的专家）或师资条件较好的高等院校均应担负培养研究生的任务，其目的是为培养高等学校师资和科学研究人才。"当时，军事工程学院完全具备这些条件，既有苏联专家，又有一批著名专家学者，还有与世界先进水平相当的军事工程技术学科专业。

"哈军工"从1955年开始招收研究生，到1966年"文革"时停止，经历十几年的发展，为国防科技战线培养和输送了一批急需的高层次人才。1978 年国家恢复研究生招生培养工作，国防科技大学就开始招收硕士研究生，1982 年招收博士研究生，培养研究生进入一个新的历史时期。

自 1978 年恢复研究生招生和 1981 年实施学位制度以来，我国研究生教育发展很快。1978 年至 1983 年招收的研究生，相当于“文革”前 17 年招生总和的 2.5 倍，在校研究生相当于“文革”前在校研究生的最多年份的 5.7 倍。根据研究生教育发展的需要，第五届全国人民代表大会第五次会议批准的国家“六五”计划提出：“要试办研究生院。”教育部研究生司在广泛征求意见的基础上，确定了试办研究生院的条件。

1984 年 8 月，经国务院批准，教育部正式发出了《关于在北京大学等 22 所高等院校试办研究生院的通知》，同时印发了《关于在部分全国重点高等院校试办研究生院的几点意见》。经教育部批准 22 所高校试办研究生院，包括北京大学、中国人民大学、清华大学、北京理工大学、北京航空航天大学、北京科技大学、中国农业大学、北京医科大学、北京师范大学、天津大学、南开大学、哈尔滨工业大学、吉林大学、复旦大学、上海交通大学、浙江大学、南京大学、武汉大学、华中理工大学、国防科技大学、西安交通大学、上海医科大学。

1986 年 4 月，经国务院批准，国家教委发出了关于同意中山大学等十所院校试办研究生院的通知。经国务院两次批准，试办研究生院的高等学校达 32 所，加上 1978 年经国务院批准成立的中国科技大学研究生院，全国共有 33 所普通高等学校试办研究生院。

研究生院是我国高层次人才培养和解决国家重大科技问题的重要基地，代表着我国研究生教育的最高水平，在我国研究生教育发

国防科技大学研究生院揭牌仪式（1985 年）

展中具有举足轻重的地位和作用。为加强对研究生院的管理，1995 年 10 月 9 日，国家教育委员会制定并下发了《研究生院设置暂行规定》。暂行规定对设置研究生院的高等学校应当具备的条件、研究生院应当履行的职责等都作了明确规定。同时开展了对普通高等院校试办研究生院的评估工作，对获本次评估前 10 名的试办研究生院给予适当的表彰和奖励，会议同意本次评估前 10 名和中国人民大学等 11 所高校试办研究生院作为第一批转正，其他经评估合格的试办研究生院作为第二批转正。

经过十几年的扎实工作，全国 33 所研究生院，高校合并后为

31 所，从试办到正式成立，已经为国家培养了一大批优秀的高层次人才，促进了学科建设和科研水平的提高。

1984 年 8 月，国防科技大学是经国务院批准、教育部正式发出通知，第一批 22 所高校试办研究生院的军队院校，是军队唯一一所最早试办研究生院的院校。这与学校的地位作用，开展研究生教育的历史、办学水平是分不开的。

1984 年 12 月 24 日，中央军委〔1984〕军字第 32 号文件批复，同意国防科技大学设立研究生院。

1985 年 1 月 17 日，国防科学技术工业委员会〔1985〕司务字第 122 号文件，下发《同意国防科技大学设立研究生院的通知》。

1985 年 1 月 30 日，学校召开研究生院成立大会，国防科技大学研究生院正式成立。国防科技大学副校长陈启智兼任院长，训练部部长吴国平兼任副院长。

1990 年 6 月，陈启智离任，副校长郭桂蓉接任院长。

1991 年 8 月，吴国平离任，训练部部长温熙森接任副院长。

1987 年 4 月 3 日，由国防科学技术大学党委呈报，6 月 27 日，国防科工委政治部〔1987〕政干令字第 176 号命令，任命陈火旺为国防科学技术大学研究生院副院长。10 月，增补为国防科学技术大学研究生院党委委员。

1988 年 5 月 6 日，由国防科学技术大学党委呈报，6 月 16 日，总政〔1988〕政干令字第 220 号命令，任命陈火旺为研究生院副院长，级别为副军职。

1990 年 7 月 23 日，江泽民签署〔1990〕政干令字第 361 号命令，陈火旺晋升为少将。1990 年 8 月至 1992 年 9 月，任研究生院党委书记。

1992 年 8 月 8 日，由国防科学技术大学党委呈报，8 月 28 日，中央军委政干字第337号命令，免去陈火旺研究生院副院长。9月21日，国防科工委任命齐治昌为研究生院副院长。

陈火旺在研究生院工作五年多时间，作为专职副院长，一直主持研究生院日常工作。他在陈启智院长、郭桂蓉院长的直接领导下，注重加强研究生院的组织管理和基本建设工作，先后组织制定和完善了研究生招生培养、学位授予、学科建设、科学研究、生产经营等有关规章制度，使各项工作有章可循，为研究生院的建设发展做出了重大贡献。

当时，学校未设立科研部，在研究生院设立科研处，主管全校科学研究组织、计划、管理及学术、学会等工作。1989年10月，成立生产经营办公室，是由科研处的科技开发中心与校务部的生产经营办公室合并的，主管全校科技开发和生产经营组织计划管理工作。

陈火旺到研究生院后，注重加强研究生招生工作的科学管理，从1988年开始，指导实行计算机辅助管理。当时，研究生招生办公室，只有很少的招生工作使用微机管理，到1989年，开发了一套适合实际应用的招生软件，并在以后的工作中不断修改完善，已能从报名登记开始到确定录取名单全部使用微机管理，使招生工作从繁琐的重复的工作中解脱出来，提高了工作效率和准确程度。该软件系统是通过对招生中各项日常工作的总结、分析，结合军队招生工作的特点，从需要和方便出发而设计的，整个系统分为建立数据库，对数据库进行日常维护及输出各种需要数据等三大部分，包括数据库操作，如输入、修改、查询、删除、错误检查等，查询检索、统计分析、输出各类统计报表等功能。

1988年6月，陈火旺组织研究生院与政治部，共同制定了《关于在职研究生若干规定（试行）》。10月7日，负责学校与英国帝国理工学院签订合作协定，互派教授学者、研究生进行教学和科研活动等；10 日，负责迎接国家教委派专家小组，对学校计算机专业进行检查评估。11 月 28 日，主持研究生院召开博士生工作研讨会，总结了博士生培养工作的基本经验；30 日，协调学校与美国乔治·华盛顿大学签订学术合作协议，主要内容为互相接受研究生培养工作等。12 月，主持研究学校设立研究生教学优秀奖、研究生优秀导师组奖、研究生优秀导师奖，推动研究生教学工作，鼓励优秀教师。

1989 年 6 月 30 日，中央军委决定，国防科技大学列入军队院校编制序列，学生入学后参军，学校的任务由主要为国防工业部门培训人才，改为为全军培养高级专业技术人才。陈火旺根据学校研究生新的培养目标要求，组织修订教学大纲，编印国防科技大学硕士研究生课程近 400 门课程总目录和教学大纲，学校研究生课程教学更加科学化、规范化。8 月 30 日，组织研究生院制订颁布《国防科技大学研究生手册》，包括“总编、博士研究生、硕士研究生、其他”四大部分，推进学校研究生教育管理工作。9 月，组织开展调查研究，摸清军队建设对人才培养需要，制定教学大纲，启动工程应用型硕士研究生培养工作。

1990 年 5 月，陈火旺组织召开学校研究生培养模式、专业方向研讨会，就研究生教育如何主动适应军队现代化需要等问题做了专门的探讨。9 月，落实总政治部规定，组织应届本科毕业的 57 名硕士研究生，到国防科工委二十、二十五基地锻炼一年。10 月 12 日至 22 日，组织学校研究生院承办《军队研究生工作条例》修改、定稿会，出席会议的有总政治部、总参谋部、总后勤部等 10 个单位。11 月 21 日，组织部分学科申报硕士学位点，经国务院学位委员会批准，学校的计算数学、概论论与数理统计、辐射技术及应用、信号与信息处理、机电控制及自动化等 5 个学科专业获得硕士学位授权。

1991 年 5 月，湖南省研究生教育学会在长沙成立，国防科技大学为学会理事单位之一，陈火旺等出席成立大会。9 月 3 日，组织落实国务院学位委员会办公室《关于继续开展授予在职硕士、博士学位工作的通知》，学校被批准 22 个学科专业，获接受在职人员申请硕士学位授权；10 个博士点开展在职人员申请博士学位试点工作，并明确国防科大为在职人员申请硕士学位的免验单位。10 月 30 日，根据国务院学位委员会、国家教委联合发出《1991 年到 1992 年理工科进行学位和研究生教育评估工作的通知》，组织学校火箭发动机、原子与分子物理、飞行力学、导弹设计四个学科专业，准备参加检查评估。12 月 20 日，国务院学位委员会发出通知，委托北京大学等 22 个单位试建信息处理工作站，担负学位与研究生教育信息初步处理工作及二级培训任务。国防科大研究生院是委托单位之一，组织研究生院建立了湖南省学位与研究生教育信息工作站。

1992 年上学期，根据国务院学位办有关文件精神和具体要求，陈火旺组织研究生院，对国防科技大学的火箭发动机、原子与分子物理、飞行力学、导弹设计四个学科专业，就 1982 至 1991 届毕业研究生培养质量的社会评价，用人单位的反映，包括政治态度、理想及事业心、工作作风和道德品质、组织纪律性、工作适应能力、独立工作能力、工作成绩七个方面，开展调查评估，完成评估报告报国务院学位办，评估工作受到充分肯定。

5. 精心培养指导硕士博士研究生

二十世纪八十、九十年代，对研究生导师的遴选评审非常严格，博士生导师必须国务院学位委员会评审批准。

1979 年 4 月，陈火旺晋升为副教授，开始培养指导硕士研究生。1982 年 6 月，晋升为教授，1984 年 1 月，遴选为博士生导师，开始培养指导博士研究生。

1981 年 11 月，国务院学位委员会批准，国防科技大学第一批博士生导师 4 人。他们是固体力学专业周明瀏，空气动力学专业曹鹤荪，自动控制理论及应用专业张良起，计算机组织与结构专业慈云桂。

1984 年 1 月，国务院学位委员会批准，国防科技大学第二批博士生导师 2 人。一位是军用光学专业高伯龙，另一位是计算机软件专业陈火旺。

陈火旺始终把培养学生成才的目标定在世界级水平上，从担任博士生导师起，就开始了在人才培养上与国际接轨的实践。陈火旺经常与学生谈起二十世纪三四十年代计算理论的重大突破，以及这一过程中数学家、逻辑学家和物理学家的杰出贡献，强调培养计算机创新人才，必须具有坚实的数理基础。

他的第一个博士生罗朝晖，后来被推选到英国爱丁堡大学留学，很快在类型理论和证明理论领域取得国际学术界高度评价的创新成果，成为该研究领域的领军学者之一，被英国伦敦大学皇家霍洛威学院聘为教授。

陈火旺长期从事国务院学科评议组工作，担任中国计算机学会计算机科学理论专业委员会主任委员和全国高等院校计算机教学指导委员会主任委员，主持学校研究生院的工作，他注重研究生理论基础的思想和实践，在学校乃至全国产生了广泛影响。

陈火旺对学生理论素养的形成十分关注，他鼓励学生研读经典原著，引导学生在深刻理解基本概念、提高逻辑思维能力、提高学术品位上下功夫。开办研讨班，是他培养学生理论素养方式之一。在研讨中，同学们经常把他提出的问题挂在讲台上，大家逐一开展讨论，力争在理论上把每个问题搞清楚，经历过这一过程的锤炼和熏陶，大家无不感到一种脱胎换骨的升华。接受系统的计算机科学理论训练，为日后开展创新研究奠定了坚实基础。

宁洪研究生毕业后不久，就参加了陈火旺老师主持的“863”课题，曾一度担任课题组的秘书和博士生指导小组的秘书，对他科学求实、治学严谨的作风有了更深的体会。他坚持博士生讨论班必须每周定时活动，每一次都能耐心仔细地听取大家轮流报告一周来阅读经典原著的情况和心得体会。他总能敏锐地发现新的研究点以及新方法、新技术与传统方法的继承与关联性。

陈火旺反复强调，计算机学科归根到底是一个技术学科，重视理论基础，并不等于大家都去从事理论计算机科学的研究，实际上是要培养更多工程技术方面的创新人才。他经常说，我的十个研究生中，有一个从事纯理论研究即可。在他培养的研究生中，即使选择了偏重理论研究的课题，也必须有完整的实践验证。

二十世纪八十年代末，陈火旺将自己从事程序理论和程序设计方法学研究的学生，引导到“面向对象的软件开发环境”和“可信软件开发工具”这两个实践性很强的方向上，这是当时极具挑战性的前沿技术领域。他带领课题组和研究生开发出我国第一个面向对象软件开发环境。

他在国内最早倡导将经典的程序理论研究成果应用于实践，开展可信软件理论和技术的研究。再三嘱咐大家，要充分吸收前人的成果，真正走到前沿，开展创新性工作；要理论研究与工程实践相结合，真正把基础研究与高技术开发结合好。这是陈火旺在人才培养上一以贯之的思想。

陈火旺始终以国际水准审视创新人才培养，努力为研究生创造参与国际交流的机会，鼓励学生走上国际舞台锻炼提高。鼓励学生独立自主开展创新研究，他始终关注的是选题是否站到了国际前沿，成果是否具有原创性。

早在二十世纪八十年代中期，陈火旺就邀请国际著名软件工程专家 Dines Bjørner 教授等国际知名学者来校交流讲学，并建立起合作研究关系，又推荐博士生罗朝辉、马庆鸣、娄延军、祁润平、侍晖等出国留学或联合培养。

1993 年，陈火旺又把博士生王戟、毛晓光、胡成军等，推荐给时任联合国大学国际软件技术研究所（UNU/IIST）所长 Dines Bjørner 教授，首席研究员周巢尘院士，促成了一批研究生在 UNU/IIST 学习研究，取得了高水平学术研究成果。

2006 年，Dines Bjørner 教授，特别邀请陈火旺为他的著作《软件工程》（1 ~ 3 卷）在中国出版作序。Dines Bjørner 教授，是丹麦科技大学计算机教授，欧洲科学院院士，国际电气和电子工程师协会会士，国际计算机学会会士。Bjørner 教授说，陈教授是他见到的中国最好的导师，他总是把他的学生推向前沿。

二十个世纪八十年代中期，“银河－Ⅰ”巨型计算机等高科技成果使国防科技大学声名远播，他在北京、上海等地一些高校的老同学、老同事或名人权威，纷纷向他推荐学生。陈火旺“严格选拔、宁缺毋滥”，从不碍于情面而降低标准。选题是研究生入门后的关键一步，选题分量如何，在很大程度上左右学生的业绩，也体现导师的水平。陈火旺认为，对于研究生来说，导师是指路人，而不是“保姆”，指导研究生，不是让他们追随，而应鼓励他们创新。他指导的博士生几乎人人都经受过反复选题的磨炼。许多硕士毕业的佼佼者，尽管“过五关、斩六将”考取了他的博士生，但在选题阶段，也得最大限度地挖掘创新思维潜能。

在近 30 年的导师生涯中，陈火旺指导和培养博士后 16 名、博士研究生 50 多名、硕士研究生近百名。许多博士生毕业后，在各自岗位上建功立业，成为开拓创新、出类拔萃的优秀人才。已涌现出多名国内外知名学术带头人，著名大学教授和博士生导师。1 人被评为中国工程院院士，5 人获国家杰出青年基金，2 人被聘为“长江学者”，6 人获全国“中创软件人才奖”，1 人获全国优秀博士学位论文提名，多人的学术成果在国际学术界产生重要影响。

陈火旺带过的学生中，每个学生研究领域不一样，都能在国内取得好的成就，处于领先的水平。这也说明了他的功力所在，他有这个实力去指导自己的学生，这真是“名师出高徒，强将手下无弱兵”！

殷建平是陈火旺的硕士生和博士生。1983 年，殷建平由湘潭大学本科毕业后，怀着攀登科技高峰的梦想，怀着对名师的敬仰，报考了国防科技大学计算机软件专业软件工程方向的硕士研究生。原计划该方向只招 4 名学生，但因报考的学生多且考试成绩好，又扩招了 2 名。殷建平第一次见到陈火旺，是在复试的面试现场。

陈火旺拍着殷建平的肩膀，说：“小殷，考得挺好嘛。”殷建平回答说："远没考出水平呢。"事后，殷建平为这个回答后悔不已，感到自己初出茅庐，不知天高地厚。

当时，陈火旺身为计算机系兼研究所副主任，"银河－Ⅰ"软件系统总负责人，科研和管理工作十分繁忙。为了对学生负责，他决定一个学生都不带，把招收的6名学生，分给了该方向的其他3位指导教师。尽管如此，他先后为学生们开设了软件工程、程序设计方法学等课程，而且用的都是英文原版教材，基本用英文板书。

一年后，殷建平的指导教师调离，陈火旺终于同意负责指导殷建平，殷建平正式成为他的硕士生。论文开题前，为了进行课题调研，陈火旺为殷建平亲手写了10多份介绍信。

介绍信是这样写的：现有我的硕士生殷建平前来进行课题调研，请予指导。诸多麻烦，容当面谢。陈火旺。

正是凭着这份介绍信，殷建平到北京、武汉等地先后拜访了周巢尘、李未等名师。研究过程中，陈火旺把一沓沓精心收集整理的最新英文资料交给殷建平，还派殷建平到中科院计算所听 Rod Burstall 讲学，到系统所参加 Ada 会议，担任丹麦著名学者 Dines Bjøner 来访的联系接待和翻译任务，总是尽量提供学习与锻炼机会，充分体现了他对学生的关爱与信任。

当时，殷建平向陈火旺汇报，想以一篇"原始递归函数"方面的研究论文作为硕士论文，申请提前毕业。并说出了自己的担忧，如果这篇论文不能作为硕士论文，恐怕难得写出更好的论文。

对此，陈火旺不但没批评殷建平，反而鼓励说："没关系，爱因斯坦也不是因为他最好的工作得诺贝尔奖的。"年轻人急于求成、患得患失的毛病，就在这种鼓励声中逐渐消融。

殷建平硕士毕业时，希望能直接读博士。但当时还没有硕博连读和免试读博的制度，加上当年慕名报考陈火旺的学生很多。在这种情况下，陈火旺作为分管研究生工作的系领导和学位工作的负责人，秉公办事，不徇私情，结果殷建平这个他直接指导的本届唯一的硕士生，竟然没有实现直接读他的博士的愿望。

殷建平虽然已经硕士毕业了，但陈火旺一直关注他的成长。一年后，有一天，陈火旺的夫人吴明霞老师，交给殷建平一张电影票，说是在学校召开了一个全国性的研究生工作会议，会后招待与会人员看电影。陈火旺有两张电影票，她不去，就给殷建平一张。

陈火旺和殷建平并肩而坐，电影放映前，他一一为殷建平介绍到场的专家和领导，有海外归来的周教授、从上海交大来的曹教授等等。当晚的电影是《汪洋中的一条船》，感人的电影与感人的师生情，令殷建平终生难忘。

1987 年，殷建平考取了陈火旺的博士，终于实现多年的愿望。攻博期间，陈火旺和导师组的其他老师一起，指导开展了“软件形式化开发方法”和“软件开发自动化技术”的研究，分别是国家自然科学基金课题和“863 计划”项目。

陈火旺十分强调学术交流，要求研究生坚持一周一次的讨论班制度，称为 Group Meeting。而且只要他在长沙，就一定参加研讨。若出差在外，则委托导师组齐治昌、吴泉源、王兵山等教授，带领研究生按原计划进行。研究生特别积极主动，主讲人总是认真对待，听讲者也是全心参与，每一次讨论，总是非常热烈。

在殷建平的印象中，陈火旺办事公正，不计个人得失。一次，他把殷建平叫到研究生院办公室，说国家自然科学基金发了一笔 500 元的工作津贴，让殷建平拿一个分配方案。殷建平当时不知所措，连忙说学生做研究是应该的，不能要报酬。他看殷建平不愿意要，只好说，这样吧，咱们课题组成员来一个平均主义吧。陈火旺身为研究生院副院长，竟然和学生平等到如此程度。陈火旺是国家

“863 计划”信息领域首届专家委员会委员，当时有人说，他是我国信息领域“三巨头”之一。就是这样一位大权在握的专家，在分配科研经费时，他自己的课题项目，却与另外两个研究单位竟然没有区别。

在陈火旺这一辈的学者中，他的理论基础雄厚且工程经验丰富。因此，他要求学生一定要理论与工程兼顾，学位论文既要有理论水平，又要有实验系统，他的博士生基本上没有三年就能毕业的。1990 年 10 月，殷建平、景宁，幸运地成为陈火旺培养出来的首批博士。当时，陈火旺邀请我国计算机软件事业的另一位奠基人，南京大学徐家福教授来主持答辩，并推荐殷建平到南京大学徐家福先生那里去做博士后。

1990 年，殷建平从国防科技大学计算机软件专业博士毕业。1993 年初，从南京大学计算机软件博士后流动站出站后任副教授。1998 年晋升为教授，2000 年聘任为博士生导师。历任教育部大学计算机课程教学指导委员会副主任，中国计算机学会理事，中国计算机学会理论计算机科学专业委员会主任，中国计算机学会人工智能与模式识别专委会委员。还是全国学位与研究生教育评估专家，“智能计算与信息处理”教育部重点实验室学术委员会委员，军队院校首届教学专家组成员，湖南省自然科学基金委员会委员，湖南省计算机学会常务理事，多种核心刊物编委。

殷建平在算法设计与分析、模式识别与人工智能、信息安全等方向的研究和人才培养上，取得了一系列成果。主持重点课程、精品课程和系列课程项目，主持研究国家自然科学基金等项目多项，获发明专利和软件著作权登记证书多项，出版专著教材多部，在国际重要刊物和国际重要会议上发表论文 100 余篇，其中 SCI 检索 50 余篇。获国家教学成果二等奖和军队教学成果一等奖各 1 项，获湖南省教学成果一二等奖各 1 项和自然科学一等奖 1 项，获“中创软件人才奖”。所指导的硕士、博士学位论文，多篇在全国、全军和湖南省获奖。

由于殷建平在教学科研中的突出贡献，被评为全国优秀教师、全军优秀教师，享受国务院政府特殊津贴，获高等院校青年教师奖和军队院校育才奖“金奖”。2015 年入选“万人计划”、国家级教学名师。

陈火旺指导的第一位博士后是赵沁平。赵沁平是南京大学徐家福教授的博士研究生，在读博士期间，就读陈火旺编著的《程序设计语言编译原理》这本书，后来还有程序设计方法学方面的书。感到《程序设计语言编译原理》是一部经典之作，是我国计算机编译方面的经典教材。可以说，我国早期几代搞计算机的，在编译方面都是看这本书，对我国计算机软件的发展起到了非常大的作用。

赵沁平经常参加一些学术会议，由于南京大学与国防科技大学慈云桂、陈火旺的交流和合作比较多，这样就有较多的机会与他们接触交往。经常听陈火旺做学术报告，还能与他聊学术问题。他的治学态度，对计算机方面的看法，对计算机发展方向的把握，有许多前瞻性的思考，赵沁平受到了很大影响。

1986 年，赵沁平从南京大学计算机系博士研究生毕业。慈云桂希望他能到国防科技大学继续从事研究。在赵沁平看来，先在北航工作，然后到南大做博士，能够再到国防科大做博士后，这真是太好了。因为，这几个学校在计算机方面都是顶级的，能够学习一下，能够经历一下，在不同的环境下熏陶，是再好不过的事了。赵沁平博士毕业后，很高兴地来到了国防科技大学。

这时，慈云桂已经调到北京工作，直接联系、指导赵沁平的是陈火旺。慈云桂是搞系统结构的，赵沁平是搞软件的，他就委托陈火旺负责指导。

国防科技大学计算机科学博士后流动站，是我国这个学科专业方向的第一个流动工作站。赵沁平是我国第一位计算机方面的博士后，直接在陈火旺的指导下开展研究，差不多两年时间。没过多久，方滨兴进站了，跟着胡守仁教授搞系统结构，是流动站的第二个博士后。在博士后流动站里，对赵沁平指导比较多的，还有齐治昌教授、吴泉源教授。当时，齐治昌是软件组的组长，计算机软件室的主任。

陈火旺与赵沁平在苏州的合影

在这两年期间，陈火旺和夫人吴明霞，在工作上、生活上给予无微不至的关心，让赵沁平深受感动。赵沁平一个人来到长沙，年龄也快40岁了。当时，陈火旺是研究生院专职副院长，主管博士后科研流动站工作。他亲自检查落实赵沁平的住房和生活条件安排，又亲自到火车站迎接。

在往后的日子里，陈火旺经常去赵沁平的办公室和宿舍，总是问寒问暖，问有什么困难没有，有什么问题需要解决。当看到有换下来的衣服时，陈火旺就说，你别弄了，家里有洗衣机，我拿回去洗好了。在陈火旺家里，当吴明霞老师把赵沁平的衣服放在洗衣机洗的时候，陈火旺和赵沁平就坐下来喝茶，在一起讨论一些学术问题，聊一些其他方面的事。

就这样，陈火旺和赵沁平结下了较深的友谊，他有空闲，总会喊上赵沁平喝茶、聊天。有一次，他俩参加一个学术会议，半夜十一二点，他给赵沁平打电话。说，小赵下来，聊聊天，喝点酒。赵沁平以为他是既有酒又有菜，至少也要弄点花生米。就问他要不要准备，他说行行行，快点下来。结果下楼后一看，只有两杯白酒，什么菜都没有。还说，这个就很好。

一到星期天，陈火旺还经常把一些学生叫到家里吃饭，大家一边吃一边聊，结果是聚会变成了学术研讨会。北京大学的颜伟教授，她是卢锡城教授的学生。她与吴明霞接触比较多，关系非常好。每次一到他家里，就是她帮助吴明霞做饭。有时，老师和同学们正在聊天，到了做饭的时候，吴老师就说，颜伟，来一起做饭。

陈火旺对学术问题的思考，思维非常敏捷，考虑得很深。有几件事给赵沁平留下深刻印象。

陈火旺常说，遇到什么问题，首先要持有一种怀疑的态度，就是要寻找它的根源，多持怀疑态度，要多问为什么，特别是在对待学术技术问题上，更应该这样。

他的这样一个观点，或者说一个方法，这样的一个算法，一般的人都是做不到的，达不到最完善，最完美的程度，特别是要找反例。比如，陈火旺提出一个方法，提出一个定义，提出一个公理，就要求找到它的反例。

当年，北京大学有一个在计算机方面比较有名的教授，想突破图灵计算，就提出了一套公理。陈火旺说，图灵计算倒不是说不可以研究，是可以研究的，但是这个非常不容易，这套公理很多人都认为很难突破。陈火旺就考虑找这位教授公理的反例，他让赵沁平尝试去找。赵沁平还真找到了。陈火旺就说，你看，他这套公理肯定有问题，你找的反例是对的。后来，这位教授到美国去了，赵沁平到美国时还拜访过他，跟他讨论这个问题，这位教授也认可赵沁平找的反例，还说是自己考虑不周。从这件事上，看到陈火旺的创新思维。

他指导学生，是从方法上，从思维的途径上，如何去尝试着考虑创新，这些道路上、方法上的启发，是很难得的和非常宝贵的。这正如一位教育家所说的，平庸的教师只是叙述，好的教师能够讲解，优秀的教师在于示范，伟大的教师注重启发。

由于赵沁平当时在教育部工作，陈火旺有时与他谈论一些教育方面的话题，对我们国家教育方面存在的一些弊端感到忧虑，很有看法。他说，教育应当回归教育的本真，遵循教育的规律。教育不能浮躁，办学一浮躁，就达不到教育的目的。

陈火旺指导学生，首先是站在世界前沿，再就是注重指导对象的兴趣爱好。进站的时候，人工智能是一个前沿领域，赵沁平在这个方向有比较好的基础，他就确定赵沁平朝着人工智能去研究、去发展。

陈火旺对赵沁平的影响，不仅是在做学问上，还有在做人、做工作等方面。当时，赵沁平当教研室主任，后来当系主任、当北航副校长，他都一直告诫赵沁平不要把学术丢了。他说，学术上一定要坚持做，当然，行政岗位也是国家的需要，既然在那个岗位上就要做好，但业务不能丢。赵沁平始终按照陈火旺的教导，一直没有丢掉学术。他经常提醒赵沁平，在做学问和做行政时要处理好两者的关系，在这两个方面都要做好，唯一的一条就是自己要多投入进去，自己要把时间精力用上去，同时要充分发挥团队的作用。

赵沁平博士后出站以后，就顺着陈火旺指导的人工智能方向，一直开展研究，在人工智能逻辑研究上，出了不少成果，特别是在类比逻辑方面，取得了突出成就。

1993 年，赵沁平到美国匹兹堡大学做访问学者，当时人工智能遇到一个问题，就是应用背景，学习也好、专家系统也好，人工智能的一些技术，需要一个应用，找到一个有说服力的应用背景。去美国以后，看到虚拟现实的军事模拟仿真，有由计算机生成的飞机、坦克等背景，一些自主避障的动作，还有一些路径规划。他一看，这就是在虚拟战场环境中，人工智能的一个应用背景。赵沁平从美国回来后，就专门从事虚拟现实技术问题研究。

赵沁平是我国最早搞虚拟现实技术的专家，开拓了虚拟现实在我们国家的建设与应用。虚拟现实发展到现在，许多东西需要人工智能。如果虚拟现实技术用于部队训练，虚拟环境完全可以按照设想的目标进行构造，就是在虚拟战场环境下，指挥的飞机、坦克都是计算机虚拟的，地形地貌是构想的，可以构想要打的真实的地方，然后在这个虚拟战场环境下进行训练，训练到一定程度，再真枪实炮地干，能促进提高实战化作战训练水平和能力。

后来，赵沁平长期在计算机软件和虚拟现实领域从事科学技术研究并指导研究生，主持完成了多项重要的虚拟现实研究和工程项目，取得了一系列具有国际先进水平的科研成果。获国家科学技术进步多项，培养博士硕士多人。历任北京航空航天大学计算机系教研室主任、系主任，北京航空航天大学副校长，国务院学位委员会办公室副主任、主任。2001 年 4 月至 2009 年 2 月任教育部副部长、党组成员、国家语言文字工作委员会主任。现任中国科协副主席，北京航空航天大学教授、博士生导师，虚拟现实技术与系统国家重点实验室主任，中国系统仿真学会理事长。2013 年 12 月，当选中国工程院院士。

先生之最大快乐，是培育出值得自己崇拜的学生。像赵沁平、殷建平一样，让陈火旺感到得意的学生，还有许多。

王献昌是陈火旺比较早期的学生，1984 年郑州大学本科毕业后，考到国防科大读硕士研究生。当年郑州大学没有计算机系，只是数学系里的一个计算机专业。王献昌在郑州大学数学系，是一名优秀的学生。当时，他想去中国科学院读研究生，在苏锦祥老师极力推荐下，报考了国防科大的研究生。

王献昌 14 岁考上大学，18 岁到国防科技大学读研究生，到 27 岁博士毕业，这 10 多年正是成长最重要的阶段。他感到，很有幸在陈火旺、齐治昌、王兵山的言传身教下，还有其他老师的教育下进行学习研究，对他来说是人生非常好的一个阶段。

王献昌从 1987 年入学到 1991 年博士答辩，有 4 年多时间读博士。在这段时间，实际也像打仗一样，要拼出一个天地出来。因为陈火旺当时是“863 计划”的专家，负责智能计算机这一块。从国际形势看，当时人工智能是最热的，我们国家怎样搞，对陈火旺来说，他就是旗帜性的人物。最早陈火旺是搞编译原理、搞计算机工程的，从国家需要来讲，他必须把这个担子担起来，要培养生力军。

王献昌搞人工智能研究，是陈火旺指定的。这个研究方向对王献昌来说，是个很大挑战，他欣然接受这个挑战。1984 到 1987 年读研究生期间，在陈火旺指导下，有一个理论知识的积累、储备、沉淀，这对他迎接挑战，打下了一个坚实的基础。

王献昌本来是上不了国防科大研究生的，这主要由于陈火旺识才、爱才、惜才，成全了他的读研究生的梦想。当时，王献昌考研究生时英语成绩很差，才考了30几分，但是别的课程都很好，数学是满分，计算机基础是98分，专业成绩特别棒。英语没过及格线，按规定是考不上研究生的。由于专业课成绩太好了，陈火旺特别想要录取王献昌。为此，陈火旺向学校写了一个报告，说王献昌的专业很优秀，虽然英语只考了30多分，确实是一个很有潜质的苗子，请求批准录取。经过学校批准，王献昌成了陈火旺的学生。直到十多年后，王献昌才知道，自己是怎么来上学的。他后来回忆，难怪读研究生时，英语老师为啥老是敲我的脑袋说，你要好好学英语。王献昌一直对这件事非常感激，陈火旺老师的选择，给了自己机会。英语老师的敲打，是一种提醒、一种鞭策。

王献昌读研究生时，学的是计算机理论，主要是研究计算机程序的语义，也就是搞清楚这句话到底是什么意思。计算机有语言，就像人类有语言一样，计算机语言有很多，那个年代有Fortran语言有C语言，现在有人工智能语言。这些语言要有界定，是什么意思，没有这个界定就很难搞清楚。

陈火旺为了指导王献昌搞好研究，亲自给中科院、北大写信，介绍他去拜访周巢尘院士等名师大家，当时周巢尘在国内做语义是权威。去拜访的目的，就是让王献昌搞清楚，这个领域到底什么最难，就要拿这个最难的去做。周巢尘先生说，有个问题在这个领域没有解决，就是操作语义和指称语义，证明不了它的等价性。简单地说，就是同样一句话用两种不同方式说，它的意思是不是一样。王献昌当即表态，那就选这个吧。

回到学校，王献昌向陈火旺汇报北京之行的情况，陈火旺略加思考，说选周巢尘先生提出的研究方向，难度非常大。结果不到3个月时间，王献昌就做出来了。陈火旺就问，做出来了，那你以后干什么呢，是不是就没有事了，你再学点别的吧。

到毕业答辩的时候，陈火旺指导写论文，要他了解一下国内外动态，发现国际上有一篇文章，和他写的论文基本上思路是一模一样的，但人家已经发表应用了，这给王献昌带来很大的震动。陈火旺就对他说，一个事做出来了，不要扔在一边就不管了，要积极宣传出去。你的能力很强，有很大的潜力，要继续加油努力。论文没有发出去，虽然很可惜，不过没关系，看来我们研究的成果可以在国际上比拼一把，说明研究的问题很有意义。两个人相隔千万里，也能做到一模一样，这就是科学。陈火旺的安慰，一下子使他有信心了。

当时，军队系统每年都要选一些特别优秀的研究成果，一个为国防科技发展决策提供咨询，再就是推广应用。在陈火旺的指导推荐下，王献昌就把这个研究成果做了一个国防研究报告。在国防领域就推广应用了。这件事对王献昌的触动非常大，他在思考为什么我们领先的东西，比别人早，没有积极宣传，却还是让别人占了先。英语不精通，就不能很好地了解世界科研动态，做研究不在国际范围里去比较，就没有办法分辨先进性。这一下子改变了他对英语不感兴趣的毛病，决心一定要把英语学好。

当年，长沙烈士公园有个英语角，王献昌每个周末都去。陈火旺有一天说，今天看报，看到采访你了，英语学得怎么样了？“银河－Ⅱ”要上马了，凡是没有考上博士的，没有分配到外地的，都要去搞“银河”机。你是搞理论的，不是搞工程的，好好考吧。结果考博士时，他的英语及格了。

1991 年，陈火旺、吴明霞和王献昌在家合影

1987 年，王献昌考上了陈火旺的博士，同时考上的还有侍晖。当年，软件工程也是很热门的研究课题，人工智能在国内研究的人还比较少。陈火旺就确定王献昌搞人工智能，侍晖搞软件工程。当时，带学生的还不是一个老师，是一个老师团队，是一帮人培养一两个学生，与陈火旺一起指导王献昌、侍晖的老师，还有齐治昌、王兵山两位教授。

在王献昌看来，陈火旺搞研究、培养人才，每个阶段，每一项工作，都面临很大的挑战，总是考虑在国际上树起来一面旗帜。首先，是要在国内研究领域领先。那时国际会议很少，每次开国内会议，陈火旺往往请一些外国专家过来，进行小范围的研讨。最早启动项目的时候，就在北京饭店，请一些外国专家过来，外国人里面有一些是华裔，有时请清华、北大、南大的专家，这几所大学的教授们都聚到一起，包括怎么定课题，大方向是什么，一一进行研究。对王献昌这些学生来说，作为他们的弟子，不仅见证了这段历史，更重要的是开阔了眼界。再一个，是要在“863计划”项目中担当重任。当时，陈火旺实际上带领学生，参与了“863计划”最早期的开拓性工作，在他的领导下，都是冲在第一线。还有一个，是要了解国际动态。当时，陈火旺经常派王献昌去北京，中科院图书馆有很多期刊，还有北京国家图书馆刚刚建好，王献昌在这里一泡就是几天，有什么资料在哪个旮旯里面，都找出来，复印一摞一摞资料带回来。这样，就知道最热门的是什么，最难的是什么，就能够站在前沿。

二十世纪八十年代，世界高新技术迅速发展，信息技术发展也很快，美国总统里根提出了一个对付苏联的星球计划，欧洲提出了有关航空航天的由里卡计划，日本提出了第五代机计划。我们国家经济基础还比较薄弱，国家出台的“863计划”，就是个科技跟踪计划，目的是不要把差距拉大了。当年，王献昌特别想出去看看这个世界，就是要看日本人到底在做什么，去美国、加拿大，看他们的IT产业到底是怎么一回事。

1989年，在日本举行泛太平洋国际人工智能会议，来自澳大利亚、美国、日本、中国、韩国的代表，举行联合大会。当时，有一个分布式智能支持系统分支，陈火旺带领王献昌，已经在这个方向搞了一些研究，做了一个支持性的实现框架，把研究的成果整理成论文提交大会，被大会评了一个特等奖。但是，很遗憾，没有去人参加会议。当时王献昌就想，搞科研要出国开阔眼界，不出去怎么办啊？

1991年，在澳大利亚举办国际人工智能会议，这种会议每两三年开一次，陈火旺和王献昌也没有去。我们国家派了一个代表团参加会议，但是没有论文作者参会。其实，1991 年、1993 年的会议，国防科技大学就提交了论文。1991 年，科技部自然科学基金委的李国杰，组织国家一些政府部门派了一个 20 多人的代表团，参加了澳大利亚的会议，大会主席瑞特是国际人工智能的大家，问中国代表团，为什么论文作者代表没来。这次会议，对代表团触动很大，他们回国后向有关部门做了汇报，建议国家支持专家参加国际学术会议，国家很快放宽了在这方面的审批限制。

有一次，李国杰作为专家到国防科技大学做访问研究时，说起了这件事，提出像王献昌这样的博士生，以后出国要支持，如果没有钱，国家可以出钱。从国家层面上开始支持这个事情了。后来，陈火旺特意安排王献昌，专门拜访李国杰，了解智能机怎样发展的问题。

1993 年，陈火旺和王献昌一起去法国，参加国际人工智能会议，学校对参加这次会议很支持。会议主办方对他们提交的论文评价很高，把会议费全免了，要求只要人来就行。会上，王献昌代表第一作者发言，下面有一批国际上的专家，陈火旺在台下很欣喜地看他。实际上，王献昌的英语还不是很棒，但是，这种感觉很好。过几天，日本第五代研究所专门派一个代表请王献昌吃饭，邀请他去研究所访问，说是他们所长下的命令，一定要请他吃顿饭并发出邀请。王献昌请示陈火旺要不要一块去，他说，这是你们年轻人的事，你去吧。

陈火旺指导博士，提出的很多思想在国际上都是非常超前的。比如，搞人工智能最重要的是深层记忆和短期记忆的问题，一个理论或知识的创造，要花很长时间，一个理论或知识肯定是有前提条件的，当这些前提条件发生变化的时候，怎样进行调整，人工智能要解决这个问题。当时，国外一下子就觉得这个东西太新颖了。比如，当时提出来，属于智能化的东西，像人一样，既可以记忆力很好，也要有判断能力、决策能力，从中发现逻辑关系，并根据逻辑关系推出新的结论。陈火旺就指导王献昌，把这两者揉在一起做系统，在国外介绍时，都认为是很前沿的课题。因为，这不仅是做计算机软件系统，而且把内在推理的东西深入到研究中去了。

陈火旺带学生的整个思路，在当时也是两手硬，就是理论要硬、工程要硬。理论要硬，就是要有理论修养、理论沉淀，这个方面不硬意味着走不远；光有理论没有实践的支撑，也没有生命力。他重视对学生的培养，在名誉和机会面前，自己往后退，而把学生向前推，王献昌对这点的感受特别深刻。当他发现你是能干的，就给你提供平台，猛地把你向前推。

陈火旺对自己的学生要求很严格，但又很关爱，把带的学生当作自己的孩子，是自己的一种骄傲。王献昌与陈火旺的感情，就像父子一样，超越了师生关系。从十八岁到二十六七岁，人生最好的年华，王献昌一直跟着陈老师，受到如何做人做事的教育熏陶，包括理想信念、道德品行和严谨治学等各个方面。

1990 年，陈火旺和一帮学生到厦门大学参加中国计算机学会理论计算机科学专业委员会年会，大家一起上街，走到很偏远的一个小饭店，他拉着大家一起吃饭。每个人都感到很难吃、咽不下去，唯独陈火旺吃得津津有味。当时，王献昌跟其他同学说，你看陈老师把这样难咽的面条“呼啦”一下吃掉了，从这些小事上，能看到陈老师是吃得起苦、能够战胜恶劣环境的人。陈老师之所以有这么大的成就，就是苦干出来的。这件事给了大家很深刻的教育，感到做人做事，都要像陈老师一样，不能高高在上、怕苦怕累，要到一个环境就适应一个环境。

有一次，去苏州开会，看到太湖旁边有很多大户人家的住宅旧址，其中有这样一副对联："海到无边天作岸，山登绝顶我为峰。"王献昌觉得这个写得太好了。

陈火旺说，你看这就是一种宽广的人生境界，是一种远大的人生理想。他一点一点给王献昌讲解，引申到做人做事做科研上来。后来，他经常引用这副对联，鼓励同学们树立崇高的人生志向。在计算机系后面的一个小院里，研究生班成立了一个研究小组。有一次搞活动，把陈老师请过来，请他题个字，他就写了"淡泊明志，宁静致远"，同学们就把字贴在教室里，作为激励自己的座右铭。

陈火旺对待他人，有一种令人敬佩的细心。那是在景宁和殷建平博士答辩的时候，他把徐家福老先生从南京请过来了，住在烈士公园北门旁边的学校招待所。陈火旺亲自安排徐先生的住宿，看住的情况怎么样。当时，是王献昌陪着他去的，他先到房间，用手摸一摸桌子、椅子，看有没有灰尘，有没有线头和头发，细心到这个程度。由此可见，徐先生在陈火旺心目中的地位。徐先生虽然不是院士，但在计算机界太厉害了，是大家，计算机界无人不知。这件事让王献昌感到，陈老师对待可亲可敬的人是发自内心的，没想到做事这么细。

1994 年，王献昌想出国深造，美国、德国、日本都邀请他。当时他二十七八岁，为了学术上的进一步深造，正是需要到外面闯荡世界的时候。便跟陈火旺商量这事，说太难了，要出去一年可能批不了，学校肯定不同意的，出去 3 个月能批准就已是不错了。那时，王献昌在北航做博士后，为出国的事在北京、长沙两地来回跑。最终，工夫不负有心人，还是被批准出国了。

出国前，陈火旺反复叮嘱他，出去了一定要回来。后来因一些情况变化，王献昌学成后没有如期回来。陈火旺是一直想把王献昌从国外拉回来的，把中国的人工智能做大做强。他给王献昌写信说，国内人工智能这杆旗还是要撑起来。2004 年，陈火旺过生日，王献昌特意回国一次，他与陈老师交流了一些想法。说在国外也呆得差不多了，出国的目标是在国际一流刊物上发表文章，已经发表了不少。现在感到，光是理论研究也没有太多的搞法了，写文章兴趣已经过了，更重要的是做出应用的东西来。王献昌借为陈火旺庆祝生日之机，特意举办了个学术前端研究会，他介绍了国外智能化研究的一些前沿问题。陈火旺的许多学生，参加了这次活动。

2007 年，中央组织部实施“千人计划”，王献昌感到，祖国的需要在呼唤，是应该回国干一番事业的时候了。要像陈火旺老师那样，做一番让国家感到自豪的事业。

王献昌是较早入选国家“千人计划”的人员。因为了解他做的工作，回到国内来不是为了名利，是为了实实在在的做事情，所以很快就得到批准。经过多年的历练，王献昌更加成熟了，他更加深切地认识到我们国家需要许许多多像陈火旺一样不计名利、不讲得失，实实在在做事的人。

有一位学生，曾这样表达对陈火旺的景仰：“让我也拥有您那睿智的思维，将科学的奥秘不断破译；让我也迈出您那沉稳的步伐，在振兴中华的征途上永不停息。啊，老师，您的目光是我的未来，您的希望是我的理想，您的开拓是我的榜样，您的人生是我的航标！”

附录一　陈火旺年表

1936 年

1 月 19 日，农历乙亥年腊月廿五日，出生于福建省安溪县长坑乡玉南村一个贫苦农民家庭。

父亲陈水偏，字锺廷，号金泽，生公元 1912 年，农历壬子年四月初九日，卒公元 1976 年（农历丙辰年）二月初四日，享年 65 岁。

母亲王宇，长沅乡杉树仔村王氏女儿，生公元 1916 年，农历丙辰年七月二十六日申时，卒公元 2008 年 8 月 4 日，享年 93 岁。

弟弟陈开明，又名陈凯明。

祖父陈永阁，祖母王乃，伯父陈水轻，叔父陈老豆，姑母陈玉爱，舅父王学。堂兄陈桂中，堂弟陈桂吉、陈木的、陈新法，堂妹陈红桃。外居在安溪湖头横山乡。

1942 年

9 月，入安溪县湖头镇横山小学读书，到 1945 年 7 月，在横山小学从一年级读到三年级。

1945 年

9 月，转到湖头镇慈山小学上学，至 1947 年 7 月小学毕业。

1947 年

9 月，考入爱黄中学（现安溪俊民中学）读初中，1950 年 7 月毕业。

1950 年

9 月，考入泉州培元中学，曾改为“泉州第二中学”，读高中。

1951 年

2 月，休学在家，担任安溪横山小学义务教员。

7 月至 8 月，在福建晋江专区补习中学课程。

9 月，重新回到泉州第二中学读书。

1952 年

1 月 10 日，经陈德义介绍加入中国新民主主义青年团。

2 月，祖父陈永阁病故。

9 月 7 日，成为正式中国新民主主义青年团团员。

1953 年

7 月，从福建省泉州培元中学高中毕业。

9 月，以优异成绩考入复旦大学数学系函数专业学习。微分几何学派创立者苏步青教授为他们这一届学生讲微分几何，著名数学家陈建功先生教函数论，著名教育家杨武之教高等代数。

1956 年

3 月 24 日，填写复旦大学学生登记表，介绍家庭经济情况。

3 月 28 日，填写入党志愿书，由顾璞园，陆绶华介绍入党。

4 月 13 日，由中共复旦大学党委批准为候补党员。

7 月，从复旦大学数学系提前毕业留校任教，担任数学系助教。

9 月，被选拔到北京大学进修数理逻辑，得到国内数理逻辑创始人、中国科学院院士胡世华和王宪钧教授的教诲，至 1958 年 2 月毕业。

1957 年

4 月 13 日，由中共北京大学第十一总支部委员会批准为正式党员。

1958 年

2 月，任复旦大学数学系助教。组织了一个由十几人组成的研究小组，成员大部分是年青教师，研究方向是数理逻辑。

1960 年

1 月，与中国科学院电子学研究所吴明霞在上海结婚。

2 月，复旦大学数学系计算机专业党支部书记，任至 1964 年 10 月。

主编《数理逻辑与控制论》，由上海科技出版社出版。

1961 年

任复旦大学数学系助教，讲授数理逻辑与控制论等课程。

1962 年

7 月，任复旦大学数学系党总支委员，至 1964 年 10 月。

1963 年

任复旦大学数学系助教，讲授可计算函数等课程。

1964 年

7 月 2 日，填写出国学习人员审查登记表。

7 月 31 日，经中共上海市委组织部同意出国。

10 月，在上海外语学院作为留学预备人员，学习英语专业，接受出国前英语培训。

1965 年

4 月 16 日，长子陈立，在吴明霞老家苏州儿童医院出生。

9 月，受教育部派遣前往英国伦敦国家物理研究所（National Physics Lab）进修，学习计算机软件。

1966 年

英国伦敦国家物理研究所（National Physics Lab）进修，师从伍哲教授，学习计算机软件。

1967 年

2 月，因国内“文革”动乱，中国驻英代办处转达通知，陈火旺提前结束原为两年的进修学习回国，任复旦大学助教。

春，上海华东计算所以“帮助锻炼改造”的理由，从复旦大学借调陈火旺到研究所工作。

1967 年至 1968 年，在上海华东计算所主持我国第一个符号宏汇编器的设计与实现（在 655 机上），提出的递归结构式的符号宏指令产生技术为许多单位所引用。

1969 年

8 月 6 日，复旦大学向上海市革命委员会第一办公室发文，拟将参加外文清档的陈火旺调回学校，参加 905 工程会战。

1970 年

6 月 15 日，国务院、中央军委电报命令，哈尔滨工程学院（原军事工程学院）内迁长沙，改名长沙工学院，归广州军区领导。8 月，又下发文件规定，长沙工学院由湖南省革委会、省军区和七机部实行双重领导。

8 月，在慈云桂教授的推荐下，陈火旺从上海、爱人吴明霞从北京中科院电子所，调到长沙工学院工作，任长沙工学院电子计算机系助教，住在长沙市东郊马坡岭湖南省农业机械化校园内。

10 月 15 日，哈尔滨工程学院计算机系全部工作基本停止，进行装箱南迁，至 11 月底，计算机系的绝大部分同志到达长沙。

1971 年

5 月 27 日，次子陈予，在湖南长沙湘雅医院出生。

冬天，举办 KDF9 Algol60 读书班，陈火旺、齐治昌、方舵、李庆成、卢贤民、杨桃栏等，学习 Algol60 算法语言文本。读书班主要用陈火旺从英国带回来的介绍英国 KDF9 计算机 Algol60 语言编译器的设计方案蓝皮书。

1972 年

主持、领导国内第一个 Fortran 编译程序会战，负责编译器的总体设计。

夏，美国政府派来包括佩里、西蒙等著名计算机科学家在内的计算机科学家代表团。慈云桂、陈火旺、齐治昌和王鸿武等，参加了与佩里的学术交流活动，在北京饭店与佩里座谈，在北京国际俱乐部听了两场美国计算机科学家的学术报告。

1973 年

完成 441B – Ⅲ 的 Fortran 编译系统，开创我国国产机装备 Fortran 语言新时代。该成果 1978 年获全国科学大会奖。

1974 年

1974 年至 1979 年，负责中国首发洲际导弹发射试验，“远望一号”测量船数据处理中心计算机 151 语言系统的研制，担任符号宏汇编系统和 FortranⅣ 编译系统设计师，设计了 MPL 和 Fortran 编译器的全部框图，提出了因子分解式全局优化技术，使目标码运行效率大为提高，是国内第一个具备全局优化的编译系统。

1975 年

1975 年，被派往湘西沅陵农村支援农业学大寨。一边参加劳动，一边开展科学研究，经历将近一年时间。

9 月，任长沙工学院计算机研究所软件教研室党支部委员，至 1979 年 1 月。

1976 年

3 月 4 日，父亲陈水偏去世，享年 65 岁。

1978 年

3 月，邓小平亲自决策，把研制每秒运行亿次的巨型计算机任务下达给国防科学技术大学计算机研究所。陈火旺被任命为软件系统总负责人，主持软件开发工作，提出一整套用软件工程方法研制大型软件的方案和规划，直接主持了向量 Fortran 语言和向量识别器的设计与实现。

10 月，任国防科技大学电子计算机系助教。

12 月 30 日，经国防科学技术大学电子计算机系党委呈报，1979 年 3 月 5 日，国防科学技术大学政治部干部部批准，陈火旺参军，入伍时间从 1978 年 10 月 1 日起算。

1979 年

5 月，长沙工学院计算机研究所改为国防科学技术大学计算机系兼研究所，简称六系。计算机系党委决定，陈火旺担任计算机系软件教研室副主任。

4 月 17 日，由于完成 718 机指令系统的调试工作，提出并完成了 718 符号语言、718 机 Fortran 总体方案，由国防科技大学计算机研究所党委批准，荣立三等功一次。

4 月 23 日，国防科学技术大学党委呈报，国防科委（79）政干令字第 114 号命令批准，陈火旺由计算机研究所助教晋升为副教授。

9 月 3 日，担任国防科学技术大学学术委员会委员。

1980 年

3 月，经国防科学技术大学党委批准，陈火旺调整为高教 19 级，时间从 1979 年 11 月 1 日起算。

5 月 15 日，由国防科学技术大学临时党委呈报，国防科委政治部干部部（80）政干令字第 37 号批准，陈火旺由国防科学技术大学计算机系软件教研室副主任，提升为计算机系副主任兼软件系统研究室主任。

8 月 20 日，由国防科学技术大学干部部评审小组呈报，8 月 30 日，中共国防科学技术大学党委同意，陈火旺技术等级定为八级。

12 月 4 日，湖南省宇航学会在国防科技大学成立。学会受湖南省科学技术协会和中国宇航学会的领导，挂靠在国防科技大学，下设 9 个专业委员会，陈火旺担任电子计算机专业委员会主任。

同年，译著的《结构程序设计》一书在科学出版社出版。1991 年再版。

同年，担任湖南电子学会出版社委员会副组长、《科学探索》编委（武汉）、《计算机科学》编委（重庆）。

同年，主编的《程序设计语言编译原理》一书，由国防工业出版社出版。

1981 年

3 月 30 日，由钱学森签署，国防科委科技干部职级评审委员会批准，陈火旺技术等级评为七级。

5 月 26 日，由国防科学技术大学电子计算机研究所呈报，6 月 11 日，由国防科学技术大学政治部干部部批准，为集中精力搞好系里软件工作，免去陈火旺兼任的软件研究室主任职务。

7月10日，填写出国人员审查表，行政19级，目的地美国；7月15日，中共国防科学技术大学党委同意赴美国参加计算机会议和进行专业考察；8月13日，国防科委政治部批准临时出国。

11月5日，由国防科学技术大学干部部评审小组呈报，中共国防科学技术大学党委同意晋升为教授。

同年，与钱家骅，孙永强合作完成的《程序设计语言编译原理》，由国防工业出版社出版。1984年修订出版，1996年第15次重印，1988年获国家高等学校优秀教材奖，证书号:(88)国优0083。

同年，担任中国计算机学会计算理论组组长、湖南宇航学会副理事长。

1982年

3月，担任学校第一届学位评定委员会委员，任期为1982年3月至1984年9月。

6月5日，钱学森签署国防科委科技干部职级评审委员会意见，6月12日，国防科委〔1982〕政干字第187号命令，晋升为教授。

1983年

3月3日，因陈火旺在1979年研制的441B－Ⅲ机Fortran编译程序获湖南省、全国科协集体奖，“718工程”“远望一号”中心计算机研制个人三等功，由国防科学技术大学党委同意，陈火旺由行政19级调整为18级。5月24日，国防科工委党委1983政干字第1147号命令，陈火旺18级从1982年10月算起。

6月21日，国防科学技术大学干部部评审小组呈报，国防科学技术大学党委同意陈火旺技术七级调整为六级。10月26日，国防科工委党委〔1983〕政干字第2584号命令批准。

12月，亿次巨型机通过了国家级鉴定。鉴定书确认：我国自行研制的第一台亿次电子计算机系统，系统稳定可靠、软件较齐全，其主要技术指标均达到和超过了规定的要求，具有国内先进水平，某些方面达到了国际水平。它的研制成功，填补了国内巨型机的空白。

创立中国计算机学会理论计算机科学专业学组，担任组长。

1984年

1月，担任国防科技大学计算机系教授、博士生导师。

3月至1992年10月，担任中国软件行业协会副主任委员。

6月28日，由国防科学技术大学党委呈报，10月6日国防科工委主任陈彬、政委刘有光签署，给予陈火旺记二等功一次。

10月，担任学校第二届学位评定委员会委员，任期为1984年10月至1987年1月。

同年，"银河－Ⅰ"亿次巨型机获特等国防科技成果奖，陈火旺个人获国防科技一等奖，荣立二等功。

1985年

2月15日，国防科学技术大学党委同意，陈火旺从行政18级晋升为17级。

6月27日，国防科工委政治部〔1985〕政干字第1166号文件批准，行政17级从1985年1月算起。

7月，国家教委与国家计委、国家科委联合下文，批准武汉大学建设软件工程国家重点实验室。这是国内计算机学科第一个国家重点实验室，实验室主任何克清，学术委员会主任陈火旺。

1986 年

6 月 30 日，重新填写党员登记表，进行党员登记。

12 月 30 日，全军院校体制改革、精减整编完成后，国防科技大学实行新的编制体制，国防科工委〔1986〕政干令字第 194 号命令，陈火旺任教授。

1986 年，经中国计算机学会批准，理论计算机科学专业学组改为中国计算机学会理论计算机科学专业委员会，任专业委员会主任。

1987 年

春，率领一批年轻学者，在“863”高技术计划和国家自然科学基金资助下，在国内率先开始了研制“面向对象的集成化软件开发环境”的艰难探索。

4 月 3 日，国防科学技术大学党委呈报，6 月 27 日，国防科工委〔1987〕政干令字第 176 号命令，任命陈火旺为国防科学技术大学研究生院副院长。7 月 15 日，国防科工委〔1987〕政干令字第 176 号命令，任命陈火旺为国防科学技术大学研究生院副军职副院长。

5 月，担任国防科学技术大学第三届学位评定委员会委员，任期为 1987 年 5 月至 1990 年 10 月。

7 月至 1991 年 8 月，担任“863”信息领域第一届专家委员会委员。

10 月，增补为国防科学技术大学研究生院党委委员。

同年，与罗朝晖、马庆鸣完成的《程序设计方法学基础》一书在湖南科技出版社出版。

1988 年

5 月 6 日，由国防科学技术大学党委呈报，6 月 16 日，总政干部部〔1988〕政干令字第 220 号命令，任命陈火旺为国防科学技术大学研究生院副院长（副军职）。1992 年 8 月 8 日，免去研究生院副院长职务。

9 月 1 日，中国人民解放军恢复军衔制度，实行新的军衔，由邓小平签署的中央军委〔1988〕政干衔令字第 203 号命令，授予陈火旺大校军衔。

著作《程序设计语言编译原理》，获国家级高等学校优秀教材奖。

1989 年

1 月 4 日，国防科工委批准，职务等级为专业技术五级第三档，从 1988 年 10 月 1 日起算。

9 月，总参谋、总政治部、总后勤部〔1989〕参训字第 283 号文件，下发《关于表彰军队院校优秀教学成果军队级一、二等奖的通报》，国防科技大学有 5 项成果获一等奖，2 项成果获二等奖，陈火旺、李勇、彭心炯的“坚持教学科研生产三结合，促进计算机学科建设”教学成果奖为一等奖。

国家教委〔1989〕第 029 号文件，下发《国家教育委员会关于奖励全国普通高等学校优秀教学成果的决定》，陈火旺、李勇、彭心炯的“坚持教学科研生产三结合，促进计算机学科建设”，教学成果被评为全国第一届优秀教学成果特等奖。1989 年 9 月 10 日，教师节这一天，李勇在人民大会堂参加了庆祝教师节暨优秀教学成果颁奖大会。

11 月 27 日，国家教委下发国教技字〔1989〕021 号通知，同意武汉大学、天津大学、华中理工大学，开放建立的国家重点实验室。同时聘任这些实验室的主任和学术委员会主任。武汉大学软件工程国家重点实验室，实验室主任何克清，学术委员会主任陈火旺。

1990 年

3 月，主持研制的“面向对象的集成化软件开发环境”，通过国家教委成果鉴定。参加鉴定的国内计算机软件专家们一致认为，该系统达到了国际八十年代同类软件开发环境的先进水平，在国内尚属首创，具有实用价值和很好的应用前景。12 月，该成果获国防科技进步一等奖。

7 月 23 日，江泽民签署〔1990〕政干令字第 361 号命令，由大校军衔晋升为少将。

8 月至 1992 年 9 月，担任研究生院党委书记。

同年，担任南京大学、北京航空航天大学、中国科学院软件所软件与计算机科学国家重点实验室学术委员会委员，国家智能中心、东北大学、武汉大学软件工程中心学术委员会委员。

1991 年

2 月，担任学校第四届学位评定委员会委员。

11 月 27 日，由国防科学技术大学党委呈报，1992 年 4 月 20 日，由国防科工委政干字第 546 号命令，陈火旺由技术五级调整为技术四级，从 1991 年 12 月起算。

同年，获国家“有突出贡献中青年专家”称号，享受国务院政府特殊津贴。

同年，获“光华科技基金”一等奖。

1992 年

学校学术委员会与科技委员会合并，成立国防科技大学学术（科技）委员会，陈火旺担任副主任委员。

5 月，担任国务院学位委员会计算机学科评议组成员。

8 月 8 日，由国防科学技术大学党委呈报，8 月 28 日，中央军委政干字第 337 号命令，根据体制编制精简，免去陈火旺研究生院副院长。

1993 年

与王献昌合作完成的《真值维护系统的语义》，在《中国科学》上发表。

4 月，与王怀民合写的《人工智能软件中的面向对象程序设计》，在《软件学报》上发表。

1994 年

5 月，主持研制成功的英汉机器翻译系统 Matrix，通过 863 专家组组织的评测。鉴定意见认为，“Matrix 是世界上最快的翻译系统，技术上处于国内领先地位、达到国际先进水平，该系统把中国的英汉翻译技术提高到一个新水平”。1995 年，该软件获全国优秀软件二等奖。

7 月 16 日，由国防科工委党委呈报，10 月 1 日，中央军委命令〔1994〕政干令字第 574 号命令，因工作需要陈火旺改为文职干部，等级为文职二级，从事教学科研工作，保留副军职待遇。

1995 年

1 月 9 日，总政治部〔1995〕政干字第 14 号通知，确定文职干部级别为二级。

1996 年

2 月，担任全国工科院校计算机专业教学指导委员会主任委员。

12 月，被湖南省科协评选为首届“湖南科技之星”。

12 月 3 日，国防科学技术大学提名推荐增选中国工程院院士。

1997 年

2 月 18 日，总政治部〔1997〕政干字第 111 号通知，确定文职干部级别二级晋升为一级，新的文职级别时间从 1996 年 9 月起算。

11 月 28 日，国务院批准公布中国工程院新增选院士名单，增选为中国工程院信息与电子工程学部院士。

1998 年

获“何梁何利基金科学与进步奖”。

1999 年

2 月，与汪成为院士完成《对计算机软件技术的展望和对发展我国软件产业的建议》咨询报告。3 月 3 日，中国工程院呈报国务院。

6 月，复旦大学计算机科学系，聘请为兼职教授。

2000 年

3 月 8 日，妻子吴明霞，因病医治无效，凌晨 2 点 45 分，在长沙逝世，享年 65 岁。吴明霞是国防科技大学计算机学院专业技术五级、文职级三级研究员，1995 年 4 月，批准退休。

5 月 15 日，总政治部〔2000〕政干字第 225 号通知，由于专业技术三级调整为专业技术二级，新的专业技术等级时间从 1999 年 12 月起算。

9 月 18 日，浙江师范大学政干〔2000〕5 号通知，聘任为计算机科学与工程学院院长。同时，任命赵建民为计算机科学与工程学院执行院长。21 日，浙江师范大学召开计算机科学与工程学院成立大会，同时举行陈火旺院士聘任仪式，出席成立大会暨聘任仪式。

10 月，被聘为浙江师范大学双聘院士。

2001 年

3 月，总政治部干部部批准为高级专家，再次延长退休年龄 3 年，从 2001 年 2 月延长至 2004 年 2 月。

9 月，聘任为浙江师范大学计算机科学与工程学院计算机科学研究所，赵建民任执行所长，任至 2005 年 12 月。

12 月 22 日，在湖南省科协第七届委员会第一次全会上，当选为副主席。

2002 年

12 月，编著的《程序设计语言编译原理》（第三版），由国防工业出版社出版，获 2002 年全国普通高校优秀教材一等奖。

8 月 27 日，国防科技大学计算机学院党委〔2002〕党字第 034 号请求，推荐评选学校“伯乐奖”。

2003 年

7 月 7 日，与建设银行长沙华兴支行职员祖沛南结婚。

7 月，浙江师范大学计算机科学与工程学院更名为信息科学与工程学院，聘任为院长，赵建民为执行院长，任期至 2006 年 3 月。

9 月 18 日，国防科技大学政治部〔2003〕政干字第 096 号通知，经校党委常委会议研究决定，任国防科技大学软件学院院长。邹鹏、王正明、王志英任国防科技大学软件学院副院长。

2004 年

1 月 7 日，上午，湖南省人事厅副厅长饶文浩率队慰问学校院士，同高伯龙、陈火旺等院士进行座谈。座谈会上，陈火旺就院士的工作、生活及科研环境情况作了介绍，就下一步加强有关工作提出了意见和建议。

1 月 18 日，总政治部〔2004〕政干字第 32 号通知，批准由专业技术二级调整为一级。

3 月 4 日，上午，参加学校 2000 年以来调整为三级以上专业技术等级专家教授座谈会。会上，就积极推进中国特色军事变革、服务军事斗争准备和创建具有我军特色的世界一流大学进行发言，提出富有建设性的意见和建议。

3 月 16 日，下午，参加学校传达学习十届全国人大二次会议精神大会，听取国防科学技术大学副校长卢锡城传达十届全国人大二次会议精神。

3 月 19 日，为第七届“银河之光”计算机文化节开幕题词

“虚拟世界　现实生活　任你行”。

4 月 16 日，参加学校举办的“传达总装备部科技委 2004 年会精神暨国防科技发展战略专家报告会”。

10 月 29 日，总政治部〔2004〕政干字第 464 号通知，批准由文职级别一级晋升为特级。

12 月 31 日，国防科学技术大学第七届学位评定委员会第十六次会议暨第八届学位评定委员会第一次会议召开。本次会议是校学位评定委员会换届会议。陈火旺当选为学校第八届学位评定委员会委员。

2005 年

9 月 8 日，获 2004—2005 学年度国防科学技术大学研究生教育优秀导师奖二等奖。

2006 年

6 月 25 日，职务工资套改为专业技术一级 14 档，军衔工资为文职特级 5 档。

11 月，中国计算机学会理论计算机科学专业委员会，在吉林大学召开年会，专委会举行换届选举，被选为中国计算机学会理论计算机科学专业委员会荣誉主任，国防科学技术大学殷建平教授当选为主任。

同年，Dines Bjørner 教授，特别邀请陈火旺为他的著作《软件工程》（1 ~ 3 卷）在中国出版作序。Dines Bjørner 教授，是丹麦科技大学计算机教授，欧洲科学院院士，国际电气和电子工程师协会会士，国际计算机学会会士。

2007 年

任中国计算机学会理论计算机科学专业委员会荣誉主任。

夏天，作为专业委员会荣誉主任，出席了在集美大学召开的审稿会。殷建平向他汇报专委会已争取到 2008 算法前沿国际研讨会的承办权，并邀请他当大会主席。

2008 年

2 月 2 日，2 时 45 分，因病医治无效，在长沙逝世，享年 72 岁。

同日，国防科学技术大学成立陈火旺同志治丧办公室，并发布讣告。评价陈火旺是我国计算机软件事业的奠基人之一，为我国计算机软件与理论学科的建立和发展，为国家和军队人才培养、科学研究，做出了卓越贡献。

2 月 4 日，下午 15 时 30 分，在长沙阳明山殡仪馆举行送别仪式。国防科学技术大学领导、机关负责人，计算机学院领导、系所重点实验室负责人和干部、教员、学员代表，参加陈火旺送别仪式。

8 月 4 日，母亲王宇逝世，享年 93 岁。

附录二　陈火旺主要论著目录

[1] 陈火旺. 数理逻辑与控制论 [M]. 上海: 上海科学技术出版社, 1960.

[2] 陈火旺. 宏指令生产器 [C] //全国计算机 748 会议论文集, 1966.

[3] 陈火旺. Fortran 文本 [M]. 长沙工学院教材, 1972.

[4] 陈火旺. F1: 一个快速 Fortran 编译程序 [C] //全国计算机 748 会议论文集, 1974.

[5] 陈火旺. Fortran 编译程序 [M]. 全国通用教材, 1975.

[6] 陈火旺. "718 工程" 151 计算机 Fortran 全局优化编译方案与总框 [R]. 长沙工学院技术报告, 1977.

[7] 陈火旺. 页面调度算法 [C] //操作系统全国会议论文集, 1978.

[8] 陈火旺. 程序设计语言编译原理 [M]. 北京: 国防工业出版社, 1980.

[9] 陈火旺. "银河 - Ⅰ" 向量 Fortran 语言 [Z]. 国防科大技术文档, 1980.

[10] 吴明霞, 陈火旺. 串行运算向量化初探 [J]. 计算机工程与

科学，1980（2）：45－51.
［11］陈火旺．关于一般递归函数族的判定问题［J］．计算机学报，1980（2）：112－118.
［12］陈火旺．MPL宏指令产生器［J］．计算机工程与科学，1980（1）：84－90.
［13］吴明霞，陈火旺．串行运算向量化［J］．计算机学报，1981（3）：174－180.
［14］陈火旺．“银河－Ⅰ”Fortran编译程序结构总框［Z］．国防科大技术文档，1981.
［15］陈火旺．“银河－Ⅰ”Fortran数据流制导编译技术［R］．国防科大技术报告，1981.
［16］陈火旺，王周敬．基于机构的规范语言与程序开发［J］．计算机科学，1987（6）：17－27.
［17］陈火旺，祁润平．软件工程学：过去、现在与未来［J］．计算机工程与科学，1987（2）：1－7.
［18］陈火旺，罗朝晖，马庆鸣．程序设计方法学基础［M］．长沙：湖南科学技术出版社，1987.
［19］陈火旺，庞建民．直觉主义逻辑、类型理论与软件形式化开发［J］．计算机科学，1988（1）：39－49.
［20］陈火旺，殷建平．形式开发技术［J］．计算机工程与科学，1988（4）：1－9.
［21］彭智勇，陈火旺，朱海滨，等．Smalltalk-80及其实现［J］．计算机科学，1988（5）：39－46.
［22］朱海滨，陈火旺．从Smalltalk语言的结构特征看“软插件”的形成［J］．计算机工程与科学，1989（3）：93－99.
［23］陈火旺，齐治昌，张李秋．基于Ada的软件开发新模式［J］.

计算机科学，1989（4）：9－15.

［24］朱海滨，祁润平，陈火旺．Smalltalk－80 虚拟机在 VAX/VMS 上的实现［J］．小型微型计算机系统，1989，10（10）：32－41.

［25］陈火旺，王怀民．重写技术及其在计算机科学中的应用［J］．计算机科学，1990（4）：59－69.

［26］王献昌，陈火旺．A non-monotonic reasoning system-WMJ［C］//Proceedings of the First International Conference on Systems Integration，USA，1990，4：104－108.

［27］陈火旺，张少平．基于解释的学习［J］．计算机科学，1990（1）：1－5.

［28］王怀民，陈火旺．基于面向对象结构的 AI 基础语言［J］．计算机工程与科学，1990（3）：46－53.

［29］胡运发，陈火旺．知识程序设计语言的研究［J］．计算机科学，1990（4）：5－10.

［30］侍晖，陈火旺．用断言的方法描述面向对象的程序［J］．计算机工程与科学，1990（3）：27－33.

［31］谭庆平，陈火旺．基于面向对象模型的自动知识获取方法［J］．计算机工程与科学，1990（3）：65－71.

［32］王献昌，陈火旺．On Semantics Of TMS［C］//Proceedings of International Joint Conference on Artifical Intelligence，Australia，1991.

［33］张少平，王怀民，陈火旺．一个支持软件重用的信息检索系统［J］．软件学报，1991，2（4）：36－41.

［34］景宁，陈火旺，王鸿谷．SQL 查询到扩充的元组关系表达式变换［J］．计算机研究与发展，1991（4）：21－27.

［35］陈火旺，殷建平，张克均．软件开发自动化［J］．计算机工

程与科学，1991，13（2）：32－42.

［36］王献昌，陈火旺．非单调推理的三大特征［J］．计算机研究与发展，1992，29（1）：7－14.

［37］王献昌，史晓东，陈火旺．机器翻译与自然语言处理的现状与趋势［J］．计算机科学，1992（3）：1－3.

［38］陈火旺，张克均，殷建平．一个半自动生成 Ada 程序的软件开发环境 GFKD_ AUTO［J］．计算机工程与科学，1992，14（1）：32－37.

［39］陈火旺，朱海滨，徐锡山，等．面向对象的软件开发环境 GWOOSE［J］．计算机研究与发展，1992，29（2）：35－41.

［40］贲可荣，陈火旺．机器定理证明中的一般问题［J］．计算机科学，1992，19（5）：56－61.

［41］谭庆平，陈火旺．使用显式策略进行程序构造［J］．软件学报，1992，3（3）：17－23.

［42］殷建平，陈火旺．一积基于 Ada 的规范说明语言［J］．计算机工程与科学，1992，14（1）：38－44.

［43］贲可荣，陈火旺．自动定理证明：十年回顾［J］．计算机科学，1993，20（4）：19－23.

［44］王怀民，陈火旺．人工智能软件中的面向对象程序设计［J］．软件学报，1993，4（1）：43－49.

［45］贲可荣，王献昌，陈火旺．有关知道逻辑和"知道"问题的探讨［J］．计算机工程与科学，1993，15（1）：71－75.

［46］陈火旺，王戟．A formal technique to analyze real-time systems［C］// Proceedings of Seventeeth Annual Interanational Computer Software and Applications Conference，USA，1993.

［47］王献昌，陈火旺．真值维护系统的语义［J］．中国科学（A

辑），1993，23（11）：1212－1218.

[48] 贲可荣，陈火旺．命题时态逻辑定理证明新方法［J］．软件学报，1994，5（7）：21－28.

[49] 王戟，陈火旺．一个面向对象的二级并发模型［J］．软件学报，1994，5（9）：16－22.

[50] 王怀民，陈火旺，高洪奎．面向智能主体的程序设计［J］．计算机学报，1994，17（5）：367－375.

[51] 谭庆平，陈火旺．基于类型理论的递归元程序设计［J］．软件学报，1994，5（8）：30－36.

[52] 王峰，李德仁，陈火旺，等．地理信息系统三十年［J］．计算机工程与科学，1995，17（2）：83－92.

[53] 谭庆平，陈火旺．证明开发环境中的元语言设计［J］．计算机学报，1995，18（4）：273－280.

[54] 陈火旺，贲可荣．PTL sequent calculus system［J］．Science in China（Series A），1995，38（5）：88－97.

[55] 陈火旺，吴少岩，罗铁庚．遗传程序设计（之一）［J］．计算机科学，1995，22（6）：12－15.

[56] 刘海燕，陈火旺．并发模型分析［J］．计算机科学，1995，22（3）：13－16.

[57] 王怀民，陈火旺．对象作为智能主体［J］．电子学报，1995，23（11）：105－107.

[58] 李志伟，王峰，陈火旺．地理信息系统与其相关科学和技术［J］．计算机科学，1995，22（1）：72－74.

[59] 罗铁庚，陈火旺，齐治昌．分布实时系统的概率规范和证明形式化［J］．计算机科学，1995，22（6）：16－18.

[60] 谭庆平，陈火旺．结构化证明搜索［J］．软件学报，1995，

6 (1): 33 -40.
[61] 王挺，陈火旺，史晓东. 语料库和机器翻译 [J]. 计算机科学，1996，23 (2): 52 -55.
[62] 吴少岩，罗铁庚，陈火旺. 遗传程序设计（之二）——基于自然选择的程序设计范型 [J]. 计算机科学，1996，23 (1): 14 -18.
[63] 樊爱华，陈火旺，齐治昌，等. 网络环境下的智能安全监测系统 OSMIS [J]. 计算机研究与发展，1996，33 (5): 396 -400.
[64] 陈火旺，齐治昌，王兵山，等. 一种严格的软件开发方法框架 [J]. 软件学报，1996，7 (3): 187 -193.
[65] 刘海燕，陈火旺，王兵山. 一个带量词的 context 逻辑及其限制推理 [J]. 软件学报，1997，8 (10): 781 -787.
[66] 吴少岩，张青富，陈火旺. 基于家族优生学的进化算法 [J]. 软件学报，1997，8 (2): 137 -144.
[67] 毛晓光，陈火旺. 混合系统剖析、描述与建模 [J]. 计算机研究与发展，1997，34 (11): 807 -811.
[68] 聂勇军，刘凤岐，陈火旺，等. 论人工智能的整体观 [J]. 计算机科学，1997，24 (5): 70 -73.
[69] 罗铁庚，陈火旺，齐治昌，等. 协议形式化开发环境的规范语言 [J]. 软件学报，1997，8 (11): 817 -823.
[70] 吕丽民，陈火旺. 基于 Petri 网模型的主动对象研究 [J]. 计算机工程与科学，1997，19 (2): 16 -20.
[71] 王克文，陈火旺，吴泉源. 扩充析取逻辑程序的诱导语义 [J]. 中国科学：技术科学，1997，27 (4): 368 -374.
[72] 张晨东，陈火旺，王兵山，等. 概率逻辑推理的弱相关分解

方法 [J]. 计算机学报, 1997, 20 (10): 894 - 898.

[73] 刘海燕, 陈火旺, 刘凤岐. 一个用于异构的数据库集成的多 context 逻辑 [J]. 软件学报, 1997, 8 (9): 687 - 693.

[74] 吕丽民, 陈火旺. OOFMD 软件的重用与集成分析 [J]. 计算机研究与发展, 1997, 34 (6): 444 - 448.

[75] 毛新军, 陈火旺, 王怀民, 等. 智能体的理论研究 [J]. 计算机科学, 1997, 24 (5): 63 - 67.

[76] 罗铁庚, 陈火旺, 龚正虎, 等. 映射 ELOTOS 到基于 FSM 的性能估价模型 [J]. 软件学报, 1997, 8 (10): 788 - 792.

[77] 吕丽民, 洪莉, 陈火旺. 基于 Retri 网的市场需求预测模型研究 [J]. 计算机工程与科学, 1997, 19 (1): 58 - 62.

[78] 吴少岩, 陈火旺. 自动程序设计——模拟进化的途径 [J]. 计算机学报, 1997, 20 (2): 97 - 104.

[79] 张晨东, 陈火旺, 刘凤岐. 概率逻辑公式集分解的合并聚类算法 [J]. 软件学报, 1997, 8 (6): 441 - 447.

[80] 杨树强, 王峰, 陈火旺. 面向对象的 3 级数据模型 [J]. 软件学报, 1997, 8 (7): 505 - 510.

[81] 王挺, 陈火旺, 杨谊, 等. 一种自适应词性标注方法 [J]. 软件学报, 1997, 8 (12): 937 - 943.

[82] 何翠红, 陈火旺. 基于遗传算法的计算机通信网路由选择和容量分配问题新算法 [J]. 计算机研究与发展, 1997, 34 (s1): 117 - 122.

[83] 刘海燕, 陈火旺, 苏开乐. 一个二阶的 context 逻辑 [J]. 计算机学报, 1998, 21 (4): 341 - 347.

[84] 周会平, 王挺, 陈火旺, 等. 一个基于中间语言的汉英机器翻译系统 [J]. 计算机科学, 1998, 25 (5): 51 - 55.

[85] 张晨东，陈火旺，王兵山，等．概率逻辑类超树结构分解计算模型的完备性［J］．软件学报，1998，9（4）：273－275.

[86] 王克文，陈火旺，吴泉源，等．析取稳定模型和大胆辩论推理［J］．中国科学：技术科学，1998，28（3）：268－273.

[87] 张晨东，谢兵，陈火旺，等．概率逻辑含多重原子交集分解模型的可靠性［J］．计算机研究与发展，1998，35（8）：673－677.

[88] 徐锡山，陈火旺，齐治昌．图形用户界面的自动生成［J］．计算机科学，1998，25（2）：64－66.

[89] 杨树强，陈火旺，王峰．矢量和栅格一体化的数据模型［J］．软件学报，1998，9（2）：91－96.

[90] 王克文，陈火旺，吴泉源．基于析取逻辑程序设计的诱导推理［J］．中国科学：技术科学，1998，28（1）：90－96.

[91] 王挺，史晓东，陈火旺，等．一种用未分析语料训练文法的方法［J］．软件学报，1998，9（1）：36－42.

[92] 刘海燕，陈火旺，刘凤岐．一个多理论的逻辑系统［J］．计算机研究与发展，1998，35（1）：53－57.

[93] 谢冰，张晨东，陈火旺．分布式系统的LOTOS规范及其实现［J］．计算机科学，1998，25（1）：72－76.

[94] 曾小兰，陈火旺．一个多级安全关系数据模型［J］．计算机工程与科学，1998，20（1）：35－38.

[95] 毛新军，王怀民，陈火旺，等．多Agent系统的非终止主动合作计算模型［J］．计算机研究与发展，1999，36（7）：769－775.

[96] 张晨东，徐光，陈火旺，等．概率性逻辑异构分解模式的相容性［J］．软件学报，1999，10（7）：709－712.

[97] 李舟军，陈火旺，王兵山．π－演算的符号迁移图及其早互模拟验证算法［J］．中国科学：技术科学，1999，29（4）：361－371．

[98] 毛新军，王怀民，陈火旺，等．Agent 计算的理论框架［J］．计算机研究与发展，1999，36（11）：1310－1316．

[99] 毛新军，王怀民，陈火旺，等．Multi-agent 系统的主动合作计算模型［J］．计算机科学，1999，26（9）：25－29，34．

[100] 谢冰，陈火旺，王兵山．分布实现完全 LOTOS 规范的转换方法［J］．软件学报，1999，10（6）：642－646．

[101] 毛新军，王怀民，陈火旺，等．Agent 计算的能力理论［J］．计算机研究与发展，1999，36（10）：1158－1163．

[102] 周会平，王挺，陈火旺．用 LR 算法分析汉语的语法关系［J］．软件学报，1999，10（9）：967－973．

[103] 胡成军，王戟，陈火旺．区间时序逻辑的标记相继式演算［J］．计算机学报，1999，22（11）：1121－1126．

[104] 毛新军，王怀民，陈火旺，等．Agent 在多 Agent 系统中计算的意愿理论［J］．软件学报，1999，10（1）：43－48．

[105] 马红妹，谭庆平，陈火旺．基于 Push 技术的信息获取方式及其应用［J］．计算机科学，1999，26（3）：55－58．

[106] 毛新军，王怀民，陈火旺．形式化 Agent 的能力［J］．计算机工程与科学，1999，21（1）：51－56．

[107] 胡成军，王戟，陈火旺．区间逻辑的一个辅助证明工具［J］．软件学报，2000，11（1）：116－121．

[108] 钟求喜，谢涛，陈火旺．任务分配与调度中的遗传算法：知识表示与遗传算子研究［J］．计算机科学，2000，27（6）：46－49．

[109] 马红妹，谭庆平，陈火旺，等. 英汉机器翻译系统在互联网中的应用及接口设计 [J]. 计算机工程与科学，2000，22 (1)：56 - 58.

[110] 李舟军，陈火旺，钟广军，等. STGA 的变种及其互模拟验证 [J]. 计算机学报，2000，23 (4)：345 - 355.

[111] 王克文，周立柱，陈火旺. 扩充析取逻辑程序的争论语义 (英文) [J]. 软件学报，2000，11 (3)：293 - 299.

[112] 钟求喜，谢涛，陈火旺. 基于遗传算法的任务分配与调度 [J]. 计算机研究与发展，2000，37 (10)：1197 - 1203.

[113] 钟求喜，谢涛，陈火旺. 遗传算法中解个体的生存策略 [J]. 计算机工程与科学，2000，22 (1)：14 - 17.

[114] 姚丹霖，陈火旺，殷建平. P 形傅里叶变换在手写体汉字识别中的应用 [J]. 软件学报，2000，11 (6)：804 - 808.

[115] 胡成军，王戟，陈火旺. 实时系统的形式化验证 [J]. 计算机工程与科学，2000，22 (2)：46 - 48.

[116] 周会平，王挺，陈火旺. 汉英翻译系统 ICENT 的中间语言设计 [J]. 计算机研究与发展，2000，37 (3)：336 - 343.

[117] 荔建琦，陈火旺，王兵山. 多维函数的进化逼近 [J]. 计算机学报，2000，23 (6)：593 - 601.

[118] 齐璇，马红妹，陈火旺. 汉语的语义分析研究 [J]. 计算机工程与科学，2001，23 (3)：89 - 92.

[119] 毛新军，陈火旺，刘凤岐. Multi-Agent 系统中 Agent 知识获取的合作模型 [J]. 软件学报，2001，12 (2)：256 - 262.

[120] 钟广军，成礼智，陈火旺. 各类离散 W 变换的快速 Hartley 变换算法 [J]. 电子学报，2001，29 (2)：190 - 191.

[121] 齐璇，王挺，陈火旺. 义类自动标注方法的研究 [J]. 中

文信息学报，2001，15（3）：9－15.

[122] 钟求喜，陈火旺．网络计算中任务分配与调度的遗传算法研究（摘要）[J]．计算机工程与科学，2001（2）.

[123] 钟广军，成礼智，陈火旺．双正交重叠变换的整数实现算法与图像压缩 [J]．电子学报，2001，29（11）：1499－1502.

[124] 钟求喜，谢涛，陈火旺．任务分配与调度的共同进化方法 [J]．计算机学报，2001，24（3）：308－314.

[125] 钟广军，成礼智，陈火旺．多维 DFT 的多维多项式变换与离散 W 变换算法 [J]．电子学报，2001，29（8）：1053－1056.

[126] 钟广军，成礼智，陈火旺．多级多维离散小波变换的快速提升计算 [J]．电子学报，2001，29（11）：1475－1477.

[127] 彭富春，陈火旺，谭庆平．多媒体数据传输策略 [J]．计算机科学，2001，28（5）：60－62.

[128] 孙星明，殷建平，陈火旺，等．汉字的数学表达式研究 [J]．计算机研究与发展，2002，39（6）：707－711.

[129] 马红妹，齐璇，陈火旺，等．汉英机器翻译中汉语篇章时间信息系统模型 [J]．计算机工程与科学，2002，24（4）：85－88.

[130] 齐璇，陈火旺．ICENT 汉英机译系统中的语义模型 [J]．计算机科学，2002，29（1）：44－46.

[131] 钟求喜，陈火旺．基于共同进化计算模型的基因连锁问题求解 [J]．软件学报，2002，13（4）：561－566.

[132] 李舟军，陈火旺．基于符号迁移图的互模拟验证算法 [J]．计算机工程与科学，2002，24（2）：34－41.

[133] 马红妹，王挺，陈火旺．汉语篇章时间短语的分析与时制验算 [J]．计算机研究与发展，2002，39（10）：1211－1220.

［134］马红妹，齐越，陈火旺，等．虚拟空间会议系统中英汉双语交互的研究［J］．计算机科学，2002，29（8）：96－98．
［135］张丽娟，李舟军，陈火旺．数据仓库中的元数据与 CWM 规范［J］．计算机科学，2003，30（11）：116－118．
［136］王洪国，陈火旺，马绍汉．0－1 整数规划在科技项目管理中的应用［J］．计算机科学，2003，30（7）：77－79．
［137］陈火旺，王戟，董威．高可信软件工程技术［J］．电子学报，2003，31（s1）：1933－1938．
［138］刘越，陈火旺，王怀民．一种渐进式多 Agent 合作理论［J］．计算机学报，2003，26（4）：454－459．
［139］陈国龙，陈火旺，康仲生．网络信息监听技术的研究［J］．计算机科学，2003，30（11）：91－92．
［140］李梦君，李舟军，陈火旺．基于进程代数的安全协议分析与验证［J］．计算机科学，2003，30（6）：23－26．
［141］宋震，张艳，陈火旺，等．安全协议的形式化描述和分析［J］．计算机科学，2003，30（8）：24－27，36．
［142］谢涛，陈火旺，康立山．多目标优化的演化算法［J］．计算机学报，2003，26（8）：997－1003．
［143］钟广军，陈火旺，成礼智．基于提升方法的简单 9/7 小波滤波器［J］．计算机工程与科学，2003，25（1）：35－37，55．
［144］李梦君，李舟军，陈火旺．基于逻辑程序的安全协议验证［J］．计算机学报，2004，27（10）：1361－1368．
［145］颜炯，王戟，陈火旺．基于模型的软件测试综述［J］．计算机科学，2004，31（2）：184－187．
［146］李梦君，李舟军，陈火旺．基于进程代数安全协议验证的研

究综述［J］. 计算机研究与发展，2004，41（7）：1097－1103.

［147］陈国龙，陈火旺，康仲生. 基于内容的网络信息安全审计中的匹配算法研究［J］. 小型微型计算机系统，2004，25（09）：1676－1679.

［148］谢涛，陈火旺，康立山. 二次背包问题的一种快速解法［J］. 计算机学报，2004，27（9）：1162－1169.

［149］王洪国，马绍汉，陈火旺. 组合优化问题反问题的研究进展［J］. 计算机科学，2004，31（2）：17－21.

［150］颜跃进，李舟军，陈火旺. 频繁项集挖掘算法［J］. 计算机科学，2004，31（3）：112－114，124.

［151］张丽娟，李舟军，陈火旺. 基于模糊综合评判的分类模型及其应用［J］. 计算机工程与科学，2005，27（1）：74－76.

［152］周晓宇，许蕾，陈火旺，等. Web 应用的自动测试［J］. 计算机科学，2005，32（1）：125－127.

［153］张晓艳，王挺，陈火旺. 命名实体识别研究［J］. 计算机科学，2005，32（4）：44－48.

［154］颜跃进，李舟军，陈火旺. 基于 FP-Tree 有效挖掘最大频繁项集［J］. 软件学报，2005，16（2）：215－222.

［155］田兴彦，黄春，陈火旺. 基于 OPT Cache 替换 Profiling 的 Cache 提示生成［J］. 计算机工程，2005，31（20）：85－87.

［156］周晓宇，聂长海，陈火旺，等. 两两组合覆盖测试数据自动生成集成工具的设计与实现［J］. 计算机科学，2005，32（1）：118－119，154.

［157］颜炯，王戟，陈火旺. 基于重要抽样的软件统计测试加速［J］. 计算机工程与科学，2005，27（3）：64－66，110.

[158] 张丽娟，李舟军，陈火旺. 粒度计算及其在数据挖掘中的应用 [J]. 计算机科学，2005，32（12）：178－180.
[159] 颜炯，王戟，陈火旺. 基于 UML 的软件 Markov 链使用模型构造研究 [J]. 软件学报，2005，16（8）：1386－1394.
[160] 颜跃进，李舟军，陈火旺. 一种挖掘最大频繁项集的深度优先算法 [J]. 计算机研究与发展，2005，42（3）：462－467.
[161] 李绍滋，周昌乐，陈火旺. 基于 P2P 网络的信息过滤与推荐技术研究 [J]. 计算机工程，2006，32（8）：45－47.
[162] 徐宝文，聂长海，陈火旺，等. 一种基于组合测试的软件故障调试方法 [J]. 计算机学报，2006，29（1）：135－138.
[163] 李梦君，李舟军，陈火旺. SPVT：一个有效的安全协议验证工具 [J]. 软件学报，2006，17（4）：898－906.
[164] 李梦君，王桢珍，陈火旺，等. ACUN 理论一般合一化问题的合一化算法 [J]. 计算机工程与科学，2006，28（5）：61－65.
[165] 张晓艳，王挺，陈火旺. 基于混合统计模型的汉语命名实体识别方法 [J]. 计算机工程与科学，2006，28（6）：135－139.
[166] 陈立前，王戟，陈火旺. 基于 TLA＋的 BRP 协议规约及验证 [J]. 计算机工程与科学，2006，28（1）：12－15.
[167] 王树林，王戟，陈火旺，等. 基于分形的 DNA 序列可视化表示研究 [J]. 计算机科学，2006，33（7）：158－163.
[168] 陈国龙，郭文忠，陈火旺，等. 求解多目标最小生成树问题的改进算法 [J]. 软件学报，2006，17（3）：364－370.
[169] 李梦君，李舟军，陈火旺. 安全协议的扩展 Horn 逻辑模型

及其验证方法 [J]. 计算机学报, 2006, 29 (9): 1666 - 1678.

[170] 陈波, 谭庆平, 陈火旺, 等. 一门新的面向构件语言 [J]. 电子学报, 2006, 34 (s1): 2462 - 2466.

[171] 颜跃进, 李舟军, 陈火旺. 多层扩展挖掘最大频繁项集 [J]. 计算机工程与科学, 2006, 28 (3): 78 - 80.

[172] 王涛, 李舟军, 陈火旺, 等. 数据流挖掘分类技术综述 [J]. 计算机研究与发展, 2007, 44 (11): 1809 - 1815.

[173] 孙云, 李舟军, 陈火旺. 孤立点检测算法及其在数据流挖掘中的可用性 [J]. 计算机科学, 2007, 34 (10): 200 - 203, 225.

[174] 王树林, 王戟, 陈火旺, 等. 基于主成分分析的肿瘤分类检测算法研究 [J]. 计算机工程与科学, 2007, 29 (9): 84 - 90.

[175] 周倜, 李梦君, 陈火旺, 等. 基于 Horn 逻辑扩展模型的安全协议反例的自动构造 [J]. 计算机研究与发展, 2007, 44 (9): 1518 - 1531.

[176] 余杰, 李舟军, 陈火旺. 自由访问控制的安全性: 研究综述 [J]. 计算机科学, 2007, 34 (8): 275 - 277, 288.

[177] 王树林, 王戟, 陈火旺, 等. k - 长 DNA 子序列计数算法研究 [J]. 计算机工程, 2007, 33 (9): 40 - 42.

[178] 王涛, 李舟军, 陈火旺, 等. 一种高效的数据流挖掘增量模糊决策树分类算法 [J]. 计算机学报, 2007, 30 (8): 1244 - 1250.

[179] 刘万伟, 王戟, 陈火旺. 基于 Game 理论的 μ - 演算公理化 [J]. 计算机研究与发展, 2007, 44 (11): 1896 - 1902.

[180] 高春鸣，黄邵，陈火旺．Web 服务组合语言的出错与补偿处理的 pi 演算编码［J］．计算机工程与科学，2007，29（3）：112－116，127．

[181] 张德富，魏丽军，陈火旺，等．三维装箱问题的组合启发式算法［J］．软件学报，2007，18（9）：2083－2089．

[182] 李莎莎，李舟军，陈火旺．篇章中的消解问题与消解算法：研究综述［J］．计算机科学，2007，34（7）：138－141．

[183] 汪涛，谭庆平，陈火旺．工作流任务分派的现状及其发展［J］．计算机科学，2008，35（9）：5－6，20．

[184] 陈波，李舟军，陈火旺．构件模型研究综述［J］．计算机工程与科学，2008，30（1）：105－109．

[185] 张晓艳，王挺，陈火旺．基于多向量和实体模糊匹配的话题关联识别［J］．中文信息学报，2008，22（1）：9－14．

[186] 王树林，王戟，陈火旺，等．肿瘤信息基因启发式宽度优先搜索算法研究［J］．计算机学报，2008，31（4）：636－639．

[187] 张晓艳，王挺，陈火旺．新闻文本话题关联识别研究［J］．计算机工程与科学，2008，30（4）：131－134，138．

[188] 李舟军，陈义明，陈火旺，等．蛋白质相互作用研究中的计算方法综述［J］．计算机研究与发展，2008，45（12）：2129－2137．

[189] 陈耀东，王挺，陈火旺．浅层语义分析研究［J］．计算机研究与发展，2008，45（s1）：321－325．

[190] 于洋，王戟，陈火旺．描述逻辑关于 CBox 的推理复杂性［J］．计算机工程与科学，2008，30（2）：131－134．

[191] 李梦君，李舟军，陈火旺．基于抽象解释理论的程序验证技术［J］．软件学报，2008，19（1）：17－26．

[192] 陈耀东，王挺，陈火旺．半监督学习和主动学习相结合的浅层语义分析［J］．中文信息学报，2008，22（2）：70－75．

[193] 刘万伟，王戟，陈火旺．线性 μ－演算交换深度的可判定性及其复杂度［J］．计算机研究与发展，2008，45（s1）：1－6．

附录三　主要参考文献

［1］中共中央党史研究室．中国共产党历史：第二卷（1949—1978）［M］．北京：中共党史出版社，2010．

［2］中国人民解放军军史编写组．中国人民解放军军史［M］．北京：军事科学出版社，2011．

［3］郭平欣．中国计算机工业概览［M］．北京：电子工业出版社，1985．

［4］国防科技大学校史编写组．国防科技大学校史（1953—1993）［M］．长沙：国防科技大学出版社，1993．

［5］国防科技大学校史编审委员会．国防科技大学研究生院史（1984—1994）［M］．长沙：国防科技大学出版社，1993．

［6］国防科技大学校史编审委员会．国防科技大学回忆史料（1953—1988）［Z］．内部资料，1996．

［7］国防科技大学校史编审委员会．国防科技大学建校五十周年文集［M］．长沙：国防科技大学出版社，2003．

［8］国防科技大学校史编写组．国防科技大学科学研究史（1953—1993）［M］．长沙：国防科技大学出版社，1993．

[9] 国防科技大学计算机系史编写组. 国防科技大学计算机系史（1953—1993）[Z]. 内部资料，1993.
[10] 徐祖哲. 溯源中国计算机 [M]. 北京：三联书店，2015.
[11] 龚盛辉，曾凡解. 决战崛起——中国超算强国之路 [M]. 长沙：国防科技大学出版社，2015.
[12] 胡守仁. 计算机技术发展史 [M]. 长沙：国防科技大学出版社，2006.
[13] 吴鹤龄，崔林. ACM 图灵奖（1966—2006）[M]. 北京：高等教育出版社，2008.
[14] 崔林，吴鹤龄. IEEE 计算机先驱奖 [M]. 北京：高等教育出版社，2014.
[15] 张建中，祁威. 漫游计算机世界 [M]. 北京：清华大学出版社，2014.
[16] 贾英华. 怎样写好人物传记 [M]. 北京：中国宇航出版社，2014.
[17] 徐祖哲. 目穿长路 [Z]. 北京信息产业协会，2009.
[18] 金士尧. 天河奔流　浪淘金沙 [M]. 内部资料，2014.
[19] 奚启新. 钱学森传 [M]. 北京：人民出版社，2011.
[20] 孙俊人，罗沛霖. 中国大百科全书·电子学与计算机 [M]. 北京：中国大百科全书出版社，1986.
[21] 赵阳辉. 慈云桂与中国“银河”计算机研究群体的发展历程 [J]. 中国科技史，2005，26（1）：37－45.
[22] 福建泉州培元中学. 百年培元（1904—2004 校友名录）[Z]. 内部资料.
[23] 福建省安溪俊民中学编校本教材. 一代名相李光地 [Z]. 内部资料.

[24] 马望星，陈万林. 女科技工作者的榜样——记全国“三八红旗手”吴敏霞同志 [N]. 国防科大报，1985 - 03 - 13.
[25] 计算机学院致力于建设一流课程体系纪实 [N]. 国防科大报，2005 - 12 - 27.
[26] 齐治昌. 总结经验　发扬成绩　再铸辉煌——回顾计算机学科的创建与发展 [N]. 国防科大报，2006 - 12 - 14.
[27] 邹鹏，周建设. 一代名师风范长存——深切缅怀陈火旺院士 [N]. 国防科大报，2008 - 03 - 05.
[28] 宁洪. 老师教诲永励我行 [N]. 国防科大报，2008 - 03 - 05.
[29] 殷建平. 永远的怀想 [N]. 国防科大报，2008 - 03 - 05.
[30] 吴泉源. 先生精神长驻我心 [N]. 国防科大报，2008 - 03 - 05.
[31] 赵克佳. 中国第一台巨型计算机的“软老总” [N]. 国防科大报，2008 - 03 - 05.
[32] 王怀民. 宝贵的精神财富 [N]. 国防科大报，2008 - 03 - 05.
[33] 方子丰. 寿终德望在　身去音容存 [N]. 国防科大报，2008 - 03 - 05.
[34] 齐治昌. 把教学搞得和科研一样好 [N]. 国防科大报，2013 - 4 - 11.
[35] 金士尧. 光辉历程　任重道远——中央军委授予我校计算机研究所“科技攻关先锋”荣誉称号 20 周年感怀 [N]. 国防科大报，2013 - 11 - 11.
[36] 王振青. 忆“银河”——纪念“银河”亿次巨型机研制成功卅周年 [N]. 国防科大报，2013 - 12 - 06.

[37] 齐治昌. 火旺让“编译”的种子在科大的沃土上开花结果——研发 441B－Ⅲ型计算机 FORTRAN 语言编译器的回忆（上）[N]. 国防科大报，2014－09－03.

附录四　鸣谢的主要单位和个人

中国人民解放军档案馆

原总政治部干部部信息中心

原总装备部档案馆

国防科学技术大学档案馆

国防科学技术大学政治部干部档案室

国防科学技术大学计算机学院档案室

复旦大学档案馆

浙江师范大学档案馆

湖南省计算机学会

福建省泉州培元中学

福建省安溪俊民中学

林陈英　福建泉州市培元中学高中教师

陈炳坤　福建安溪湖头镇横山中心学校教师

徐家福　南京大学教授

施伯乐　复旦大学教授

林春土　浙江大学教授
苏锦祥　郑州大学教授
顾璞园　郑州大学教授
陈松乔　中南大学教授

赵沁平　教育部原副部长，中国科协副主席，中国工程院院士，北京航空航天大学副校长、教授

何克清　武汉大学软件工程国家重点实验室原主任、教授
王献昌　成都软智科技有限公司董事长、国家“千人计划”专家
李肯力　湖南大学教授
周清雷　郑州大学信息工程学院院长、教授
庄　雷　郑州大学信息工程学院教授
李堂秋　厦门大学原计算机科学系主任、教授
陈道乾　厦门大学原计算机系党总支书记
李翠华　厦门大学原计算机系主任、教授
杨　蔷　厦门大学信息科学与软件学院、教授
李绍滋　厦门大学信息科学与软件学院智能科学与技术系主任、教授
雷蕴奇　厦门大学信息科学与软件学院计算机科学系主任、教授
史晓东　厦门大学信息科学与软件学院智能科学与技术系副主任、教授
孔令富　燕山大学副校长、教授
郭景峰　燕山大学信息科学与工程学院教授
陈子军　燕山大学信息科学与工程学院教授
赵建民　浙江师范大学教授

朱信忠　浙江师范大学教授

齐治昌　国防科学技术大学原副校长、教授
沈志宇　国防科学技术大学原副校长、教授
王怀民　国防科技大学副校长兼教育长、教授

胡守仁　国防科学技术大学计算机学院教授
金士尧　国防科学技术大学计算机学院教授
杨晓东　国防科学技术大学计算机学院教授
吴泉源　国防科学技术大学计算机学院教授
李思昆　国防科学技术大学计算机学院教授
彭心炯　国防科学技术大学计算机学院教授
赵克佳　国防科学技术大学计算机学院教授
贾　焰　国防科学技术大学计算机学院教授
宁　洪　国防科学技术大学计算机学院教授
殷建平　国防科学技术大学计算机学院教授
王　戟　国防科学技术大学计算机学院教授
王　挺　国防科学技术大学计算机学院教授

后　记

国防科学技术大学院士传记丛书，是学校“十二五”重点建设项目，《陈火旺传》是丛书的一部。从 2011 年 12 月下达任务，经历采访、资料收集、撰稿、修改、审稿等工作，到 2016 年 12 月交付出版，历时五年多时间。

本部传记得到了学校首长、政治部领导和计算机学院的大力支持。编撰委员会对书稿进行了最后审定。

为确保传记真实、客观、全面，我们进行广泛深入的采访，作了大量的资料查阅、收集、整理工作。一些单位，对查阅史料热情接待，提供了许多便利条件。

陈火旺院士的亲属，主要有祖沛南、吴美霞女士，吴敦先生，陈立、陈予、陈福兵、陈国栋先生，接受了我们的采访，提供了大量宝贵的资料。陈立、陈予作为传主的直系亲属，把收藏的照片、著作、文稿、信件、证书等资料的原件或电子版全部奉献出来，并对部分资料作了甄别鉴定，对书稿进行了审读。

陈火旺院士的许多领导、老师、同事、同学、朋友和学生，接受了采访，尽可能提供资料，给予了大力支持和热忱帮助。国防科学技术大学计算机学院的部分教授，亲身经历了陈火旺院士组织和主持的重大学术活动、重大科研项目，提供了大量线索和资料，提出了很多诚恳意见，对书稿进行了审读。

高跃群、张自立、郝瑞佳、王莹莹、刘江围等同志，参与了采访和资料查阅、收集、整理工作，付出了艰辛劳动。在此，一并致以衷心感谢！

由于资料收集所限，成书时间仓促，撰稿者缺少各个重大历史时期的经历，尤其对计算机科学知之甚少，书中难免有不足之处，敬请批评指正。

作　者

2016 年 12 月